Kohlhammer

Der Autor

Professor Dr. Bernd Ahrbeck ist Lehrstuhlinhaber für Psychoanalytische Pädagogik an der Internationalen Psychoanalytischen Universität (IPU-Berlin).

Bernd Ahrbeck

Was Erziehung heute leisten kann

Pädagogik jenseits der Illusionen

Verlag W. Kohlhammer

1. Auflage 2020

Alle Rechte vorbehalten
© W. Kohlhammer GmbH, Stuttgart
Gesamtherstellung: W. Kohlhammer GmbH, Stuttgart

Print:
ISBN 978-3-17-036925-2

E-Book-Formate:
pdf: ISBN 978-3-17-036926-9
epub: ISBN 978-3-17-036927-6
mobi: ISBN 978-3-17-036928-3

Inhalt

1

Einleitung

»Jedes Zeitalter ist der Sklave seiner Konventionen.
Und unsere Epoche ist in dieser Hinsicht nur noch
schlimmer, weil sie sich einbildet, sie habe mit
sämtlichen Konventionen abgeschlossen.«
Pierre Manent

Erziehung ist eine anthropologische Notwendigkeit. Sie leistet für die Entwicklung des Kindes Unentbehrliches und sichert zugleich den gesellschaftlichen Bestand. Erziehung öffnet die Welt des Kindes: Sie weist einen Weg in das Erwachsenenleben und führt dazu, dass ein Zugang zu Lebensbereichen und Erfahrungswelten möglich wird, der ansonsten verschlossen bleibt. Die ehemals Kleinen werden dadurch groß, emotional und sozial erfahren, wissender und urteilsfähiger. Ohne Erziehung bleiben sie in sich gefangen, den Beschränkungen des Kindseins ausgeliefert. Ihre Potenziale liegen brach, sie verkümmern.

Dabei sind sie auf Erwachsene angewiesen, die sie nicht nur passiv begleiten, sondern aktiv auf sie einwirken, die eine Vorstellung davon haben, wohin sich das Kind entwickeln soll. Erziehung entfaltet sich zwischen zwei Polen: Neben Anerkennung, Ermunterung, Unterstützung stehen Lenkung, Begrenzung, Zwang. Die Erziehenden changieren zwischen der Identifikation mit dem Kind, das seinen unmittelbaren Bedürfnissen folgen möchte, und den Erziehungszielen, die darüber hinausgehen. Die große Hoffnung der Erziehung ist, dass die Pflicht zur Neigung wird, wie es bei Kant heißt, gekleidet in die Frage: »Wie kultiviere ich die Freiheit bei dem Zwange?« (Kant, 1803, S. 32). Das ehemals Fremde, von außen Entgegengebrachte und Erzwungene soll in einen inneren Besitz münden, der Abgrenzung und Unabhängigkeit ermöglicht, eigenständiges Denken und Handeln garantiert und der persönlichen Freiheit verpflichtet ist.

Dem entspricht die gesellschaftliche Erwartung an Erziehung. Erfahrungen von Bindung und Geborgenheit sollen zu einer inneren Sicherheit führen, die es erlaubt, dass Bewährtes tradiert wird. Zugleich wird angestrebt, dass die nächste Generation ausgetretene Pfade verlässt, neue Impulse setzt und eigene Wege beschreitet, die den Älteren nicht möglich waren. Verändern und Bewahren, in welchem Verhältnis auch immer, das ist das erzieherische Ziel.

Der Weg dorthin ist nicht immer ein einfacher, das wissen Eltern und Kinder seit Generationen. Die einschlägigen Erziehungsratgeber, die heute die Buchhandlungen füllen, zeugen davon. Die philosophischen und erziehungswissenschaftlichen Reflektionen, die sich durch die Jahrzehnte und Jahrhunderte ziehen, belegen ebenfalls, dass das Erziehungsgeschäft ein schwieriges ist, durchzogen von Antinomien, Spannungen und Widersprüchen. »Bildung lässt sich nicht erzeugen« (Tenorth, 2013, S. 8). Bereits Freud sprach von den drei unmöglichen Berufen, zu denen neben dem

Psychoanalysieren und dem Regieren auch das Erziehen zählte. Er schrieb:

>»Es hat doch beinahe den Anschein, als wäre das Analysieren der dritte jener ›unmöglichen‹ Berufe, in denen man des ungenügenden Erfolges von vornherein sicher sein kann. Die beiden anderen, weit länger bekannten, sind das Erziehen und das Regieren« (Freud, 1927, S. 94).

Eltern, Erzieher und Lehrkräfte müssen sich damit auseinandersetzen, dass sie sich auf unsicherem Terrain bewegen: Das Gutgemeinte kann in das Gegenteil umschlagen, hehre Absichten können ohne Erfolg bleiben. Eine Gewissheit gibt es hinsichtlich der eingesetzten Mittel nicht, wie Freuds (1933a, S. 160) berühmt gewordener Satz verdeutlicht:

»Die Erziehung hat also ihren Weg zu suchen zwischen der Scylla des Gewährenlassens und der Charybdis des Versagens. Wenn die Aufgabe nicht überhaupt unlösbar ist, muss ein Optimum für die Erziehung aufzufinden sein, wie sie am meisten leisten und am wenigsten schaden kann.«

An Reformbemühungen hat es in der Geschichte der Erziehung wahrlich nicht gefehlt. Einige haben sich als ertragreich und unverzichtbar erwiesen, andere wurden über kurz oder lang als Irrwege entlarvt. In den letzten Jahrzehnten haben sich institutionelle Veränderungen potenziert, mit unterschiedlichem Erfolg, wie die gegenwärtige Rückkehr zum neunjährigen Gymnasium zeigt. Insgesamt wurde ihnen ein zu großes Gewicht beigemessen, wie ein kritischer Rückblick ergibt.

»›Die Deutschen haben die falsche Diskussion geführt‹ sagt Jürgen Baumert, Präsident des Max-Planck-Instituts für Bildungsforschung in Berlin [...]: ›Sie haben Glaubenskriege über die richtige Schulform geführt, statt sich darum zu kümmern, wie man Kinder klüger macht‹« (Fleischhauer, 2010, S. 113).

Den Hintergrund für einen solchen Reformeifer, so viel Getriebenheit und Unruhe, bilden diverse Anforderungen, die sich an die Schule und das Schulsystem richten. Nach der ersten PISA-Studie, die Deutschland niedrige Leistungen attestierte, war die Aufregung groß, gleichsam ein Schock eingetreten, der keine schnelle Heilung versprach. Zur Forderung nach allgemeiner Leistungssteigerung, die permanent überprüft werden soll, gesellte sich eine weitere, emotional noch stärker besetzte: die nach Chancengleichheit. Die Schule soll dafür sorgen, dass die soziale Herkunft für Bildungserfolge nur noch eine geringe oder gar keine Rolle mehr spielt. Von Ganztagschulen wird ein entsprechender kompensatorischer Beitrag erhofft. Bemerkenswert an dieser Forderung ist die Heftigkeit, mit der sie vorgebracht und bis heute vertreten wird. Selbst dann noch, wenn empirische Befunde dem deutschen Schulsystem im internationalen Vergleich gar keine besondere soziale Selektivität bescheinigen.

Mit der Inklusion trat eine weitere Herausforderung hinzu. Noch stärker als bei der Chancengleichheit werden hier grundsätzliche Fragen aufgeworfen. Die Erwartungen, die sich an die Inklusion knüpfen, sind immens: Die Schule soll sich auf jeden einzelnen Schüler, auf jede einzelne Schülerin einstellen, sie in ihrer Vielfalt begrüßen und eine Gerechtigkeit walten lassen, die es bisher noch nicht gegeben hat. Pädagogisch werden erhebliche Veränderungen eingefordert, bis hin zu der Vorstellung, nunmehr könne ein neues Zeitalter der Pädagogik beginnen, mit der Schule als Vorläufer einer grundlegend gewandelten, wahrhaft humanen Gesellschaft. Die Diskussionen darüber werden hierzulande besonders intensiv geführt. Sie sind affektiv stark aufgeladen, mit hohen bis höchsten Idealen versehen und einer ausgeprägten Bereitschaft, diejenigen zu entwerten, die diesen weitreichenden Entwurf in Frage stellen. Speck (2010, S. 7) spricht von einem »ideologischen Minenfeld«.

Große gesellschaftliche Entwicklungen wie der schnelle, oft schwer durchschaubare politische und kulturelle Wandel machen auch vor den pädagogischen Diskursen nicht halt. Die dominierenden Erziehungshaltungen haben sich vom Autoritären zum Partnerschaftlichen hin entwickelt, das Verhältnis zwischen den Generationen und den Geschlechtern ist ein anderes und die Lebensformen sind vielfältiger geworden. Die Aufgaben, die dadurch entstehen, lassen sich nicht immer leicht lösen, wie die Diskussionen um das Schwinden der Erziehungsdimension bezeugen.

In den letzten, vielleicht zwanzig Jahren haben sich zudem weitere Veränderungen eingestellt, die weit darüber hinaus reichen. Bisherige Selbstverständlichkeiten sind auf breiter Ebene infrage gestellt worden, in einer Weise, die zuvor kaum vorstellbar war. Die Gender-Theorien sind ein prominentes Beispiel dafür. Bis in die schulische Praxis hineinwirkend sind damit Vorstellungen aufgerufen, die sich von der tradierten Polarität Mann – Frau längst verabschiedet haben. Das Thema ist jetzt nicht mehr in erster Linie, in welcher Beziehung Männer und Frauen zueinanderstehen, wie sich ihre Rollen, ihr Erleben, Verhalten und Selbstverständnis kulturell wandeln und welche Machtverhältnisse zwischen den Geschlechtern herrschen. Der Fokus hat sich auf ein ganz anderes Feld verschoben: Auf ein Reich zwischen den Geschlechtern, gestützt auf die Annahme einer sozialen und biologischen Unbestimmheit des Menschen, die den Selbstkonstruktionskräften des Einzelnen unterworfen ist. Damit wird wirkungsmächtig und stark interessengeleitet eine neue Anthropologie in Szene gesetzt, mit weitreichenden Folgen, die sich nicht nur auf die Sexualerziehung erstrecken. Sie tragen, durchaus gewollt, zur Verwirrung und Erschütterung mehrheitlich präferierter Lebensformen bei.

Trotz eines verbreiteten Unwohlseins erhebt sich dagegen vor allem akademisch kaum Widerspruch. Aus der Furcht heraus, Minderheiten könnten sich diskriminiert fühlen, aufgrund der Sorge, ihr berechtigtes Anliegen zu verletzen, durch die Befürchtung, selbst nicht auf der Höhe der Zeit zu sein und als ewig Gestriger abgestempelt zu werden. Es verhält sich hier ähnlich wie im Inklusionsdiskurs, wo sich Spielräume verengt haben und »insbesondere ›Inklusions‹-Dogmatiker den Fahrtwind der breiten gesellschaftlichen Anti-Diskriminierungsforderungen nutzen, um auch schon skeptische Rückfragen oder Verweise auf uneindeutige Befunde pauschal als Vorurteile abtun zu können« (Schimank, 2013, S. 173). Vieles wird deshalb ohne innere Überzeugung übernommen oder kommentarlos stehen gelassen, eine Abgrenzung erfolgt häufig nicht, obgleich die Gründe dafür auf der Hand liegen.

Im Hintergrund steht ein gesellschaftliches Klima, das einerseits Offenheit und Toleranz verspricht, jeden Einzelnen als Teil einer begrüßenswerten Vielfalt anerkennen will und sich darin für ungemein aufgeklärt hält. Auf der anderen Seite findet sich eine neue Normativität von erheblicher Strenge, die unnachsichtig in das einteilt, was gedacht und gesagt werden darf – oder eben auch nicht. Dieses einflussreiche System wirkt in unterschiedliche Lebensbereiche hinein, so auch – bemerkt oder unbemerkt – in den Wissenschaftsraum. So frei, wie sie gern wäre, ist die Wissenschaft nicht.

> »Schnell kann es passieren, dass eine wissenschaftliche Diskussion nicht mehr möglich ist, sobald Äußerungen den Verdacht aufkommen lassen, dass der Vortragende möglicherweise nicht die richtige politische Gesinnung hat. Dann richtet sich die Kritik nicht mehr auf die Stringenz der Argumentation, die Adäquatheit der Darstellung und die Aufarbeitung des Forschungsstandes, sondern wird in der Terminologie einer manichäischen Zivilreligion artikuliert, als Warnung vor ›Beifall von der falschen Seite‹ oder ›rechtem, also bösem Gedankengut formuliert‹« (Lotter, 2019, S. 9).

Die Spaltungen, die damit einhergehen, und die Unbekümmertheit, mit der sie vorgenommen werden, sind erstaunlich. Lautet doch das langwährende Motto, im Ringen um eine offene Gesellschaft müsse jeder Achtung und Anerkennung finden, auch wenn er besonders ist oder sich als unbequem erweist. Niemand dürfte außerhalb des Toleranzrahmens gestellt werden. Andererseits sind die Hemmungen, genau dieses zu tun, sehr gering, wenn berechtigt erscheinende Begründungen dafür gefunden werden. Das Böse wird dann projektiv im Anderen untergebracht, als sei es dort in Reinkultur vorhanden, und sodann durchaus lustvoll und selbstwertstärkend bekämpft.

Eine wichtige Rolle spielt dabei die politische Korrektheit, die im angloamerikanischen Sprachraum ihren Ursprung hat. Sie fließt in spezieller Weise in die Verarbeitung der deutschen Geschichte ein. Gerade in jüngerer Zeit sind heftige Vorwürfe gegen die Sonderpädagogik erhoben oder erneuert worden: Sie nähre sich aus der nationalsozialistischen Zeit und setze fast ungebrochen ihr ideelles Erbe fort. Die Sonderschulen seien Ausdruck eben dieser Verpflichtung. Um dieses System zu schützen, werde in Kauf genommen, dass sich Deutschland völkerrechtlichen Verbindlichkeiten entzieht, die mit der UN-Behindertenrechtskonvention einhergehen. Zwingend pädagogisch notwendig sowie allein ethisch und juristisch legitimierbar sei eine ›Schule für alle‹, die jegliche institutionelle Differenzierung aufgibt, wie sie von Hänsel (2015) und Schumann (2018b) vehement eingefordert wird. Man sollte sich dabei nicht täuschen: Derart radikale Positionen, solche einfachen Lösungen genießen durchaus Ansehen, beanspruchen sie doch für sich, allein auf der Seite der moralisch Guten zu stehen – bei heftiger Entwertung Andersdenkender. Ihr Einfluss ist beträchtlich, er erstreckt sich bis in den Kern des pädagogischen und sonderpädagogischen Selbstverständnisses hinein.

Im Hintergrund dieser Entwicklung steht die Vorstellung, es könne eine Pädagogik geben, die auf gänzlich anderen Voraussetzungen fußt als die bisherige. Eine Pädagogik, die in ein neues Land der Freiheit eintritt, in dem sie die Zwänge der bürgerlichen Gesellschaft ablegt. Der Individualität wird dabei höchste Bedeutung eingeräumt. Niemand soll mehr benachteiligt sein oder sich so fühlen, Kränkungen soll es keine mehr geben. Eine Individualisierung des Unterrichts, die sich nach den Bedürfnissen jedes Kindes ausrichtet, ist dazu ein zentrales Stichwort.

Im Inklusionsdiskurs finden sich gewichtige Stimmen, die das Leistungsprinzip weitgehend liquidieren wollen, damit sich der Einzelne frei von äußeren Vorgaben entfalten kann. Kränkungen sollen auch dadurch entfallen, dass die Grenzen zwischen Behinderung und Nicht-Behinderung zerfließen. Auf der sozialen Ebene korrespondiert damit der Wunsch danach und die Überzeugung, eine umfassende Gerechtigkeit sei nunmehr möglich. Der soziale Hintergrund soll durch staatliche Eingriffe weitgehend an Bedeutung verlieren, elterliche Einflüsse zurückgeschraubt werden und sich ein allgemeiner Einstellungswandel vollziehen.

Das Interessante dabei ist, dass der utopische Charakter solcher Forderungen gar nicht wahrgenommen wird. Sie gelten als vernünftige, durchaus realisierbare Ziele. Wieder aufgenommen und fortgeführt werden alte Erziehungsphilosophien, solche aus der Zeit nach 1968 sowie neuere, mehr oder weniger pädagogiknahe Theorien. Rousseaus Erziehungsbild spielt als Hintergrundfolie nach wie vor eine wichtige Rolle. Eine ›gute‹, sich möglichst zurücknehmende Erziehung kann demnach die kindliche Unschuld erhalten. Als störender Faktor wird eine Gesellschaft ausgemacht, die Kinder mit Anforderungen, Verpflichtungen und Vergleichen konfrontiert. Gäbe es sie nicht, könne sich die Persönlichkeit frei entfalteten, indem die natürlichen kindlichen Bedürfnisse so lange wie möglich unangetastet bleiben. Ganz dem Gegenwärtigen verpflichtet und von der Last der Zukunft befreit. Der Traum vom ›neuen Menschen‹, der dahintersteckt, soll damit seiner Erfüllung nahekommen.

Vieles von dem findet sich später in den hohen Erwartungen wieder, die sich an eine weitgehend repressionsfreie, primär an den kindlichen Bedürfnissen orientierte Erziehung knüpfen. Diese Erwartungen speisen sich aus unterschiedlichen Quellen, häufig mit stark humanistisch-psychologischer Unterfütterung. Ihr Einfluss währt bis in die heutige Zeit. Als ein Meilenstein können die Arbeiten Alice Millers (1979; 1983) gelten, die hier paradigmatisch herangezogen werden. Millers zentrales Thema ist die Schädigung, die kleine Kinder erleiden können, wenn sie in ihrem ureigenen Erleben nicht wahrgenommen, verstanden und anerkannt werden. Unbemerkt in das Korsett fremder Wünsche gepresst und einer verständnislosen Umwelt ausgesetzt, verliert das Kind sein ›wahres Selbst‹, zu seinem eigenen Inneren kann es nicht finden. Erziehung wird deshalb zu einer gefährlichen Angelegenheit erklärt. Sie soll sich mit Verpflichtungen zurückzuhalten, Kinder gewähren lassen, damit sie sich frei, von den Erwartungen anderer geschont, aus sich selbst heraus entfalten können.

Heute sind es sozial-konstruktivistische Theorien, die auf innere Selbstentfaltungskräfte setzen und an der Gesellschaft all das bannen wollen, was sie für gefährlich halten. Und das ist nicht wenig.

An pädagogischen Illusionen und Ideologien, die eine neue Freiheit beschwören, mangelt es also wahrlich nicht. Sie blühen nicht weniger als zu früheren Zeiten, sondern noch stärker als zuvor. Heftige Emotionalisierungen sind die Folge. Die Gewissheit, im Besitz einer endgültigen Aufklärung zu sein, führt dazu, dass die eigenen Positionen unerbittlich vertreten und diejenigen massiv entwertet werden, die ihnen nicht folgen können oder wollen. Das Spektrum dessen, was gesagt werden darf, engt sich dadurch beträchtlich ein.

Es kommt also darauf an, dass starre Polarisierung und Spaltungen überwunden und offene Dialoge wieder möglich werden. Das setzt voraus, dass unterschiedliche Sichtweisen frei formuliert werden können, ohne dass sie unter den Verdacht der Inkorrektheit und des moralisch Unzulässigen gestellt werden. Ein solcher Austausch ist allerdings für diejenigen nicht ganz ungefährlich, die sich hinter Korrektheitsformeln verschanzen und dadurch einer argumentativen Auseinandersetzung entziehen wollen. Denn dann würde deutlich werden, wie brüchig viele der vorgebrachten ›Errungenschaften‹ sind, wie begrenzt ihr wissenschaftlicher Gehalt ist und wie problematisch ihre pädagogischen und gesellschaftlichen Folgen ausfallen. Die Erziehung ist also gut beraten, wenn sie kritisch bleibt und das, was sie gegenwärtig leistet und zukünftig leisten kann, nicht leichtfertig gefährdet.

2

Erziehung, Vergangenheitsbewältigung und politische Korrektheit

2.1 Erziehung als anthropologische Notwendigkeit

In Zeiten eines schnellen kulturellen Wandels, den wir gegenwärtig erleben, ändern sich Erziehungsstile und Erziehungsziele fortwährend. Erziehungsnotwendigkeiten selbst werden dadurch jedoch nicht infrage gestellt. Sie existieren nach wie vor und bedienen sich nur anderer Inhalte.

Diverse Modernisierungs- und Globalisierungstheorien beschreiben und analysieren, wie sich die gegenwärtigen Lebensbedingungen psychisch und sozial auswirken, worin sie sich von den früheren unterscheiden, wie sie sich weiterentwickeln können und welche Rahmenbedingungen sich daraus für das Aufwachsen von Kindern und Jugendlichen herleiten lassen. Sie enthalten dabei mehr oder weniger großflächige Entwürfe, die in der Regel weitreichende Aussagen über die ganze Kultur beinhalten.

So steht das Individualisierungstheorem und die »Risikogesellschaft« (Beck, 1986) neben Sennetts (1993) flexiblem Menschen, das »Zeitalter des Narzissmus« (Lasch, 1986) trifft auf die »Autistische Gesellschaft« (Lempp, 1996), die »Erregte Gesellschaft« (Türcke, 2002) begegnet dem »erschöpfte[n] Selbst« des von der Modernisierung überforderten Menschen (Ehrenberg, 2008) und die »Multioptionsgesellschaft« (Gross, 1994) hat in Bröcklings (2007) »Unternehmerische[m] Selbst« eine Ergänzung gefunden. Bei aller Unterschiedlichkeit eint sie die Gewissheit, dass eine statische, traditionsgelenkte durch eine bewegliche, dynamische Gesellschaft abgelöst wurde, auf die sich der Einzelne einstellen und die Erziehung reagieren muss.

Viele der in den Modernisierungs- und Globalisierungstheorien enthaltenen Überlegungen, die pädagogisch beachtenswert sind, zwingen dazu, über die neuen Herausforderungen nachzudenken. Kinder und Jugendliche sind heute einer bislang unbekannten Reizflut und medialen Informationsdichte ausgesetzt, die von einer allgemeinen Beschleunigung der Lebensverhältnisse begleitet wird. Sie sollen früh selbständig werden und Verantwortung für sich übernehmen, sich individualisieren und in Distanz zu althergebrachten Vorgaben eigene Wege gehen. Erwartet wird, dass sie all diesen Anforderungen gewachsen sind. Zudem sollen sie auf sich aufmerksam machen, sich präsentieren und zeigen, wer sie sind und was sie möchten. Viele weitere Anforderungen und Erwartungen ließen sich ausführen und auf ihre inneren Spannungsbögen, teils auch Widersprüche hin befragen.

Inwieweit es neben den neuen Möglichkeiten auch zu Risiken und Überforderungen kommt, ist eine Frage, die sich aufdrängt. Ihr wird unter anderem im Jahrbuch für Psychoanalytische Pädagogik Band 21 (Ahrbeck, Dörr, Göppel & Gstach, 2013) nachgegangen. Ein einzelner Aspekt sei hier herausgegriffen. Empirisch lässt sich feststellen, dass bestimmte Beeinträchtigungen wie Hyperaktivitäts- und Aufmerksamkeitsstörungen in den letzten Jahrzehnten deutlich zugenommen haben. Seit kürzerem werden vermehrt Angsterkrankungen beklagt. Andere Störungsbilder gehen zurück, so dass sich insgesamt eine ausgeglichene Bilanz einstellt. Über längere Zeiträume nehmen psychische Beeinträchtigungen weder zu noch ab. Innere und äußere Konflikte finden sich in ganz unterschiedlichen gesellschaftlichen Konstellationen, ihr Gewicht wird auch in Zeiten der Modernisierung oder Globalisierung nicht geringer. Die Hoffnung, eine aufgeklärte Erziehung könne entscheidend zu einer Verminderung beitragen, hat sich nicht erfüllt (Dornes, 2012).

Eine äußere Verknüpfung zwischen psychischen Erkrankungen, Entwicklungsbeeinträchtigungen und kulturellen Gegebenheiten lässt sich unschwer herstellen. Hyperaktivitäts- und Aufmerksamkeitsstörungen sind nicht zufälligerweise in einer Zeit entstanden, die sich durch Zeitverknappung, hektische Lebensgewohnheiten, ständig wechselnde Reize und übererregende Stimulierungen auszeichnet (Türcke, 2012). Angst breitet sich aus, wenn haltende Kräfte schwinden, Bindungen nicht mehr so stark sind wie benötigt und Individualisierungsanforderungen entstehen, die sich als überfordernd erweisen. In einer Gesellschaft, in der Selbstdarstellung und äußerer Schein eine große Rolle spielen, kann es nicht verwundern, wenn sich auch Kinder narzisstisch gebärden, sei es aufgrund ihrer inneren Struktur oder auch nur deshalb, weil sie einem bestimmten sozialen Habitus folgen.

Weitgehend unklar bleibt dabei, wie gesellschaftliche Veränderungen konkret auf den Einzelnen einwirken. Wie genau schlagen sie sich, vermittelt über die wichtigsten Bezugspersonen, im Kind nieder? Vor allem angesichts des Umstandes, dass daran frühe Entwicklungsprozesse beteiligt sind. Und welche Rolle spielt die Erziehung dabei? Zeittypisch fast allgegenwärtige Hinweise auf Phänomene wie ›Beschleunigung‹, ›Individualisierung‹, ›Überforderung‹, ›Entfremdung‹ oder ›Entgrenzung‹ tragen kaum zu einer Aufklärung bei. Dazu sind sie viel zu allgemein gehalten, zu wenig auf die komplexen Dynamiken bezogen, durch die sich Sozialisation und Erziehung auszeichnen.

Einen Schritt weiter führt Martin Dornes (2010) Schrift »Die Modernisierung der Seele«, die sich mit dem kulturellen Wandel der letzten Jahrzehnte beschäftigt, mögliche Folgen für die psychische Strukturbildung analysiert und sich sodann pädagogischen Fragen widmet. Im Gegensatz zu anderen Autoren spielen für Dornes empirische Fundierungen der jeweils getroffenen Aussagen eine wichtige Rolle.

Für wenig überzeugend hält er die auch von vielen Psychoanalytikern vertretene These, dass es infolge der Modernisierung zu einer allgemeinen »Schwächung der Persönlichkeit« kommt (Dornes, 2010, S. 1003) – mit einer überzogenen narzisstischen Bedürftigkeit, eingeschränkten Ich-Funktionen und einem unzureichend entwickeltem Über-Ich. Ebenso wenig könne aufgrund des Datenmaterials von einem Befreiungsakt die Rede sein, der auf breiter Ebene zu gestärkten psychischen Strukturen führt. Folgenlos bleiben die kulturellen Veränderungen aber dennoch nicht: Es geht um mehr als nur äußere Anpassungsleistungen, die den Kern der Person unberührt lassen.

Dornes favorisiert deshalb die These eines »ambivalenten Strukturwandels«, die besagt, dass es »zu einem Wandel in den seelischen Grundstrukturen [gekommen ist], der sowohl progressive wie regressive Elemente enthält« (Dornes, 2010, S. 1008). Auf der einen Seite steht ein Zugewinn an innerer Freiheit, das ist die progressive Dimension. Sie beruht darauf, dass starre Strukturen aufgelöst und rigide innere Verpflichtungen aufgeweicht wurden. Deshalb können neue Wege gegangen werden, die zuvor aus inneren Gründen verschlossen waren. Verbunden damit ist eine größere Unsicherheit und Verletzlichkeit. Die inneren Strukturen sind durchlässiger und störanfälliger geworden, so dass die Gefahr eines Scheiterns wächst. Das meint Dornes mit dem regressiven Moment.

Von einer solchen Ambivalenz ist auch das Erziehungsgeschehen durchzogen. Göppel (2007, S. 14) spricht von »riskanten Chancen«, die die heutige Erziehung auszeichnen. Dornes betrachtet das Jahr 1968 als ein einschneidendes Ereignis, das zu einem grundlegenden Wandel in den leitenden Erziehungsvorstellungen geführt hat. Als zentrales Moment gilt dabei die Abkehr vom Autoritären und die Hinwendung zu mehr Partnerschaftlichkeit. Sie hat den Befehlshaushalt früherer Tage abgelöst. Daraus resultiert auch ein neues Beziehungsverständnis: Kinder sollen nicht mehr in erster Linie gehorchen und sich den Vorgaben der Erwachsenen anpassen, sondern in ihrem Eigensinn und ihren Interessen ernst genommen werden. Selbständigkeit und Autonomie werden zu den großen neuen Entwicklungszielen. Erziehungsabsichten bedürfen nunmehr einer expliziten Begründung. Sie sind nicht mehr selbstverständlich, in ihren Wegen ebenso wenig wie in ihren Zielen. Kinder sollen einsehen, warum etwas sinnvoll und notwendig ist. Tun sie es nicht, muss darüber verhandelt werden, möglichst so, dass am Ende eine Zustimmung erfolgt, denn Spannungen und Differenzen werden nur ungern ertragen.

Auf der positiven Seite steht, dass sich die persönlichen Spielräume im Allgemeinen erhöht haben. Einer individuellen Entfaltung sind weniger enge Grenzen gesetzt als zu früheren Zeiten. Viele Kinder wachsen unbeschwerter auf, die Last einer autoritären Unterordnung ist von ihnen gewichen. Insofern kann von einer Befreiung aus überkommenen Zwängen gesprochen werden, die allerdings keiner klischeehaften Verklärung verfallen sollte. Die autoritäre Erziehung kannte sehr unterschiedliche Formen und Ergebnisse. Liebevolles und Fürsorgliches gab es auch damals. Sie hat nicht nur beschädigte Menschen hervorgebracht, sondern auch besonders freie, kritische und selbstbestimmte. Klare Strukturen und Zielvorgaben ermöglichen Auseinandersetzungen, die sich als persönlichkeitsstärkend erweisen. Die Identifikation und Auseinandersetzung mit konturierten Bezugspersonen hat nicht nur Nachteile.

Mit dem beschriebenen Wandel gehen, wie könnte es auch anders ein, neue Probleme einher. Die größere Offenheit führt seitens der Erwachsenengeneration zu Irritationen über ihren Erziehungsauftrag und nicht selten dazu, dass der Erziehungsgedanke geschwächt wird (Ahrbeck, 1993; 2004; Eberhard, 2013; Gaschke, 2003). Es bestehen zunehmend Ungewissheiten darüber, wohin Kinder erzogen werden sollen. Bei der angestrebten Partnerschaftlichkeit, die mitunter in Geschwisterlichkeit mündet, können sich Erwachsene und Kindern so sehr annähern, dass die Elterngeneration ihren Erziehungsauftrag nur noch unzureichend wahrnimmt. Generationale Differenzen werden aufgeweicht. Winterhager-Schmid (2000, S. 22) hat diese Entwicklung bereits zur Jahrtausendwende beschrieben:

>»Gegenwärtig aber ›sieht es so aus‹, als komme Erwachsenen die Vorstellung abhanden, sie hätten ihrerseits einen Generationenvertrag ›nach unten‹ als Verpflichtung zur Vorleistung verantwortlicher Enkulturation der Heranwachsenden einzuhalten.«

Als ein wichtiger Grund dafür wird angegeben, dass die heutigen Kinder in eine Welt entlassen werden, die in vielem unvorhersehbar geworden ist. Etwa in Bezug auf die Art der Berufstätigkeit, mögliche Arbeitsplätze und Lebensorte oder auch hinsichtlich der persönlichen Lebensgestaltung und der allgemeinen Lebensbedingungen. Man wisse nicht mehr, was sie für ihr Leben wirklich brauchten und ob das, was die Generation der Erziehenden ihnen mitgeben kann, nicht genau das Falsche sei.

>Die Erwachsenen »scheinen heute eher davon auszugehen, die Heranwachsenden könnten sich in den Beschleunigungen und Verwerfungen des zugespitzten Modernisierungsprozesses leichter zurechtfinden, wenn sich die Erwachsenen aus dem Geschäft der Bildung und Erziehung frühzeitig zurückziehen« (Winterhager-Schmid, 2000, S. 29).

Ob sich die Lebenssituation der meisten Kinder später wirklich stark von derjenigen der Elterngeneration unterscheiden wird, sei dahingestellt. Zumindest wird es so antizipiert.

Doch es geht nicht nur um Unsicherheiten, die mit einer Zielbestimmung verbunden sind. Auch dort, wo klare Zielvorstellungen existieren, werden sie oftmals nicht konsequent verfolgt. Die Hemmung, Erziehungsaufgaben wahrzunehmen, resultiert aus der übermächtigen Sorge, die Nachwachsenden könnten Schaden nehmen, wenn sie mit Begrenzungen und Einschränkungen konfrontiert werden. Das sei für sie beschämend, ihr Selbstwert leide darunter, sie würden verletzt, wenn ihrem Willen nicht gefolgt wird – wobei die Schwellenwerte ausgesprochen niedrig angesetzt sind. Strafe ist zu einem Unwort geworden. Ein Nein soll es möglichst nicht mehr geben, stattdessen Austausch und Kooperation.

Dieses Phänomen kann nicht nur den Erziehenden vor Ort angelastet werden, als eine Kapitulation vor dem Erziehungsauftrag, es folgt durchaus höheren Ideen:

> »Zumindest in den politischen Leitlinien sind die traditionelle Verantwortung der Eltern für ihr Kind und die emotionale Abhängigkeit des Kindes von den Eltern einer kommunikativen Verflüssigung der Beziehungen gleichwertiger und selbständiger Individuen unterschiedlichen Alters gewichen« (Dammasch, 2013, S. 21).

Dazu passt eine idealisierende Überhöhung kindlicher Selbständigkeit und Eigenverantwortung, die wiederum in politisch-programmatischen Texten enthalten ist. Die These vom ›selbständigen Kind‹ findet sich bereits im Zehnten Kinder- und Jugendbericht (Bundesministerium für Familie, Senioren, Frauen und Jugend, 1998). Kindern wird demnach bereits in einem frühen Alter zugetraut, dass sie sich in weiten Teilen ihres Lebens selbst organisieren, wichtige Entscheidungen treffen und Entwicklungswege eigenständig bahnen. Nur noch wenig von Erziehung geleitet und mit vielfältigen Kompetenzen ausgestattet, wird ihnen ein hohes Maß an persönlicher Verantwortlichkeit zugeschrieben. Abhängigkeit und Angewiesenheit kommen kaum noch vor. Den Erwachsenen kommen diese Annahmen entgegen. »Eltern, Erzieher und Lehrer [erwarten inzwischen], dass Kinder in vielen Bereichen fähig sind, auf sich gestellt all das in zufriedenstellender Weise zu regeln, was anfällt« (Datler, Eggert-Schmid Noerr & Winterhager-Schmid, 2002, S. 7).

Sie schützen sich dadurch davor, dass sie in eine schuldbeladene Position geraten, die sich aus einer ungleichen Machtverteilung ergibt. Gefürchtet wird, die Kinder durch ein Nein in ganz basaler Weise und mit langfristigen Folgen gegen sich aufzubringen. Jedes Nein mutiert, so die angsterregende Fantasie, zu einem ›kalten Nein‹, das die ganze Beziehung vergiften kann. So, als ob es auch noch heute darum ginge, eine autoritäre Züchtigung abzuwehren. Die Erwachsenen wollen deshalb nicht mehr über ihre Kinder bestimmen, sich durchsetzen, sich gegen ihren Willen behaupten. Eine innere Legitimation dafür scheint kaum noch vorhanden zu sein.

Aber Erziehung hat mit Macht zu tun, sie ist ihr immanent, das wusste bereits Flitner (1952, S. 56), der schrieb: »Erziehung bedeutet eine Ausübung von Macht über Menschen.« Dieses Wissen ist inzwischen in weite Ferne gerückt, es soll möglichst aus dem Bewusstsein getilgt werden. Es widerspricht dem Ideal moderner Eltern, die auf ihre Partnerschaftlichkeit stolz sind und sich dadurch als gute Väter und Mütter fühlen. Sie nehmen es als Beweis ihrer eigenen Tüchtigkeit, dass sie möglichst wenig in Differenz zu ihren Kindern geraten. Das stärkt ihre Überzeugung, auf der Höhe der Zeit zu sein.

Das Begleiten ist zu einem hohen Wert geworden, Lenkung und Anforderungen geraten demgegenüber als ungeliebte Vokabeln in den Hintergrund. »Das gesamte Verständnis von Schule ist heute durchdrungen von der Vorstellung, die Lehrkraft solle nicht das Zentrum des Unterrichts sein« (Kaube, 2019, S. 221). ›Vom Lehrer zum Coach‹: Das ist eine gängige Formel geworden, die sich in Schulgesetzen einzelner Bundesländer und diversen Ausführungen zur Kinder- und Jugendhilfe wiederfindet. In der systemisch-konstruktivistischen Pädagogik ist dieser Gedanke besonders prominent vertreten und in vielen anderen pädagogischen Entwürfen findet er sich ebenfalls wieder. Zugespitzt spricht Kaube (2019, S. 221) von Schülern, »die im Klassenzimmer fast wie Autodidakten agieren, denen ab und an ein freundlicher Beobachter assistiert«. In diese Richtung weist auch die sozialpädagogische Formel von den Kindern als ›Experten ihres Lebens‹. Kinder und Jugendliche geben vor, was sie brauchen, und die Erwachsenen folgen ihnen (ausführlich: Ahrbeck, 2004; Ahrbeck & Willmann, 2010).

Eine Abkehr vom Autoritären bedeutet nun wahrlich nicht, dass der Erziehungsbegriff aufgegeben oder über die Maßen relativiert werden muss. Richtig ist vielmehr: Generationenverhältnisse lassen sich nicht beliebig umdefinieren. Die Kleinen bleiben die Kleinen und die Großen die Großen, daran ändert sich prinzipiell nichts. »Kinder und Kindheit sind nicht unbegrenzt modernisierbar« (Winterhager-Schmid, 2002, S. 30). Eine Erziehungsverantwortung währt fort. Ihr muss sich jede Generation neu stellen. Die anzustrebenden Ziele lassen sich auch in Zeiten eines schnellen kulturellen Wandels unschwer bestimmen. Es geht um die kognitive, psychische und soziale Weiterentwicklung der Kinder und die Entfaltung ihrer individuellen Talente.

Zu den Grundhaltungen, die erworben werden müssen, gehört ein respektvoller Umgang mit anderen Menschen, so unterschiedlich sie auch sein mögen und auch dann, wenn ihre Lebensform und ihre Weltanschauung nicht der eigenen entspricht oder ihr persönlich fremd ist. Das Grundgesetz gibt dazu, um die höchste Instanz anzurufen, eindeutige Vorgaben. Es enthält Verpflichtungen, die für jedermann verbindlich sind. Eine Besinnung darauf ist gerade gegenwärtig unumgänglich, in Zeiten, die sich durch zahlreiche Entgrenzungen auszeichnen. Wer öffentliche Debatten und Beiträge hochrangiger politischer Vertreter verfolgt, sich in Internetforen auskennt und mitbekommt, wie häufig im Namen persönlicher Überzeugungen und ideologischer Gewissheiten entwürdigende Entwertungen und destruktive Angriffe erfolgen, wird wissen, wie notwendig und dringlich diese Aufgabe ist.

Toleranz und Akzeptanz entwickeln sich nicht von allein. Sie müssen langsam ausgebildet werden, über viele Hindernisse und Krisenfälle hinweg. Das ist keine leichte Aufgabe. Damit sie bewältigt werden kann, ist ein ausreichender Stand der Moralentwicklung erforderlich, ein mehr oder weniger gesichertes Selbstbild und die Fähigkeit, sich auf andere einstellen und ihre Motive nachzuzeichnen.

Neben konkreten Verhaltensweisen, die einzuüben sind, bedarf es hier wie bei der Lösung vieler anderer Entwicklungsaufgaben bestimmter psychischer Voraussetzungen. Frustrationstoleranz und Affektkontrolle, Bedürfnisaufschub und Sublimierung sowie die Entwicklung einer inneren Zeitdimension sind dazu wichtige Stichworte. Andere kommen hinzu: Die Begrenzung des frühkindlichen Narzissmus, die Ausbildung eines realitätsgerechten Selbst, die Wandlung zunächst archaischer Über-Ich-Inhalte in ein reifes Gewissen, das leitet, begrenzt und in positiver Weise steuert. Weiterhin: Die Fähigkeit zur Wahrnehmung innerer Prozesse, die Beurteilung der äußeren Realität und eine selektive, den eigenen Bedürfnissen entsprechende Identifikation mit anderen.

In unübersichtlich gewordenen Zeiten mit weniger normierten Lebenswegen werden die psychischen Anforderungen nicht geringer. Frustrationen treten zu allen Zeiten auf, und Affekte müssen nach wie vor kontrolliert werden. Auch in einer Gesellschaft, die vergleichsweise wenig Triebaufschub forciert, werden diese Fähigkeiten nicht überflüssig. Eine kultivierte Welt ohne Triebaufschub, ohne Sublimierung ist schlichtweg unmöglich. Die sich daraus ergebenden Entwicklungsaufgaben sind unumgänglich, auch in einer Gesellschaft, die sich als weitgehend permissiv erlebt. Mögen die Zeiten auch noch so triebfreundlich, narzisstisch geprägt und auf die Demonstration der eigenen Bedeutung gerichtet sein: Mit der frühkindlichen Erwartung, unablässig im Mittelpunkt der Aufmerksamkeit zu stehen und nur den eigenen Bedürfnissen folgen zu können, lässt es sich kein gutes und erfolgreiches Leben führen.

Dornes Beschreibung, dass psychische Strukturen flexibler geworden sind, mit durchaus ambivalenten Folgen, ist sicherlich zutreffend. Gleichwohl kann kein Kind von der grundlegenden Aufgabe entbunden werden, eine möglichst reife, mit der Innen- und Außenwelt kompatible Gewissensstruktur zu erwerben – auch wenn sich die Inhalte in einigen Bereichen verändert haben. Gleiches gilt für die Entwicklung der Ich-Funktionen und die Fähigkeit, sich auf andere Menschen einzulassen. Gesellschaftliche Anforderungen wandeln sich, der Arbeitsmarkt ist ein wichtiges Beispiel dafür, sodass neue fachliche und interpersonelle Kompetenzen gefragt sind. Das ändert aber nichts an dem Faktum, dass bestimmte psychische Strukturen und Funktionen entwickelt werden müssen. So ist es unumgänglich, dass die äußere wie die innere Realität möglichst unverzerrt und differenziert beobachtet und beurteilt wird. Ebenso gilt, dass die inneren Voraussetzungen für eine befriedigende Beziehungsgestaltung vorhanden sein müssen. Dazu gehört die Wahrnehmung der Bedürfnisse anderer und ein Abgleich mit den eigenen, ein sich einstellen, ohne sich zu verlieren, eine Akzeptanz eigener und fremder Besonderheiten.

Das bedeutet zusammengefasst, dass sich elementare Ziele kindlicher und menschlicher Entwicklung sehr wohl konkret beschreiben lassen. Sie definieren zugleich einen pädagogischen Auftrag. Im Einzelnen werden zwar aufgrund des kulturellen Wandels Neuorientierungen notwendig, ohne dass sie jedoch den globalen Rahmen infrage stellen (ausführlich Ahrbeck, 2004).

Ebenso wie die emotionalen und sozialen sind kognitive Entwicklungsziele nicht beliebig. Die Aufregung über die ersten PISA-Befunde von 2001 zeugt davon. Offensichtlich beunruhigt es – und das nicht zu Unrecht –, wenn die Schülerinnen und Schüler des Landes in elementaren Leistungsbereichen wie dem Lesen und in der mathematischen Grundbildung zurückbleiben. Diese Werte haben sich bis heute im Durchschnitt gravierend verbessert. Nach wie vor besteht aber ein schwerwiegendes Problem: 16 bis 17 Prozent der Schüler siebter Klassen verharren in den Naturwissenschaften, der Mathematik und im Lesen auf einem inakzeptabel niedrigen Kompetenzniveau (Reiss, Sälzer, Schiepe-Tiska, Klieme & Köller, 2016). Viele weitere Entwicklungsschritte sind dadurch verschlossen. Wer nicht richtig lesen, schreiben und rechnen kann, hat nur begrenzte Zukunftschancen. Eine Nachbesserung ist deshalb unverzichtbar. Dabei sollte im Auge behalten werden, dass die PISA-Studien nur begrenzte Aussagen ermöglichen. Sie messen keine Bildung, sondern nur Bildungsvoraussetzungen, die allerdings überaus bedeutungsvoll sind.

Wiederum gilt: Auch wenn sich Wissensbestände schnell erweitern, Bildungsinhalte hinzutreten und neue Technologien beherrscht sein wollen, bleiben bestimmte intellektuelle Qualifikationen und Kenntnisse unentbehrlich. Das zu erwerbende Wissen ist bei weitem nicht so beliebig, wie manchmal behauptet wird, und Kriterien für eine profunde Reflektionsfähigkeit lassen sich unschwer definieren (Kaube, 2019; Kraus, 2017). Beides, Wissen und Denken, entwickelt sich nur, wenn zielgerichtet darauf hingearbeitet wird, ausdauernd und geduldig, in immer neuen Schleifen des Übens und Ausprobierens.

All das fällt dem Kind nicht von selbst zu. Es ist auf andere, ihre Anleitung und Hilfe angewiesen, darauf, dass ihm Erfahrungen, Haltungen und Wissensbestände weitergegeben werden. Durch die Auseinandersetzung mit den kulturellen und gesellschaftlichen Errungenschaften kann es sich hochindividuell die Welt aneignen, sich selbst gestaltend einbringen und einen Platz suchen, der ihm persönlich entspricht. Erziehung ist und bleibt eine anthropologische Notwendigkeit dafür. Sie leistet Unverzichtbares: »Um moralisch und intellektuell zu wachsen, bedarf es des intellektuellen Widerparts« (Rehfus, 1997, S. 125). Dazu werden konturierte Bezugspersonen benötigt, die den Erziehungsauftrag annehmen, freundlich und ermutigend sind, aber auch strukturierend und begrenzend agieren. Oft ist es nicht das affirmative Ja, sondern das Nein, das die Entwicklung vorantreibt. In einer konfliktfreien Sphäre ist das allerdings unmöglich.

Savater (1998) hat nachdrücklich für eine Wiederbelebung und Stärkung des Erziehungsgedankens plädiert. Er beschreibt eindrucksvoll, wie Potenziale verkümmern, wenn Kindern Erziehung verwehrt wird. Erst Erziehung ermöglicht es, dass Kinder in die Welt der Erwachsenen hineinwachsen und sich das kulturelle Erbe aneignen. Sie brauchen Erwachsene, an denen sie sich messen und reiben können. Dazu muss die Erwachsenenwelt als etwas zunächst Fremdes, Unerreichtes und Wertvolles erscheinen. Aus dieser Differenz heraus entsteht ein Wachstum, das gesellschaftlichen Erwartungen und genuinen kindlichen Bedürfnissen entspricht. Kinder wollen nicht ewig klein bleiben, sie möchten in keiner frühen Entwicklungsposition verharren.

Am Beispiel der Kulturtechniken lässt sich verdeutlichen, dass ein solcher Prozess nicht mühelos verlaufen kann – bei aller Freude, die Kinder am Lernen haben können. Lernen erfordert Anstrengung und eine innere Auseinandersetzung mit den zunächst nur begrenzt vorhandenen eigenen Fähigkeiten. Lernen kommt nicht ohne Wiederholungen aus, Frustrationen sind unumgänglich, Enttäuschungen unvermeidlich. Deshalb brauchen Kinder eine tatkräftige Unterstützung durch Erwachsene, ihre Aufmerksamkeit für vollbrachte Leistungen, Ermutigung und mitunter auch Trost, wenn etwas noch nicht gelingt. Insofern liegt eine folgenschwere Illusion in der Annahme, Lernen könne rein spielerisch erfolgen oder dadurch, dass auf unbequeme innere Anforderungen verzichtet wird.

Kinder sollen ihren Neigungen folgen, das ist sicherlich wichtig, Entwicklungsziele können sie jedoch nicht allein bestimmen. Woher sollen sie wissen, was das Lernen langfristig erbringt? Woher soll für sie einsichtig sein, dass es sich lohnt, bestimmte Schritte zu gehen? Kinder sind auf den Augenblick gerichtet, im unmittelbaren Erleben gefangen. Sie suchen zunächst das, was am leichtesten zugänglich ist und auf den ersten Blick die größte Befriedigung verspricht.

Mit der Missachtung der kindlichen Persönlichkeit hat diese Einsicht nichts zu tun und ebenso wenig mit einer Geringschätzung dessen, was Kinder aus sich selbst heraus entwickeln und leisten können.

Vehement wehrt sich Savater (1998, S. 144) gegen eine »postmoderne Relativierung des Konzepts der Wahrheit«, da sie den Erziehungsgedanken relativiert oder gar aufhebt.

> »Es gibt keine Erziehung, wenn es keine Wahrheit zu vermitteln gibt, wenn alles mehr oder weniger wahr ist, wenn jeder seine eigene gleichermaßen respektable Wahrheit besitzt und man unter so vielen verschiedenen Wahrheiten keine rationale Wahl mehr treffen kann« (Savater, 1998, S. 144 f.).

Allein aus dem Umstand, dass sich manche Verhältnisse wandeln, lässt sich nicht herleiten, dass elementare Erkenntnisse über gesellschaftliche Strukturen, die kindliche Entwicklung und die Erziehung außer Kraft gesetzt werden. Die gegenwärtigen Entgrenzungen, die in vielen Lebensbereichen existieren, dürfte er mit großer Sorge sehen. Ein entscheidender Punkt ist für Savater, ob es zukünftig gelingen wird, die inzwischen allzu geschwächten Grenzen zwischen den Generationen (wieder)herzustellen. Mit einer erziehungswilligen Erwachsenengeneration, die mit zukunftstauglichen Kenntnissen und Werten ausgestattet ist, und Kindern, die davon profitieren können.

Damit kann einem grundlegenden menschlichen Bedürfnis, dem nach Kontinuität, entsprochen werden (Marquard, 1998), als ein Gegengewicht zu schwer überschaubaren Entwicklungen und irritierenden Innovationen. Nicht umsonst hat die Bindungstheorie eine Renaissance erlebt. Bindung, Verlässlichkeit und Sicherheit nehmen in der Wunschwelt der Heranwachsenden einen hohen Stellenwert ein. Sie werden angestrebt, gesucht und nach Maßgabe der Möglichkeiten gefunden (Schmidt, 2000; Schulte-Markwort, Plaß & Barkmann, 2002).

Erziehung ist ein Geschehen zwischen den Generationen: In der unmittelbar persönlichen Begegnung und dadurch, dass es über die Bildungsinhalte zu einer Begegnung mit dem historisch Gewachsenen kommt, das die ältere Generation repräsentiert.

Auf der persönlichen Ebene ruft der Erziehungsprozess die eigene Kindheit der Erziehenden auf. Sie treten mit dem in Beziehung, wie sie früher waren, wie sie ihre Eltern und wichtigsten Bezugspersonen erlebt haben. Sie kommen in Kontakt mit befriedigenden und beglückenden Erfahrungen, aber auch solchen, die schmerzlich waren, mit Konflikthaftem, Unaufgelöstem und Unbearbeitetem. Wie heißt es bei von Schirach (2014, S. 130): »Ich weiß nicht, ob es eine sorglose Kindheit gibt, ich glaube es nicht, zu kompliziert ist das meiste, was wir als Kinder erleben.« Das trifft wohl auf fast jeden von uns zu. Der Erziehende, der sich dem Kind zuwendet, muss sich selbst im Blick haben. Das wiederum verweist auf Grenzen, die dem Erziehungsgeschehen immanent sind.

»Ein Erzieher kann nur sein, wer sich in das kindliche Seelenleben einfühlen kann, und wir Erwachsenen verstehen die Kinder nicht, weil wir unsere eigene Kindheit nicht mehr verstehen« (Freud, 1913, S. 419).

Niemand ist vollständig über sich aufgeklärt, über die eigenen inneren und äußeren Verstrickungen, seine Rolle in der Familie und die Familiengeschichte. Das ganz Persönliche, selbst das Hochindividuelle in der Beziehung zu den primären Bezugspersonen verknüpft sich dabei mit den jeweiligen Zeitumständen und dem, was in Familien historisch weitergetragen wird. So kommt die nachfolgende Generation auch mit dem Unbearbeiteten und Unbewältigten in Berührung. Mit der transgenerationalen Traumatisierung ist eine neue, bisweilen überstrapazierte Kategorie hinzugetreten, die beschreibt, wie Vergangenes unbewusst weitergegeben wird.

In größerer historischer Dimension ist Erziehung in die jüngere deutsche Geschichte eingebettet. Das wirft zahlreiche Fragen auf, etwa folgende: Wie gestaltete sich Erziehung in der nationalsozialistischen Zeit? Welche Auswirkungen gab es in den Nachkriegsjahren? Mit welchen langfristigen Folgen muss gerechnet werden? Erinnert sei hier nur an Johanna Haarers ›Die deutsche Mutter und ihr erstes Kind‹, zuerst 1934 erschienen. Dieses Buch repräsentierte in besonderer Weise Grundprinzipien nationalsozialistischer Erziehung als wichtigster Erziehungsratgeber seiner Zeit. Nach dem Krieg wurde es weiterhin in hohen Stückzahlen vertrieben. Die letzte Auflage erfolgte 1988, völlig neu bearbeitet, unter dem Titel: »Die Mutter und ihr erstes Kind«. Die Gesamtauflage betrug 1,2 Millionen Exemplare (Chamberlain, 2000).

Zu den Verdiensten der 1968er-Bewegung gehört es, dass die Ereignisse und Folgen des Nationalsozialismus genauer betrachtet wurden. Vergessenes und Verdrängtes konnte aufgedeckt, Irritierendes und Erschreckendes ans Tageslicht gebracht werden, in der Regel gegen den heftigen Widerstand der älteren Generation. Die Bewältigung dieses Teils der Vergangenheit betrifft unterschiedliche gesellschaftliche Bereiche, Familien und Einzelpersonen, den Kulturbetrieb, die Wissenschaften und vor allem das politische Lager. Die Kräfte, die dazu benötigt werden, sind beträchtlich, müssen sie doch in Bereiche vordringen, die schmerzhaft sind, Spannungen und Unwohlsein erregen, Schuld- und Schamhaftes offenlegen. Das macht verständlich, warum es eine leichte Aufarbeitung nicht geben konnte.

Eine Auseinandersetzung mit der deutschen Vergangenheit wird seit langer Zeit geführt. Das Thema Nationalsozialismus ist eines, das Kulturproduktionen und die mediale Öffentlichkeit intensiv beschäftigt hat und weiterhin beschäftigt. Für die Wissenschaften gilt ähnliches, mit unterschiedlicher Intensität und teils zeitversetzt. Abgeschlossen ist sie nicht, und es hat auch nicht den Anschein, als ob ein Ende absehbar möglich wäre. Auch wenn die unmittelbar Beteiligten und vor allem die Tätergeneration nicht mehr am Leben sind.

In den letzten Jahren ist die Sonderpädagogik besonders in den Fokus der Aufmerksamkeit gerückt worden, mit heftigen Anklagen, die neu erhoben oder reaktiviert wurden. Die Sonderpädagogik nähre sich substanziell aus der nationalsozialistischen Zeit, so heißt es, und setze fast ungebrochen deren ideelles Erbe fort (Hänsel, 2015; 2017). Dem differenzierten deutschen Schulsystem wird von einer Ausschussvorsitzenden der Vereinten Nationen »Apartheid« (Degner, 2018, S. 7) unterstellt und die Existenz von Sonderschulen als skandalöse Menschenrechtsverletzung gebrandmarkt (Schumann, 2018b).

Doch das ist nur Teil einer sehr viel weitergehenden Entwicklung. Schuld aus vergangenen Zeiten wird gegenwärtig und mit steigender Tendenz auch an anderen Punkten aufgerufen. Die Schuldquellen weiten sich aus und pauschaler werden sie auch. Belege dafür finden sich unter anderem in den postkolonialen Studien. Die Ausübung von Unrecht, die dem männlichen Geschlecht in toto attestiert wird, steht hier neben der Schuld, der weißen Rasse anzugehören. Auch das Alter bleibt nicht verschont, besonders bei weißen (europäischen) Männern. Aus einer bestimmten Perspektive werden auch weiße Feministinnen sehr kritisch betrachtet oder überhaupt diejenigen, die es wagen, von zwei Geschlechtern auszugehen. Mehr oder weniger große Bevölkerungsteile gelten als behindertenfeindlich und homophob. Offensichtlich werden Menschen dabei als Gruppenangehörige und nicht mehr als Personen angesehen (Altwegg, 2019; Bruckner, 2018; Wirtz, 2019).

Inwieweit diese Entwicklung bereits ihren Höhepunkt erreicht hat und ob sie längerfristig Bestand haben wird, lässt sich nur schwer abschätzen. Ihr gegenwärtiger Einfluss sollte jedoch nicht unterschätzt werden. Sie bildet ein Hintergrundrauschen, das das gesellschaftliche Klima beeinflusst, und dringt auch in den Wissenschaftsraum ein. Die Atmosphäre verändert sich und damit das, was gesagt und gedacht werden darf. Die Verbindungen zur politischen Korrektheit sind unübersehbar: Das politisch korrekte Denken findet inzwischen in gewichtigen Theoriebildungen und im Alltagsleben seinen Niederschlag und wird seinerseits durch sie geprägt.

Das folgende Kapitel beschäftigt sich ausführlich mit Überlegungen zur Vergangenheitsbewältigung, danach wird auf die politische Korrektheit eingegangen.

2.2　Vergangenheitsbewältigung

Wie keine andere Wissenschaft hat sich die Psychoanalyse mit der Bedeutung des Vergangenen für die Gegenwart beschäftigt und sich damit auseinandergesetzt, wie Abwehr und Widerstand einer Aufklärung entgegenstehen können. Aber auch die Psychoanalyse selbst hat sich mit der eigenen Vergangenheit nicht leichtgetan, obgleich Selbstaufklärung zu ihrem genuinen Anspruch gehört. Das verweist darauf, wie anspruchsvoll und bedrohlich sich diese Aufgabe gestaltet.

Als Alexander Mitscherlich und Fred Mielke 1947 die Schrift »Das Diktat der Menschenverachtung« vorlegten, beschritten sie, wie sich zeigen sollte, einen äußerst mutigen Weg. Die »Dokumente des Nürnberger Ärzteprozesses« hatte die Beteiligung von Ärzten am nationalsozialistischen Regime offengelegt und über konkrete Taten hinaus verdeutlicht, dass es sehr weitgehende Verstrickung der Ärzteschaft gegeben hat. Eine ursprünglich geplante Veröffentlichung in der »Deutschen Medizinischen Wochenschrift« erfolgte nicht, zu groß war der Widerstand dagegen, zu stark zudem die Kräfte, die juristisch gegen die Broschüre vorgingen. Auch der Anschlussbericht von 1949 fiel dem Schweigen anheim, eine fachliche und öffentliche Auseinandersetzung wurde nicht geführt; 1960 erfolgte dann eine Wiederveröffentlichung unter dem Titel »Medizin ohne Menschlichkeit. Dokumente des Nürnberger Ärzteprozesses« (Mitscherlich & Mielke, 1960), die in späteren Jahren eine erhebliche Aufmerksamkeit erfuhr, bis 1989 in der 19. Auflage.

Die Bedeutung der Schrift ergab sich daraus, dass es sich nicht nur um eine Prozessdokumentation handelte, sondern um das »Teilstück einer Zeitchronik«, wie Mitscherlich (1960, S. 9) in der Einleitung schrieb. Sie spiegelte »beispielhaft die wissenschaftliche Arbeitsweise [wider], den ärztlichen Stil im Umgang mit Kranken oder Versuchspersonen, das Milieu, in welchem sich diese ärztlichen oder wissenschaftlichen Tätigkeiten abspielten, die Qualität der Forschungsarbeiten, die eugenischen und rassenpolitischen Ziele, welche dabei verfolgt wurden, sowie den politischen und persönlichen Hintergrund der Geschehnisse« (Mitscherlich & Mielke, 1960, S. 1). Der Blick Mitscherlichs richtete sich unmittelbar auf die Täter, deren Anzahl mit 350 angegeben wurde. Erschreckend war und kaum nachvollziehbar ist, wie Menschen zu so extrem grausamen Tätern wurden, die bis dahin ein erfolgreiches, gänzlich unauffälliges Leben geführt hatten, das weder durch besondere soziale Belastungen und schwierige Lebensumstände noch durch pathologische Beeinträchtigungen geprägt war. Es handelt sich bei ihnen um »ganz normale Männer«, wie jene, die Browning (1998) im ›Reserve-Polizeibataillon 101‹ vorfand, bevor sie zur ›Endlösung‹ in Polen schritten.

Ganz im Sinne der kulturtheoretischen Schriften Freuds, allen voran das »Unbehagen an der Kultur« (1930), konstatiert Mitscherlich hier den Durchbruch einer archaischen Destruktivität, in dem die Täter »die erworbenen Fähigkeiten der Menschlichkeit narkotisch lähmten und in eine weltzerstörerische Trieblust zurücksanken« (Mitscherlich, 1960, S. 7). Die Voraussetzung dafür war, dass soziale Zwänge, Verpflichtungen und Strafandrohungen aufgehoben waren, sodass ein Vakuum entstand, das diese Taten erst ermöglichte.

Mitscherlich und Mielke beschäftigte die Frage nach den dienenden Strukturen im ärztlichen System, der Unterstützung aus der zweiten und dritten Reihe, den Mitläufern und Indifferenten und der Bereitschaft, die Dinge geschehen zu lassen oder wegzuschauen. Erst wenn dieser Komplex in den Blick gerät, könne das Geschehene wirklich eingestanden und anerkannt werden. Erst dann werde eine Auseinandersetzung und Verarbeitung möglich.

Die Autoren erfuhren durch ihre Arbeiten erhebliche Anfeindungen. Sie sahen sich dem Vorwurf ausgesetzt, sie seien es gewesen, die einen altehrwürdigen ärztlichen Stand geschädigt und erniedrigt hätten. Die Publikationsgeschichte zeugt davon, wie schwierig die Kenntnisnahme der Vergangenheit war. Sie erfolgte in nennenswertem Umfang und mit steigender Tendenz erst nach 1960, zu einer Zeit, in der zumindest ein Teil der unmittelbar Beteiligten nicht mehr beruflich tätig war oder Funktionärsposten innehatte und jüngere Ärzte nachgerückt waren. Im Vergleich zu anderen Wissenschaften geschah das zu einem frühen Zeitpunkt. Die Medizin hat sich aber insgesamt, ebenso wie andere Wissenschaften auch, mit der Bewältigung ihrer Vergangenheit sehr schwergetan.

Als ein Meilenstein der weiteren Entwicklung kann Mitscherlich und Mitscherlichs Schrift »Unfähigkeit zu trauern« (1967) gelten. Das Buch ist zu einem Klassiker geworden, einem der großen Aufklärungswerke der Nachkriegszeit, das inzwischen in der 26. Auflage vorliegt. Seine Hauptthese lautet, dass die Deutschen nach dem Zweiten Weltkrieg nicht in der Lage waren, sich mit ihrer Vergangenheit auseinanderzusetzen. Sie konnten nicht trauern, da sie die eigene Verantwortlichkeit nicht wahrhaben wollten, sie verleugneten und versuchten, sie ungeschehen zu machen. Aufgrund der hohen Identifikation mit der Führerfigur kam es zu einer schweren

Schädigung des eigenen Selbst. Die Ideale seien schlagartig zusammengebrochen, sodass es eine »traumatische Entwertung des eigenen Ich-Ideals« entstand (Mitscherlich & Mitscherlich, 1967, S. 30). Der nachträgliche Versuch, dem ›Führer‹ die alleinige Schuld zu geben, schlug fehl. Ein übermächtiges Gefühl der Wertlosigkeit habe sich breitgemacht, verbunden mit dem Wunsch nach schnellstmöglicher Kompensation. Ihren Ausdruck fand es in einer fast manischen Wiederaufbauleistung. Die sich schnell einstellenden wirtschaftlichen Erfolge hätten zu einer Stabilisierung geführt, bei der sich Schuld- und Schamgefühle hinter einer massiven Abwehr verschanzten. Um die Opfer aber konnte nicht getrauert werden, dazu waren die Deutschen zu sehr mit sich selbst beschäftigt.

Die Autoren hatten damit ein prägnantes Deutungsmuster formuliert, das auf eine zunehmende Aufnahmebereitschaft stieß, mit eingängigen Formulierungen, die viel Zustimmung fanden. Es scheint, als wenn ein in der Luft liegendes Problem aufgenommen wurde. Die Schriften der Mitscherlichs sind verdienstvoll, sie haben viel in Bewegung gebracht. Der Blick wurde erstmalig in dieser Intensität und mit einer solchen Breitenwirksamkeit auf die nationalsozialistische Vergangenheit und ihre Verarbeitung gerichtet. Von einem Stillschweigen über die Nazi-Vergangenheit konnte nun nicht mehr die Rede sein. Das ist jetzt über 50 Jahre her. Als Personen genossen beide ein großes Ansehen, zumindest in bestimmten intellektuell einflussreichen Kreisen.

Von der 68er-Generation wurde die »Unfähigkeit zu trauern« mit Zustimmung und Erleichterung aufgenommen. Sie lieferte eine Unterstützung für die Auseinandersetzung mit der Elterngeneration, die die Zeit zwischen 1933 und 1945 selbst erlebt und den Aufbau nach dem Krieg aktiv mitgestaltet hatte. Nunmehr konnte offensiver mit jener Generation umgegangen werden, die – neben den noch Älteren – für die Nachkriegsgeschichte mitverantwortlich war.[1] An sie konnte sich der Protest richten. Sie hatten

---

1 In der DDR wurden diese Fragen durch eine frühe Entnazifizierung und das Bekenntnis zu Sozialismus und Antifaschismus für nicht existent er-

sich in der Bundesrepublik etabliert, Frieden mit den Verhältnissen gesucht und gefunden, mit einigem Stolz auf das Erreichte, ohne dass sie von sich aus das Thema Nationalsozialismus aufnahmen. Jedenfalls nicht in dem von der jüngeren Generation gewünschten Ausmaß und in der erwarteten Form.

Die Bewältigung der Vergangenheit erwies sich auch in dieser Konstellation als heikel. Die von der 68-Generation eingeforderte Auseinandersetzung traf, sofern diese Verallgemeinerung erlaubt ist, auf Abwehr und Widerstand, eine Bereitschaft zur Öffnung war nur selten vorhanden, ein Dialog unterblieb häufig. Erschwert wurde er von Anfang an durch eine massive Vorwurfshaltung, der sich die Eltern- und Großelterngeneration ausgesetzt sah. Der ohnehin nur begrenzten Bereitschaft, sich der Thematik zu öffnen, wurde dadurch die Luft genommen.

Ein literarisches Beispiel soll zur Illustration dienen. In Christoph Meckels »Suchbild. Über meinen Vater« (1980) wird beschrieben, wie sich der Sohn seinem Vater anzunähern versucht. Der in der frühen Kindheit hoch idealisierte Vater war im Nationalsozialismus ein unbedeutender Mitläufer gewesen. Aus dem Krieg kam er verwundet zurück, später blieb er, sehr zur Enttäuschung seines Sohnes, als Schreibender im Mittelmaß stecken, war bürgerlichen Werten verpflichtet und führte ein unauffälliges, aus Sicht des Sohnes unlebendiges Leben. Eine innere Nähe zum Vater gelang kaum: Der Vater wich den Fragen des Sohnes aus, er gab auf sie keine Antwort. Beide blieben sich fern. Sie fanden keine gemeinsame Sprache, wesentlich bedingt durch zeittypische Konflikte, die die Generationen damals trennten. »Wie Cristoph Meckel in seinem Vater die deutsche Malaise erkannte, hat etwas Allgemeingültiges« (Die ZEIT), so heißt es denn auch auf dem Deckeltext des Buches.

---

klärt. Eine weitere Auseinandersetzung mit Taten und Tätern sei nicht notwendig, sie müsse im kapitalistischen Westen geführt werden. Der Anspruch, schuldfrei zu sein, und die Wirklichkeit gingen allerdings weit auseinander.

Tilmann Moser (1985, 2013) hat sich intensiv mit Meckels »Suchbild« auseinandergesetzt, als Teil seiner psychoanalytischen Betrachtungen von Romanen, die er als ›Krankengeschichten‹ interpretiert. Er berichtet darin, wie sehr er zunächst von diesem
Buch begeistert war, den Aufklärungsimpuls des Protagonisten
bewunderte, dann aber über die Verächtlichkeit stolperte, die
dem Vater entgegengebracht wurde. Moser bezweifelt deshalb,
ob Meckels Vater überhaupt die Möglichkeit erhielt, über seine
innere und äußere Situation zu sprechen. Von Anfang an sei er
unter massiven Verdacht gestellt und groben Vorwürfen ausgesetzt gewesen. Der Sohn trat ihm als Ankläger gegenüber, mit
harter Vorwurfshaltung, inquisitorisch fast, ohne Bereitschaft
und Bemühen um Verständnis. Er war nach Moser (1985, S. 58) in
»moralische(r) Selbstgewissheit identifiziert mit den Helden des
Widerstandes«. Die Abgrenzung vom Vater erfolgte dadurch
kompromisslos, eine Verbindung konnte nicht entstehen oder sie
ging schnell wieder verloren. Die Frage nach den Motiven des
Sohnes, die Moser (1985, S. 51) aufwirft, fällt deshalb wohl not-
wendigerweise rhetorisch aus: »Will er verstehen, oder sucht er
nach einem Urteil, um seinen eigenen Platz in der Geschichte si-
cherer zu machen?«

Die eingenommene Position ist nicht unbequem, sie sichert narzisstische Gratifikationen und Schuldfreiheit.

> »Meckel schreibt über seinen Vater so, als sei er sich seiner Maßstäbe und
> seines möglichen eigenen Verhaltens unter vergleichbaren Bedingungen
> vollkommen sicher und hätte also von Anfang an ein Recht auf nahezu
> ungehemmte Mißbilligung und Verachtung, und das, obwohl die morali-
> schen Anforderungen an unsere Generation fast nie den Rahmen des Pri-
> vaten gesprengt haben« (Moser 1985, S. 58).

In Meckels Roman sieht Moser einen auch an anderen literari-
schen Orten anzutreffenden Beleg dafür, wie schwierig und konfliktreich die Auseinandersetzung mit der Vätergeneration auf
breiter Ebene war. Söhne (und Töchter), die zugleich als Ankläger
und Richter auftraten, nahmen im Übermaß Schuldzuweisungen

vor. In einer Weise, die einen Dialog und eine innere Auseinandersetzung kaum ermöglichte.

Fünfundzwanzig Jahre nach dem Erscheinen hat Tilmann Moser (1992) in der ›Psyche‹ die »Unfähigkeit zu trauern« einer kritischen Relektüre unterzogen. Seine Überlegungen gehen davon aus, dass es in diesem Buch zu einer folgenreichen »Vermischung von Psychoanalyse und vorwurfsvoller Moral« (Moser, 1992, S. 390) gekommen ist. Das habe dazu geführt, dass der Text zwar große Verbreitung fand und viel Beifall erhielt, ihm darüber hinaus aber eine weitergehende Wirkung versagt blieb, wie Mitscherlich (1980) später selbst einräumte.

Individualpsychologische Phänomene würden, so Moser, sehr weitgehend und teils umstandslos mit sozialpsychologischen gleichgesetzt, politische, soziologische und psychoanalytische Begriffe vermengten sich in problematischer Weise. Eine wichtige Differenzierung unterbleibe dadurch, die zwischen einer politischen Protestnote und einer persönlich gehaltenen Aufforderung zur Einsicht. Das mache es schwierig, sich auf die Situation des Einzelnen einzustellen.

Die Schrift sei insgesamt durch eine massive Vorwurfshaltung den Deutschen gegenüber geprägt, die nach Mitscherlich und Mitscherlich (1967, S. 21) zumeist »mit den Ideen des Rassismus und der Herrschaftsideologie des Nationalsozialsozialismus einverstanden« waren. Sie werden mit negativen Attributen überhäuft, gelten als uneinsichtige Täter und nur als das. Das von ihnen Erlittene werde konsequent ausgespart, ihre hochkomplexe Situation nicht bedacht und Ambivalenzen zu wenig wahrgenommen. Kurzum: »Es fehlt fast von Anfang an eine Bereitschaft zur Einfühlung« (Moser, 1992, S. 393).

Für eine Veränderung ist das eine denkbar schlechte Voraussetzung. Eine verdrängte Trauer lässt sich nicht dadurch bezwingen, dass eine Person anklagend mit Vorwürfen überzogen wird. Das zeigt sich nicht nur an Meckels Romanfigur, dem Vater des Erzählers, diese Einsicht gehört auch zu den Essentials psychoanalytischer Arbeit. Darin sieht Moser einen wichtigen Grund dafür, warum die Wirkung des Buches begrenzt blieb und bleiben musste, sodass Mitscherlich (1980, S. 239) den Deutschen attestiert: die »Verdrängung der Vergangenheit wurde weitgehend aufrechterhalten«.

Moser nimmt eine andere Position ein. Er bezweifelt, ob die eingeforderte Trauerarbeit anlässlich der persönlichen Verluste, der verlorenen Angehörigen, des zerstörten Landes, des eigenen Kriegsleids in der von den Mitscherlichs geforderten Form überhaupt möglich gewesen sei. Und er richtet seine Aufmerksamkeit auf die Folgen, die sich aus dem anklagenden Ton der Schrift ergeben, aus der wenig empathischen Grundhaltung, die das Buch aus seiner Sicht durchzieht.

Mosers Blick gilt auch dem Generationenverhältnis. Die Schrift der Mitscherlichs hatte es der jüngeren Generation ermöglicht, sich eindeutig zu positionieren. Der eigene Standpunkt erschien als gesichert, unumstößlich, unangreifbar. Sie fühlte sich auf der Seite der Aufgeklärten, die nunmehr ein Recht auf Antwort und Einsicht hatten. Von außen betrachtet traf das sicherlich zu, die historischen Fakten sprachen gegen die Älteren. Für einen Dialog mit der Elterngeneration, eine emotionale Annäherung an sie und einen inneren Wandel, der beide Seiten betroffen hätte, waren das jedoch keine gute Voraussetzung.

Zugespitzt formuliert:

»Die zweite, die Achtundsechziger-Generation hat sich hinter Empörung und Anklage verschanzt, und die älter gewordenen Eltern haben sich noch einmal verhärtet. Als tragisch bezeichne ich es, daß diese Generation die Bewältigung im Sinne eines Sprechen-Könnens in einem geschützten Raum noch einmal um ein oder zwei Jahrzehnte hinausgeschoben hat. Sie fühlte sich sicher, und zwar als verdammendes Kollektiv mit dem Buch *Die Unfähigkeit zu trauern* im Marschgepäck. Die inquisitorische Verstockung, so möchte ich die Position einer ganzen Generation nennen, bewirkte ein Klima, an dem auch eine sich bildende Gesprächsbereitschaft scheitern konnte. Die 68er-Lehrer-Generation trug den Gestus der Anklage auch in die Schulen, so daß sich die Spaltung der Familien vertiefte. Vielleicht gab es keine andere Möglichkeit« (Moser, 1992, S. 400, Hervorhebung im Original).

Spaltung, das ist ein zentraler Begriff. Er kennzeichnet eine psychische Position, die nur eine Seite kennt, nur das Gute oder nur das Böse, das Aufgeklärte oder das Unaufgeklärte, den guten Willen oder das totale Gegenteil. Spaltungen stellen sich häufig ein, wenn es um emotional hochaufgeladene Themen geht, um elementare Werte wie Moral, Gerechtigkeit oder Schuld, die zur Disposition stehen. Es ist schon erstaunlich, mit welcher Kraft sie erfolgen, wie berechtigt ihre Inhalte erscheinen und wie sehr sich Spaltungsvorgänge dem Bewusstsein entziehen, selbst bei denjenigen, die sich für besonders aufgeklärt halten. Auch Psychoanalytiker sind davor nicht gefeit und Pädagogen ebenso wenig.

Mosers soeben zitierte Passage endet mit dem Satz: »Vielleicht gab es keine andere Möglichkeit« (Moser, 1992, S. 400). Damit wird eingeräumt, dass es zunächst heftiger Anklagen bedurft haben könnte, um überhaupt gehört zu werden. Und damit in gewisser Weise auch Spaltungen. Ohne Verständnis für die Situation der 68er ist Moser also nicht. Im einleitenden Teil der Schrift betont er zudem, wie sehr er sich selbst in einem noch anhaltenden Denkprozess befindet und dass ihm »gültige Urteile gar nicht möglich sind. Ich möchte, dass meine Thesen als etwas Vorläufiges, als eine Art Zwischenbericht genommen werden. Nur auf der Basis einer achtungsvollen Distanzierung von den Autoren vermag ich meine Einwände um der Klarheit willen mit einer gewissen Härte zu formulieren« (Moser, 1992, S. 390).

Im Kern geht es Moser also um die Frage, warum ein Dialog nicht zustande gekommen ist. Verdammen und spalten will er nicht, auch wenn seine Formulierungen zu den 68ern sehr zugespitzt und in (zu) kräftige Worte gefasst sind. Zu Recht stellt er jedoch fest: Auch die Jüngeren hatten einen nicht unwesentlichen Anteil daran, dass ein Austausch und eine Begegnung auf Augenhöhe unterblieb. Der psychische Gewinn, den sie daraus zogen, war nicht gering. Sie konnten ein idealisiertes Bild von sich selbst aufrechterhalten, von einer aggressiven Befriedigung ganz abgesehen. Liessmann (2018, S. 17) formuliert es so:

»Die geistigen Kinder der 68er praktizieren der Vergangenheit gegenüber das, was diese ihren Vätern vorgehalten hatten: Sie schwanken zwischen nostalgischer Affirmation und beredtem Schweigen.«

Im nachfolgenden Heft der ›Psyche‹ (Heft 8, 1993), das auf Mosers Schrift Bezug nimmt, zeigen sich Spaltungen und Unversöhnlichkeiten erneut. Bereits in dem von Lohmann verfassten Editorial ist das deutlich wahrnehmbar, und es setzt sich im Beitrag Knoells ostentativ fort. Moser habe versucht, wie es im Editorial heißt, die Geschichte umzudeuten und dabei die unumgänglichen Schuld- und Schamgefühle der Deutschen schlichtweg verleugnet. Knoell zeige in seiner »Auseinandersetzung mit Mosers Revisionsversuchen, wohin es führt, wenn die Deutschen ›durch die Ruinen ihrer tausendjährigen Geschichte stolpern‹ und vor lauter Trümmern nicht mehr die Wirklichkeit zu sehen vermögen« (Lohmann, 1993, S. 729).

Ein Nachdenken über festgezurrte Gewissheiten erzeugt offensichtlich erhebliche Empfindlichkeiten. Die Kritik an den Achtundsechzigern irritiert massiv. Geschichtsblindheit wird Moser vorgeworfen, eine übermäßige Empathie für die Nazi-Täter und ihre Mitläufer und der Wille, sie freizusprechen. Die Formulierungen, die Knoell wählt, hätten kaum schärfer ausfallen können. Dazu drei Beispiele, die beiden ersten beziehen sich auf die vermeintlichen oder wirklichen Täter. »Die Frontgeneration der NS-Täter und -Mitläufer wird umgedeutet in ein Kollektiv bedauernswerter Geschöpfe, das sich gegen die wütenden Attacken der Achtundsechziger zu verteidigen hatte« (Knoell, 1993, S. 784). Moser nehme eine radikale Schuldumkehr vor und greife die 68er-Generation in unverzeihlicher Weise an.

Diese würde wie die eigentlichen Täter behandelt. Der Wunsch, sie zu schädigen, sei ganz erheblich: »so scheinen die Konservativen«, zu denen Moser gezählt wird, »den Auf- und Ausbruch von 1968 verfolgen zu wollen oder zu müssen bis ins letzte Glied und bis zum Jüngsten Tag. Sie haben ihre damalige Niederlage nicht verkraftet und scheinen ein unstillbares Rachebedürfnis zu haben« (Knoell, 1993, S. 787). Die Rache gelte also denen, die aufklären wollen, und nicht jenen, die sich schuldig gemacht haben. Die 68er müssten deshalb geschützt und vor einer politischen und moralischen Erledigung bewahrt werden.

Das dritte Beispiel beschäftigt mit Mosers Ausführungen über die Kriegsopfer und das zerstörte Land. Dazu findet sich folgende Passage:

> »Der Trauer um Häuser hätte Moser durchaus noch die gewiß nicht weniger bewegende über Bankkonten zur Seite stellen dürfen. Und wenn es sich um arisiertes Eigentum handelte, kann man gleich doppel verstehen, daß die ›menschliche Kapazität‹ weitgehend erschöpft war« (Knoell, 1993, S. 781).

Die Aufspaltung, die hier in ›gut‹ und ›böse‹ vorgenommen wird, ist immens, die Angriffe auf Moser fallen so heftig aus, dass die Voraussetzungen für einen Dialog kaum noch gegeben sind. Im Theoriediskurs wiederholt sich genau das, was Moser für das Generationenverhältnis problematisiert hatte. Anklagen ersetzen den Versuch, sich in die Position des anderen hineinzubegeben. Der eigene Standpunkt wird so unnachgiebig vertreten, dass jeder Widerspruch illegitim und zwecklos erscheinen soll. Die Gewissheit der eigenen moralischen Überlegenheit beherrscht das Feld.

Selbst in den psychoanalytischen Institutionen, die sich als besonderer Ort der (Selbst-)Aufklärung verstehen, existieren erhebliche Schwierigkeiten, Spaltungsprozesse zu überwinden. Der Blick auf ihre Nachkriegsgeschichte bestätigt dies. Sie ist dadurch gekennzeichnet, dass sich die zwei deutschen Fachgesellschaften, die DPG und die DPV, zunächst sehr distanziert gegenüberstanden. Die Deutsche Psychoanalytische Gesellschaft (DPG), die nach dem Krieg ihre Arbeit fortsetzte, galt als diejenige, die durch die nationalsozialistische Zeit kontaminiert war – was durchaus zutraf. Aufgrund ihrer Historie musste sie zwangsläufig die Verantwortung für das Vergangene übernehmen. Die erst 1950 gegründete Deutsche Psychoanalytische Vereinigung (DPV) sprach sich hingegen davon frei. Sie wollte mit der schuldbeladenen Vergangenheit nichts zu tun haben, obgleich auch ihr Personen angehörten, die belastet waren.

Ohne auf Einzelheiten einzugehen: Im Lauf der Zeit ist immer deutlicher geworden, wie stark die Spaltungsprozesse auf beiden

Seiten waren. Die einen, die DPV, fühlten sich als die Vertreter einer wahrhaften, unbefleckten Psychoanalyse in der Tradition Freuds, die es vergleichsweise leicht hatte, wieder internationalen Anschluss zu finden. Die anderen, die DPG, zogen sich gekränkt zurück, fühlten sich zu Unrecht deklassiert und nicht als vollwertige Psychoanalytiker anerkannt. Der Gegenseite warfen sie vor, sie entziehe sich leichtfertig einer historischen Verantwortung, die auch sie betrifft – als Organisation und hinsichtlich einzelner Mitglieder (Hermanns, 1995; Ermann, 2009; Richter, 1986).

Es bedurfte eines längeren, in den 1980er Jahren beginnenden Prozesses, bis es zu einer Annäherung kam und die gemeinsame Sprachlosigkeit überwunden wurde. Problematisches konnte auf beiden Seiten anerkannt und in einen fruchtbaren Dialog überführt werden, der von gegenseitigem Respekt begleitet war (Ermann, 1996; Wellendorf, 2007). Die Voraussetzung dafür war, dass einseitige Schuldzuschreibungen unterblieben, die immer auch Entlastungszwecken dienen, wie im Rückblick erkannt wurde. Beide Seiten mussten verstehen, dass sie nur über begrenzte Einsichten und Erkenntnisse verfügen, es keine abschließenden historischen Wahrheiten gibt, Unsicherheiten und Irritationen bleiben werden. Zugleich stand damit das Bild der eigenen Vollkommenheit zur Disposition und die Gewissheit, allein auf der richtigen Seite zu stehen und den richtigen Weg zu beschreiten.

Mit Fug und Recht darf behauptet werden, dass hier eine Vergangenheitsbewältigung gelang, zu großen Teilen und so erfolgreich, dass alte Barrieren überwunden und Spaltungen nicht mehr benötigt werden, um sich selbst und das eigene System abzusichern. Inzwischen ist die Vergangenheitsbewältigung in vielen Wissenschaften und anderen Bereichen vorangeschritten, auch dank der jüngeren Generationen, die freier und offener waren, da sie sich über Eltern und Großeltern nicht mehr so stark verstrickt fühlten. Die Zeiten haben sich gewandelt, der historische Abstand ist größer geworden. Es ist viel gelernt worden, Wissen und Einsichten sind gewachsen.

Dabei ist deutlich geworden, wie groß die Herausforderungen sind, die sich einstellen, wenn eine Annäherung an Schuld- und Schambesetztes erfolgt. Ambivalenzen und Spannungen müssen ausgehalten, Ungewissheiten ertragen und anerkannt werden, dass Unverstehbares und Unabschließbares bleiben werden. Insofern verdienen jene Achtung und Anerkennung, die sich auf diesen oft steinigen Weg begeben und zur Aufklärung beigetragen haben.

Dazu bedarf es einer offenen Wahrnehmungshaltung, die sich ideologischen Besetzungen verschließt und von heftigen Affekten distanziert. Es geht um eine kritische Distanz zu sich selbst, um einen triangulären inneren Raum, der unterschiedliche Pole zulässt. Verwirrende Fakten, konträre Erfahrungen und Sichtweisen können dann nebeneinander stehenbleiben und gegenläufige Gefühle, auch wenn sie heftig sind, toleriert werden. Die innere Freiheit, die dadurch entsteht, ermöglicht einen offenen und respektvollen Dialog mit anderen, der den eigenen Horizont überschreitet. Zienert-Eilts (2017) ist dem in einer richtungsweisenden Schrift akribisch nachgegangen.

Ebenso klar lassen sich die Bedingungen beschreiben, unter denen ein Aufklärungsprozess misslingt. Überzogene Anklagen, Vorwürfe und Vorhaltungen, die kaum noch Widerspruch erlauben, die Beurteilung anderer vom Hochstuhl der Moral aus, eine eingeschränkte Empathie und ausgeprägte Verständnislosigkeit stehen ihm im Weg. Literarische Beispiele dafür finden sich nicht nur in Meckels Vaterroman, andere in diversen Auseinandersetzungen um die deutsche Vergangenheit, sei es im Diskurs um die »Unfähigkeit zu trauern«, in den Kontoversen über die Geschichte der Sonderpädagogik oder in der historischen Bewertung der 68er-Bewegung. Spaltungen spielen dabei fast regelhaft eine wichtige Rolle.

Wer heute historische und aktuelle Ereignisse analysiert und beurteilt, muss sich danach fragen lassen, inwieweit er die beschriebenen Einsichten zur Kenntnis genommen und sich mit ihnen auseinandergesetzt hat. Leider ist dies nicht immer der Fall. Dass meine Generation, die der 1968er, in der Bewältigung ihrer eigenen Geschichte nicht sonderlich erfolgreich war, sollte zur Kenntnis genommen werden. Mit der politischen Korrektheit ist etwas Neues hinzugetreten, das ebenfalls den freien Diskurs einschränken und zu einer Verarmung der Debatte führen kann. Ihr ist der nächste Abschnitt gewidmet.

2.3 Politische Korrektheit

Dieser Begriff ist an amerikanischen Universitäten entstanden und diente ursprünglich dazu, abwertenden Sichtweisen gegenüber Minderheiten entgegenzutreten. Zuschreibungen, die für inakzeptabel gehalten wurden, sollten aufgeklärt und unterbunden werden bei gleichzeitiger Stärkung der davon betroffenen Personengruppen. Es ging also um eine Erweiterung des Blickwinkels und die Offenlegung verdeckter oder bereits bekannter, aber stillschweigend hingenommener Diskriminierung.

Für ein solches Anliegen gibt es gute Gründe. Die Bezeichnung geistig behinderter Menschen als Idioten oder Imbezille wird heute als unzumutbar betrachtet, von Psychopathen oder Krüppeln sprechen wir nicht mehr und Sinti und Roma gelten nicht mehr als Zigeuner. Statt von Behinderten ist jetzt von Menschen mit Behinderung die Rede, Kleinwüchsige heißen nicht mehr Liliputaner, Schwarze nicht mehr Neger. Viele dieser nicht nur sprachlichen Sensibilisierungen währen allerdings seit langem, es gab sie schon, bevor sich der Begriff Political Correctness unter diesem Namen zunächst im angloamerikanischen Sprachraum ausgebreitet hat. Das war in den frühen 1990er Jahren.

Auch der Umgang mit sexuellen Minderheiten hatte sich längst gewandelt, Homosexualität war nicht mehr strafbar, seltene Sexualpraktiken wurden weniger kritisch betrachtet, die davon betroffenen Personen mussten sich weniger oder gar nicht mehr verstecken. Die Toleranz gegenüber psychisch Kranken und behinderten Men-

45

schen war ebenfalls gestiegen. Gesellschaftlich weniger ausgeschlossen, konnten sie ihr Leben unabhängiger und selbstbestimmter gestalten, auch dadurch, dass sie sich ihre Rechte selbst erkämpft hatten. Die Gesellschaft ist nach 1968 freier und offener geworden, ohne dass dadurch Vorurteile und Diskriminierungen gänzlich verschwunden sind, was prinzipiell auch gar nicht möglich ist. Teilweise haben sie sich nur andere Objekte gesucht, mit neuen und nunmehr wiederum selbstverständlich erscheinenden Begründungen.

Eine sich als aufklärend verstehende politische Korrektheit hat in den folgenden Jahren dazu beigetragen, dass weitere Themen ins Bewusstsein gehoben und Sensibilitäten geschärft wurden. Es hat sich gezeigt, dass Diskriminierungen auch in gut versteckter Form vorliegen können, in feinen kommunikativen und sprachlichen Verästelungen, die zunächst gar nicht wahrgenommen werden. Das aufzudecken ist zweifelsfrei verdienstvoll.

Eine zentrale Vorstellung der Politischen Korrektheit besteht darin, dass der Sprache eine leitende Funktion zukommt. In bestimmten sprachlichen Benennungen drücken sich Diskriminierungen aus und befördern sie zugleich. Sprachlichen Veränderungen wird deshalb ein hoher Stellenwert eingeräumt. Wer die Sprachhoheit gewinnt, entscheidet auch darüber, wie gedacht wird und damit, ob Diskriminierungen stattfinden oder nicht (Forster, 2010; Grau, 2016).

Ein kritischer Einwand dagegen lautet, dass Probleme damit nicht bewältigt, sondern nur an der Oberfläche gestreift werden. Die Wirklichkeit lässt sich nicht durch Umbenennungen in ein neues Format pressen (Schröder, 2018). Und in der Tat stellt sich die Frage, ob es Menschen mit schweren intellektuellen Beeinträchtigungen wirklich hilft, wenn sie als ›anders begabt‹ bezeichnet oder Sehbehinderte als ›visuell herausgefordert‹ klassifiziert werden. Streiten lässt sich auch darüber, ob psychisch kranke Menschen als ›Psychiatrieerfahrene‹ eine angemessene sprachliche Repräsentation erfahren oder Straftäter, denen ›Probleme mit dem Gesetz‹ attestiert wird. Und was ist gewonnen, wenn ›disability‹ durch ›giftedness‹ ersetzt wird?

Im Laufe der Zeit hat sich das Feld, in dem politisch korrekt gedacht und gehandelt wird, ausgeweitet. Der Bezugspunkt ist jetzt nicht mehr die konkrete Lebenssituation einzelner Personengruppen und das, was sie an Einschränkungen und Benachteiligungen erfahren können.

> »Den Zustand der gebotenen Antidiskriminierung hat PC längst verlassen. Sie ist zum politischen Entwurf geworden, der die Gesellschaft und den Staat umkrempeln soll« (Joffe, 2017, S. 1).

Große historische Themen werden aufgeworfen, der Kolonialismus insbesondere und daraus direkte Ableitungen auf die Gegenwart vorgenommen (Signer, 2017). Klassische Bildungsinhalte, Philosophien, Geschichtsschreibungen und ihre historischen Vertreter geraten in den Blick. Zu einer wichtigen Frage wird, wer etwas in welcher Einbindung geschrieben hat. Literarische Produktionen, Filme und Theaterstücke sind davon besonders betroffen. Unter Rassimus- oder Sexismusverdacht werden inzwischen etwa Platon, Aristoteles, Voltaire, Immanuel Kant, Georg Wilhelm Friedrich Hegel, Houston Stewart Chamberlain, Friedrich Schiller, Richard Wagner und auch Hannah Arendt gestellt (Spät, 2014; McCarthy, 2015).

Die Auseinandersetzung mit historischen Ereignissen und Theorien hat sich zunehmend intensiviert, emotionalisiert und zugleich die persönliche Betroffenheit erhöht. Bestimmte Formulierungen geraten dadurch an den Rand des Erträglichen und Zumutbaren oder haben diese Grenze im Erleben derer, die der Politischen Korrektheit verpflichtet sind, längst überschritten. Sie sollen nicht mehr ausgesprochen werden, auch nicht in Publikationen erscheinen, sei es in aktuellen oder historischen. Als Bedrohte und Angegriffene treten dabei in erster Linie gar nicht diejenigen in Erscheinung, die bestimmten Gruppen angehören und deshalb Diskriminierungen am eigenen Leibe erfahren können. Es sind vielmehr Personen aus ganz anderen Lebensumständen, die für sie vehement Partei nehmen. Sie fühlen sich stellvertretend in ihrem Inneren angegriffen, in ihren Gefühlen verletzt und durch eine Welt beschädigt, die ihnen Unerträgliches zumutet. Ihre Identifizierung mit den (potenziellen) Opfern ist außergewöhnlich hoch, so als gäbe es überhaupt keine Differenz zu ihnen, als seien Grenzen verschwunden, auch über große Zeiträume hinweg.

Historische Ereignisse erscheinen dadurch als unmittelbar präsent. Was vor Jahrzehnten und Jahrhunderten geschrieben wurde, steht ungefiltert im Raum, so als sei es soeben verfasst. Darin liegt eines der entscheidenden Probleme: In der Kurzschlüssigkeit, mit der geschichtliche Phänomene beurteilt und historische Maßstäbe außer Kraft gesetzt werden. Die eigenen semantischen Bestände werden absolut gesetzt, sie sollen sich selbst genügen, »ohne permanente Rückbesinnung auf die Sinnpotentiale der klassischen Zeiten«. Sie sind auf einen historischen Nullpunkt gestellt und führen dazu, »daß wir das Erbe der Aufklärung verspielen« (Flaig, 2017, S. 276).

Es geht also nicht darum, dass neue Fakten ans Tageslicht gebracht und bisher unbekannte Verbindungen hergestellt werden. Diskriminierungen müssen dort, wo sie vorhanden sind, aufgedeckt werden, ebenso entschieden wie gelassen, mit einer gehörigen kritischen Distanz zum eigenen Handeln. Einem solchen Anliegen, einer solchen Notwendigkeit dürfte niemand ernsthaft widersprechen. Darin besteht ein weitgehender Konsens.

Misslich ist es jedoch, wenn aufgrund heutiger Maßstäbe und politisch korrekter Überzeugungen Pauschalbeurteilungen erfolgen, die eine Auseinandersetzung mit historisch bedeutsamen und kulturell prägenden Autorinnen und Autoren verhindern sollen. Das ist der Fall, wenn sie in den Giftschrank des Rassismus, Sexismus, Antisemitismus gestellt werden, verbunden mit der Aufforderung, sie nicht gar nicht mehr, nur noch kommentiert und damit unter Aufsicht zu lesen. Im Extrem sollen sie aus Bibliotheken und Lehrplänen verschwinden. Also Sophokles, Shakespeare, Kant, Hegel, Nietzsche; F. Scott Fitzgerald, Germaine Greer, Charles Dickens, Oscar Wilde und viele andere mehr.

> Im »ganzen Land werden sogenannte ›Trigger-Warnungen‹ appliziert, wenn ein Text etwa von sexuellen Übergriffen (Ovids ›Metamorphosen‹) oder Antisemitismus (Shakespeares ›The Merchant of Venice‹) handelt.

Wer sich durch die suizidalen Implikationen in Virginia Woolfs ›Mrs. Dalloway‹ bedroht oder durch Huckleberry Finns rassistische Ausdrucksweise beleidigt fühlt, muss am Unterricht nicht mehr teilnehmen. Am Oberlin College in Ohio hat man die Texte schon einmal vorsorglich von aller Anstößigkeit befreit« (Köhler, 2016, S. 17).

Es existiert also nur noch schwarz oder weiß, gut oder schlecht, zumutbar oder unzumutbar, auch bei hochkomplexen Phänomenen. Spannungen und Ungewissheiten werden nicht zugelassen, alle Grauzonen des Zweifels von vornherein ausgeräumt.

An amerikanischen Universitäten ist diese Entwicklung weit vorangeschritten, wie Condoleezza Rice, ehemalige Außenministerin der USA, die jetzt wieder in Stanford lehrt, mit Bedauern feststellt: »PC ist eine ernstzunehmende Bedrohung für die Existenz von Universitäten« geworden (Scheu, 2018), wobei die europäischen den amerikanischen in einigen wichtigen Punkten folgen (Buchsteiner, 2016a,b; Gaschke, 2019).

»In Harvard verlangen Jura-Studentinnen neuerdings, dass das Thema Vergewaltigung aus dem Lehrplan gestrichen wird, weil es Traumata wiederbeleben könnte. Es gibt Studierende, die schon das Wort ›violation‹ (wie in ›violates the law‹) für unzumutbar halten« (Köhler, 2016, S. 17).

In Deutschland sind ähnliche Phänomene bekannt, wenngleich bei weitem noch nicht so verbreitet. Aber auch hier werden zum Beispiel erziehungswissenschaftliche Vorlesungen gewaltsam gestört, weil Texte von Kant, Platon oder Rousseau als unerträgliche Zumutungen gelten (Kaube, 2014).

Im Alltagsleben vieler amerikanischer Universitäten muss darüber hinaus auf das genaueste darauf geachtet werden, dass keine Zeichen gezeigt werden, die irgendwie als verdächtig gelten können.

»Ein weiterer Posten auf dem Campus-Index ist das, was man ›cultural approbiation‹ nennt: die Aneignung kultureller Merkmale oder Stereotype einer Ethnie, der man selbst nicht angehört. An der University of Washington wurde zu Halloween ein Dresscode-Video verschickt: Kostüme mit stereotypen Signalen seien tabu. An der Bowdoin wurden Studenten diszipliniert, weil sie Mini-Sombreros zu einer Tequila-Party getragen hatten. An der University of Louisville entschuldigte sich der Präsident bei allen Latinos, weil er zu Halloween in einem Indio-Poncho aufgekreuzt war« (Köhler, 2016, S. 17).

Er durfte seine Stelle behalten, was durchaus nicht mehr selbstverständlich ist. Für weitreichende Beschwerden kann es bereits genügen, dass Speisen in nicht landestypischer Weise zubereitet werden und deshalb zu einem psychischem/körperlichen Unwohlsein führen.

Die erhobenen Vorwürfe beziehen sich auf das, was empfunden wird, es geht nicht mehr um irgendeinen Wahrheitsgehalt. Es reicht aus, dass sich jemand ›unsafe‹ fühlt oder ›offended‹, also verletzt oder beleidigt. Sichere Räume (›safe space‹) in der Universität sind die daraus abgeleitete Forderung: Sie sollen vor all dem schützen, was Spannungen erzeugen und unangenehm sein kann (Oehmke, 2016).

Ob dem ein tatsächliches, tieferes Erleben entspricht, sei dahingestellt. Denn woher soll diese immense Verletzlichkeit eigentlich kommen, bei einer Generation, die sehr viel beschützter aufwuchs als die meisten zuvor? Sehr viel wahrscheinlicher ist es, dass hier etwas inszeniert wird, das den eigenen Einfluss stärken und die Hegemonie über andere erringen will.

Es ist also kein Wunder, dass um die politische Korrektheit zahlreiche Kontroversen entbrannt sind. In ihrem Mittelpunkt steht die Frage, ob sie einem legitimen Aufklärungsinteresse folgt, das zu Unrecht bekämpft wird. Oder ob die politische Korrektheit ihrerseits einen Versuch darstellt, eine Deutungshoheit zu gewinnen, die das freie Denken einschränken, wenn nicht gar verhindern will.

Vertreter der Politischen Korrektheit stehen nach eigener Aussage unter permanentem Druck und Beschuss. Das, was sie vortragen, sei unerwünscht, ihr Anliegen solle zum Schweigen gebracht, bagatellisiert oder ins Lächerliche gezogen werden. Mit dem Ziel, dass unhinterfragte Gewissheiten erhalten und alte Machtverhältnisse bestehen bleiben (Perspektivwechsel, 2013; Staas, 2017). Auch wenn dies wortreich und mit hohem moralischem Impetus vorgetragen wird, ist eine solche Bewertung anlässlich der bestehenden Faktenlage wenig überzeugend. Allein der Umstand, dass der Ruf nach einem politisch korrekten Sprachgebrauch laut und vernehmlich erklingt und gehört wird, spricht dagegen. Sprachliche Neufassungen haben Universitäten und Amtsstuben bereits in Teilen erobert, öffentliche und fachliche Diskussionen darüber sind weit verbreitet. Die Themen der politischen Korrektheit haben Eingang in das Alltagsleben gefunden.

Der pauschale Vorwurf, die Gesellschaft leide unter einen übersteigerten Beharrungswillen, ist offensichtlich unbegründet (Joffe, 2017). Die Gesellschaft hat sich in den letzten Jahrzehnten erheblich geöffnet. Der Wandel vorherrschender Haltungen und Wahrnehmungen ist ganz beträchtlich. Die im Sinne politischer Korrektheit aufgeworfenen Themen sind im öffentlichen Diskurs so verbreitet und so einflussreich, dass von einer Nichtwahrnehmung und einer Allianz des Schweigens nicht die Rede sein kann. Gleiches gilt für die Wissenschaften. Die Politische Korrektheit hat auch hier einen Platz gefunden.

Bei realistischer Betrachtung besteht heute in vielen gesellschaftlichen Bereichen ein Bemühen und ein aktiver Einsatz dafür, dass niemand wegen seiner Herkunft, seines Geschlechts, seiner sexuellen Orientierung, seiner Rasse und seiner Behinderung diskriminiert und benachteiligt wird. Faktisch geschieht dies häufiger und entschiedener als zu früheren Zeiten. Geltende gesetzliche Regelungen sind nur ein Beispiel dafür. Strittig ist in diesem komplexen Feld nur, wo Grenzziehungen vorzunehmen sind, worin also tatsächliche Diskriminierungen und Benachteiligungen bestehen und wann sie nicht vorliegen.

Das ist keine unwichtige Frage. Wenn Grenzen niedrig gezogen werden, steigt die Zahl der Betroffenen und Geschädigten unweigerlich an. Das ist eine der bedenklichen Folgen eines politisch korrekten Denkens, das sich außergewöhnlich empfindlich für das zeigt, was auch nur annäherungsweise als kränkend und entwertend erlebt werden könnte.

»Jedes In-Frage-Stellen des eigenen Weltbildes wird als Angriff auf die eigene persönliche Identität erlebt, als übergriffig und patriachal [...] Alles soll weich und angenehm sein, nicht weh tun, nichts stören« (Schmid, 2018, S. 20).

Ein ›Recht auf Behaglichkeit‹ wird eingefordert. Mitunter kann man sich des Eindrucks nicht erwehren, dass eine Betroffenheit deshalb so heftig inszeniert wird, um jeden Einwand von Anfang an im Keim zu ersticken. Durch die erhöhte, teils immens gesteigerte Sensibilität wird dem eigenen Anliegen immer stärkere Bedeutung eingeräumt. Zugleich steigt der Machtanspruch, der sich damit verbindet. Weil die Verhältnisse so schrecklich sind, muss ihnen mit umso größerer Entschiedenheit begegnet und das Gefürchtete bereits in minimalen Ausformungen oder auf bloßen Verdacht hin bekämpft werden. Auch zum Schutz anderer, die für ebenso verletzlich gehalten werden.

Der Fall Gomringer ist ein mustergültiger Beleg dafür. Ein an einer Berliner Fachhochschule öffentlich angebrachtes Gedicht wurde entfernt, einem Beschluss des Akademischen Senats folgend. Die Begründung: Es sei sexistisch, widerspreche der Würde von Frauen, setze sie herab. Die Bewunderung von Frauen wird hier zum Skandal gemacht, da sie eine Ungleichheit enthalte. Beobachter und Beobachtete seien in keiner identischen Position, damit auch nicht gleichwertig. Stattdessen wurde gefordert, das Gedicht einer Frau anzubringen (was dann auch geschah) oder eines Autors mit Migrationshintergrund (dessen männliches Geschlecht verzeihlich gewesen wäre).

Das Gedicht selbst lautete: »avenidas/avenidas y flores/flores/flores y mujeres/avenidas/avenidas y mujeres/avenidas y flores y mujeres y/un admirador«. In deutscher Übersetzung: »Alleen/Alleen und Blumen/Blumen/Blumen und Frauen/Alleen/Alleen und Frauen/Alleen und Blumen und Frauen und/ein Bewunderer« (Gomringer, 1953). Es bedarf schon einiger gedanklicher Akrobatik und eines gehörigen Maßes an Hypersensibilität, um darin etwas Frauenfeindliches zu erkennen. Aller Protest gegen diese ebenso bemerkenswerte wie bestürzende Entscheidung nutzte jedoch nichts, weder innerhalb der Hochschule noch seitens der Öffentlichkeit (Kühne & Schröder, 2018; Stallknecht, 2018). Der Hinweis auf überzogene Viktomologien lief ins Leere. Die Macht der Politischen Korrektheit hatte obsiegt.

Viele weitere Beispiele ließen sich hinzufügen. Sie belegen gleichermaßen, dass sich die Maßstäbe verschoben haben und Differenzen ausgehebelt wurden. Die Unterscheidung zwischen dem, was keinesfalls akzeptiert werden kann, und dem, was mit gutem Recht toleriert werden muss, ist verloren gegangen. Ganz Unterschiedliches steht scheinbar gleichgültig nebeneinander: schwerwiegende Delikte und leichteste Vergehen, massive Regelverstöße und harmlose Grenzübertretungen. Bei einer dermaßen geschwundenen Urteilskraft werden die wirklichen Opfer übersehen. »Wer in jeder Ungleichbehandlung sofort und überall eine Diskriminierung wittert, kann die echten nicht mehr erkennen« (Müller, 2015, S. 1). Den Schaden davon tragen diejenigen, die wirklich Unterstützung, Hilfe und Parteinahme benötigen. Sie werden geschwächt.

Im Hintergrund stehen drei psychologisch relevante Beweggründe: Hohe und höchste moralische Besetzungen, die in einer Hypermoral münden, die Vorstellung, die eigene Unschuld ließe sich bewahren, indem man sich moralisch unangreifbar macht, und der Glaube daran, dass sich die Vergangenheit abstreifen lässt und ein unbeschwerter Neubeginn möglich wird.

Die Hypermoral zeichnet sich durch die Kompromisslosigkeit aus, mit der aus einer erhabenen Position geurteilt wird, streng und ohne Nachsicht. Wie bei einer Goldwaage werden bereits zarte Erschütterungen des Gleichgewichts registriert und mit heftigen Reaktionen beantwortet. Durch den Absolutheitsanspruch und die unumstößliche Gewissheit, mit der geurteilt wird, entsteht »ein neuer missionarischer Puritanismus« (Grau, 2017, S. 44), der für sich selbst steht und keiner weiteren Begründung bedarf – so als sei er der »Abschluss und Gipfel menschlicher Moralentwicklung«. »Moral wird zum allein gültigen Maßstab normativer Debatten« (Grau, 2017, S. 53 bzw. S. 47). Relativierungen oder ein Widerspruch dagegen gelten als unanständig.

Wer absoluten Moralgrundsätzen gehorcht, entlastet das eigene Selbst. Er kann sich schuldfrei fühlen und für berechtigt halten, über andere zu urteilen.

> »Wer sich moralisch enthoben glaubt, darf sich von Wahrheitszwängen dispensieren und ermächtigt sich, über Schuld und Unschuld anderer nach eigenem Belieben zu verfügen« (Flaig, 2017, S. 244).

Das ist ein wichtiger Punkt. Da sich die Sensibilitäten immens ausgeweitet haben, entstehen immer weitere schuldbeladene Zonen. Ein neues Geschlecht von Schuldigen wird hervorgebracht. Der selbst erteilte Auftrag erzwingt dies geradezu, weil die allein für gültig gehaltene Moral durchgesetzt werden muss. Darin wird kein Problem gesehen. Im Gegenteil: Die eigene Aggressivität, die zu heftigen Anklagen führt, steht von Anfang an außerhalb des Schuldkalküls, da sie einer guten Sache dient.

Damit einher geht die Vorstellung, dass ein unbelasteter Neubeginn möglich wird, wenn Belastendes aus Vergangenheit und Gegenwart getilgt ist – durch korrektes Verhalten und eine neue Sprachordnung. Also nicht aufgrund eines Durcharbeitens unter Einbezug und im Ringen mit der eigenen Person, sondern durch Korrektur der Außenwelt. Wenn sie ›bereinigt‹ ist, kann auch die Innenwelt aufatmen, sie lebt dann in einem befreiten Raum.

In der Pädagogik findet sich der Gedanke eines weitgehend unbeschwerten, von der Last der Vergangenheit befreiten Neubeginns ebenfalls, selbst in der Beziehung zu Kindern, die lebensgeschichtlich hoch beladen sind. Eine gute Beziehung soll dafür sorgen, dass die erlittenen Schicksalsschläge verblassen. Die Aktivierung innerer Ressourcen gilt dabei als entscheidende Größe zur Neugestaltung. Ihre Kraft wird für so mächtig gehalten, dass sie das Vergangene überwältigen kann. Es soll dadurch entscheidend an Bedeutung verlieren oder gänzlich unwichtig werden. Cohen und von Freyberg haben eine solche Auffassung heftig kritisiert. Cohen (2004, S. 51) sieht in ihr eine »goldenen Fantasie«, die mit einer Immunisierung gegenüber den Fakten und Gesetzen der inneren und äußeren Realität einhergeht. Die »goldene Fantasie« träumt von einem ungestörten Urzustand, in dem nichts Böses mehr vorkommt, keine Verletzungen, Enttäuschungen, Kränkungen und keine Schuld. Den aber könne es in Wirklichkeit nicht geben. Von Freyberg (2009, S. 43) äußerst sich ähnlich, wenn er von einem »Mythos vom Neuanfang« berichtet, der nur dadurch möglich wird, dass Spaltungen und Verleugnungen obsiegt haben.

Moralische Überhöhung und die vermeintliche eigene Schuldfreiheit sind wichtige Mittel im Kampf um eine Deutungshoheit, der heftig und unerbittlich und mit dem Ziel geführt wird, andere unter Druck zu setzen, sodass sie aufgeben und sich zurückziehen. Ein Dialog zwischen unterschiedlichen Positionen wird häufig gar nicht angestrebt. Er soll verhindert werden, indem das für anstößig Gehaltene überhaupt zur Sprache kommt. Offensichtlich mit Erfolg. Der Machtgewinn der Politischen Korrektheit ist ganz beträchtlich. Döpfner (2019, S. 35) geht inzwischen von einem »Diktat der Political Correctness« aus, das »immer strenger« wird. Er wehrt sich dagegen, gegen den Absolutheitsanspruch und die Unduldsamkeit, mit der nur noch das gelten soll, was durch den Filter einer interessengeleiteten Kontrolle gegangen ist. Was als Aufklärung begann, diene inzwischen ganz anderen Zwecken, es sei in die Nähe des Machtmissbrauchs geraten. Gefordert wird nicht mehr das gleiche Recht für alle, sondern Privilegien für Minderheiten. »Heute heißt es ›Mehr Macht für uns!‹, die wir uns als Opfer der Benachteiligung präsentieren« (Joffe, 2017). Je mehr Minderheiten sich (er-)finden und je mehr Benachteiligungen es gibt (oder geben soll), desto umfangreicher fallen die Sonderrechte aus, die sie erringen können.

Verstörend ist, wie groß die Ängste sind, sich offen damit auseinanderzusetzen – und nicht nur hinter vorgehaltener Hand. Ein Widerspruch wird in vielen gesellschaftlichen Bereichen nicht mehr gewagt, auch nicht an Universitäten und Hochschulen (Brodkorb, 2019; Kissler, Marguier & Schwennicke, 2019; Köhler, 2016; Scheu, 2018). Eine Erklärung des Hochschullehrerverbandes verweist eindrücklich darauf. Darin heißt es:

»Problematisch ist aber, dass ›Political Correctness‹ zunehmend ausgrenzend und latent aggressiv instrumentalisiert wird, verbunden mit der Attitüde, aus einer moralisch unangreifbaren Position heraus zu argumentieren. In der Annahme einer engen Verbindung von Sprache, Denken und Handeln propagieren meinungsstarke Gruppierungen Sprachreglementierungen, mit denen der Gebrauch bestimmter Worte und Redewendungen geächtet wird und ›Political Correctness‹ als Vehikel für die Durchsetzung politischer Interessen genutzt werden soll.« Und weiterhin: »Wenn jedoch abweichende wissenschaftliche Meinungen Gefahr laufen als unmoralisch stigmatisiert zu werden, verkehrt sich der Anspruch von Toleranz und Offenheit in das Gegenteil: Jede konstruktive Auseinandersetzung wird im Keim erstickt. Statt Aufbruch und Neugier führt das zu Feigheit und Anbiederung« (Deutscher Hochschulverband, 2017, S. 404 f.).

In einer Pressemitteilung des Hochschulverbandes vom 11. April 2019 (›Freie Debattenkultur muss verteidigt werden‹) wird noch einmal eindringlich vor Einschränkungen der Meinungsfreiheit gewarnt, mit ausdrücklichem Bezug zur ›Political Correctness‹. »Differenzen zu Andersdenkenden sind im argumentativen Streit auszutragen – nicht mit Boykott, Bashing, Mobbing oder gar Gewalt« (Kempen, 2019).

Auch zeichnet eine im Mai 2019 publizierte Studie des Instituts für Demoskopie Allensbach ein betrübliches Bild. Die Umfrage ergab: Gegenwärtig bestehen in der Bevölkerung ganz erhebliche Ängste davor, die eigene Meinung offen auszusprechen, besonders im öffentlichen Raum, aber auch im privaten Rahmen. Auf die Macht und den Einfluss der politischen Korrektheit wird dabei explizit verwiesen (Köcher, 2019). Das ist alles andere als ein erfreulicher Befund.

3

Sonderpädagogik

3.1 Nationalsozialismus und Gegenwart – heftige Kontroversen

Im Jahr 2014 hat Dagmar Hänsel ein Buch über die Sonderschullehrerausbildung im Nationalsozialismus publiziert, das viel Aufsehen erregte, enthielt es doch den Vorwurf, die Sonderpädagogik verfälsche ihre Geschichte bis in die heutige Zeit. Zum Politikum geriet die Angelegenheit dadurch, dass die Kultusministerkonferenz Anfang 2015 davon unterrichtet und aufgefordert wurde, »für die notwendige historisch-politische Aufarbeitung Sorge zu tragen« (Schumann, 2016a, S. 1). Dem lag die Überzeugung zugrunde, dass die Sonderpädagogik nicht in der Lage sei, ihre Rolle im Nationalsozialismus aufzuarbeiten. Oder schärfer formuliert: Ohne einen machtvollen Eingriff von außen, ohne äußeren Zwang sei dies dieser Profession und Wissenschaft schlichtweg unmöglich.

Der Verband Sonderpädagogik (vds) reagierte darauf prompt, richtete auf dem nächsten Bundeskongress in Weimar (2016) ein ›Forum zur Sonderpädagogik im Nationalsozialismus‹ ein und gab Hänsel die Möglichkeit, ihre Überlegungen und Erkenntnisse darzulegen. Aufgeheizt wurde die Situation unmittelbar vor der Tagung durch einen in der ›Tageszeitung‹ (TAZ) erschienenen Artikel über Sonderpädagogik und Nationalsozialismus: »Behinderte Aufklärung«, versehen mit dem Untertitel: »Kinder aus armen Familien müssen besonders häufig auf die Sonderschule: Liegt das daran, dass die Schulform ein Nazi-Erbe ist?« (Maihofer, 2016). Dagmar Hänsel kommt darin ausführlich zu Wort, zitiert wird sie mit dem Satz: »die Sonderpädagogik – besonders die Lernbehindertenpädagogik – hat sich ihren fundamentalen Ausbau in der Nachkriegszeit auf dem Rücken ihrer NS-Opfer erschlichen« (Maihofer, 2016, S. 26).

Ein schwerwiegenderer Vorwurf kann wohl kaum erhoben werden. Später wird er durch Schumann (2018b) bekräftigt, die ebenfalls behauptet, es gäbe noch heute keinerlei ernsthafte Bereitschaft, sich mit der Vergangenheit auseinander zu setzen. Führende Verbandsvertreter, so der Tenor des TAZ-Artikels, stemmten sich mit aller Kraft gegen eine Aufklärung. Im sonderpädagogischen Wissenschaftsbetrieb würden die Arbeiten Hänsels bewusst nicht beachtet und zudem versucht, andere kritischen Stimmen zum Schweigen zu bringen. Oder in Hänsels Worten: »Das ist keine kritische Aufarbeitung, das ist Geschichtsfälschung« (Maihofer, 2016, S. 27).

Der sonderpädagogische Fachverband geriet dadurch zusätzlich unter Druck. Auf dem Kongress suchte er eine klärende Auseinandersetzung, letztlich aus einer defensiven Position heraus. Dabei ging es um die Frage, ob sich die wissenschaftliche und institutionalisierte Sonderpädagogik ihrer Geschichte gestellt und sie im

Rahmen des Möglichen bearbeitet hat. Oder ob übermächtige Abwehrbewegungen dominierten und es zu Abwehrprozessen kam, die selbst bei wohlwollender Beurteilung nicht mehr vertretbar sind.

Hänsels Vorwurf der mangelnden Vergangenheitsbewältigung geht mit massiven Angriffen auf die gegenwärtige Sonderpädagogik einher. In erster Linie beziehen sie sich auf die (schulische) Inklusion, als hoch aktuellem bildungspolitischen Thema, zu dem weitreichende historische Verknüpfungen hergestellt werden. Damit steht Hänsel nicht allein: Die deutsche Bildungspolitik halte »eines der weltweit segregierendsten, an Apartheid grenzendes Aussonderungssystem« aufrecht, so heißt es im Vorwort zu Brigitte Schumanns »Streitschrift Inklusion« (2018b), in der Hänsels Arbeiten einen zentralen Referenzpunkt bilden. »Bildung ist eines der wichtigsten Menschenrechte unserer Zeit, und dass es nur ein Recht auf inklusive Bildung, nicht aber ein Recht auf Apartheid in der Bildung gibt, ist spätestens seit der UN Behindertenrechtskonvention bekannt« – verfasst wurden diese beiden Sätze im November 2017 von Theresia Degner (2018, S. 7), der Vorsitzenden des Ausschusses der Vereinten Nationen für die Rechte von Menschen mit Behinderungen. Als »hauptverantwortliche Akteure« der inkriminierten Entwicklung werden »insbesondere die KMK« und der »Berufsverband der Sonderpädagogen und Sonderpädagoginnen« genannt (Degner, 2018, S. 8).

Der Berufsverband sei, unterstützt von der Kultusministerkonferenz, von unehrenwerten Motiven geleitet, die nicht eingestanden oder bewusst verschleiert würden. Okkupiert durch eine unverarbeitete Vergangenheit, irre sich der Verband nicht nur in zahlreichen Detailfragen, sondern er verteidige bis heute einen Gesamtentwurf, der sich als historisch überkommen und ethisch unhaltbar erwiesen habe. Sein genuines Selbstverständnis sei fehlgeleitet, die sonderpädagogische Theoriebildung fragwürdig und die Praxis ebenso – wie sich am Festhalten an Sonderschulen und dem sonderpädagogischen Einfluss auf die gemeinsame Beschulung zeige (Hänsel, 2015; Schumann, 2018b).

3.2 Hänsels Beitrag zur Geschichte der Sonderpädagogik

Die Schrift über die »Sonderschullehrerausbildung im Nationalsozialismus« (Hänsel, 2014) ist nicht die erste, in der sich Hänsel mit dieser Zeit befasst hat. Sie schließt sich an andere Publikationen an wie »Die NS-Zeit als Gewinn für Hilfsschullehrer« (Hänsel, 2006) und »Karl Tornow als Wegbereiter der sonderpädagogischen Profession. Die Grundlegung des Bestehenden in der NS-Zeit« (Hänsel, 2008).

In »Die NS-Zeit als Gewinn für Hilfsschullehrer« werden drei Bereiche benannt, die für die sonderpädagogische Profession und Wissenschaft besonders ertragreich gewesen sein sollen. Die »Entwicklung der Hilfsschule als selbständiger Sonderschule und als Teil eines gegliederten Sonderschulsystems«, die »Grundlegung einer gemeinsamen Sonderschullehrerausbildung, die gemeinsam mit Blinden- und Gehörlosenlehrern und strikt getrennt von der allgemeinen Lehrerausbildung erfolgt«, und, nicht zuletzt, »[der] moralische Gewinn durch Geschichtsschreibung« (Hänsel, 2006, S. 145).

Hänsel beschreibt zunächst eine Faktizität, die inzwischen unstrittig ist. Die Hilfsschule, die Schule für Lernbeeinträchtigte im heutigen Sprachgebrauch, hat sich in den Jahren zwischen 1933 und 1945 modernisieren und als eigenständige Schulform stärken können. Durch ihre Einbindung in Rassehygiene und Euthanasie ist sie dabei massiv beschädigt worden, die daran beteiligten Sonderpädagogen haben schwere Schuld auf sich geladen. Die entsprechenden Fakten werden von Hänsel ausführlich erläutert und analysiert, welche Umstände dazu geführt haben. Über dieses schreckliche Geschehen gibt es in der jüngeren sonderpädagogischen Geschichtsschreibung keinen Dissens. Ebenso wird eingeräumt und anerkannt, dass die unmittelbar an dieser Zeit beteiligte Generation nach dem Krieg über längere Zeit erfolgreich versucht hat, diese Ereignisse zu verleugnen (ausführlich: Blei-

dick, 1998; Ellger-Rüttgardt, 1998, 1999, 2017; Möckel, 1991; Heimlich, 2013). Die erhobenen Vorwürfe seien »zum Teil leider richtig«, so heißt es ausdrücklich bei Möckel, und die Verhältnisse
haben »sich erst geändert, nachdem ein zeitlicher Abstand eingetreten war und als die Generation der Enkel nachfragte« (Möckel,
2001, S. 182).

Welche Folgen sich aus der damaligen Institutionalisierung mit-
tel- und langfristig ergeben haben, welche direkten oder indirek-
ten Ableitungen sich vornehmen lassen, darüber existieren allerdings unterschiedliche Auffassungen. Für Hänsel (2006; Deckeltext)
steht fest: »Das deutsche Sonderschulsystem ist durch die Erfahrungen mit den Verbrechen der NS-Zeit zutiefst geprägt.« Das
heißt: Es geht um mehr als die bekannt gewordenen historischen
Ereignisse, eben nicht nur um eine Etappe, die selbst dann, wenn
man sie in ihrer Bedeutung vollumfänglich anerkennt, neben späteren anderen steht. »Zutiefst geprägt« verweist auf etwas sehr
Nachhaltiges, darauf, dass alles Weitere mit großer Wirkungs-
macht beeinflusst, wenn nicht gar determiniert wird. Daran lassen
Hänsels Ausführungen in vielen Details und ihrer Gesamtheit keinen Zweifel. »Die NS-Zeit wird [...] als Gewinn für die Hilfsschullehrerschaft begriffen« (Hänsel, 2006, S. 10). Auch heute noch.

Das soll auch für die Ausbildung der Sonderschullehrkräfte gelten. In der NS-Zeit seien wichtige Grundlagen dafür gelegt worden,
dass sich später eine gemeinsame Sonderschullehrerausbildung
etablieren konnte, selbst wenn sie damals noch nicht durchsetzbar
war. Besonders kritisch wird hervorgehoben, dass es mit einer eigenständigen sonderpädagogischen Ausbildung zu einer Abgrenzung von der allgemeinen Pädagogik kam.

Und weiterhin: »Die Analyse hat deutlich gemacht, dass die
Hilfsschullehrerschaft als hilfloses, missbrauchtes Opfer des NS-
Staats und als Anwalt und Retter der Kinder in der NS-Zeit nicht
angemessen charakterisiert ist« (Hänsel, 2006, S. 146). Das ist für-
wahr richtig, nach all dem, was heute über diese Zeit bekannt ist.
Wahr ist auch, dass es nach dem Krieg sehr wohl Versuche gab,
eine übergroße Distanz zur eigenen Geschichte herzustellen mit

dem Ziel, sich einer Auseinandersetzung mit der Vergangenheit zu entziehen. Eine ›gute‹ Sonderpädagogik sollte gerettet werden: Mit ihrem Engagement für Menschen mit Behinderung, dem Willen, sie zu fördern, und dem Wunsch, ihre Lebenssituation zu bessern, durch die Identifikation mit einer Personengruppe, für die sich sonst niemand einsetzt, und das Festhalten an einer Institution, die als unersetzlich angesehen wurde. Der Preis dafür, dass die Illusion einer ausschließlich segensreichen Sonderpädagogik aufrechterhalten werden konnte, bestand in einem gehörigen Maß an Realitätsverleugnung. Deshalb konnte auch so getan werden, als sei nach 1945 ein Neubeginn möglich geworden, der die Vergangenheit (weitgehend) folgenlos hinter sich lässt.

Die Verhältnisse sind dennoch sichtbar komplizierter, als sie dargestellt werden. Eine sonderpädagogische Auseinandersetzung mit der Vergangenheit ist nämlich durchaus erfolgt, ausgehend von der zweiten sonderpädagogischen Generation nach dem Krieg (Brodehl, 2014, 2017; Ellger-Rüttgardt, 1999, 2008, 2017; Möckel 1998). Von einer Spaltung in eine ›gute‹ und eine ›böse‹ Sonderpädagogik kann deshalb nicht mehr die Rede sein und schon gar nicht davon, dass sie bis in die heutige Zeit reicht. Belege dafür finden sich reichlich, die Wiedergabe zweier Zitate muss an dieser Stelle ausreichen.

> »Der Tenor der Auseinandersetzung mit der Vergangenheit ab 1949 ist sprachliche Besänftigung und euphemisierende Umschreibung [...] Von Mord und unerträglicher Leidzuführung an Behinderten ist nicht die Rede [...] Der Duktus einer Bemäntelung des verbrecherischen Geschehens überwiegt bis hinein in das erste Nachkriegsdokument der Ständigen Konferenz der Kultusminister der Bundesrepublik Deutschland«, so kennzeichnete Bleidick (1998, S. 97 f.) die Nachkriegssituation.

Und Ellger-Rüttgardt (1998, S. 87) beklagt, dass diejenigen, die nach dem Krieg sonderpädagogisch tätig waren, »in der Regel weder Neigung noch Notwendigkeit verspürten, ihre eigene Rolle in der Vergangenheit kritisch zu hinterfragen«. Eine moralische Überhöhung der Sonderpädagogik, die Hänsel unterstellt, wird man diesen Äußerungen wohl kaum entnehmen können. Sie haben deshalb ein besonderes Gewicht, weil sie von einem führenden Fachvertreter, einer führenden Fachvertreterin formuliert wurden. Ich gehe später genauer darauf ein.

Die leitenden Gedanken des Buches »Die NS-Zeit als Gewinn für Hilfsschullehrer« werden von Hänsel in »Karl Tornow als Wegbereiter der sonderpädagogischen Profession« fortgeführt und konkretisiert. Hänsel berichtet, dass über Tornows Leben und seine Schriften als dem »führenden Vertreter der Hilfs- und Sonderschullehrer in der NS-Zeit« (Hänsel, 2008, S. 9) bisher nicht nennenswert geforscht wurde. Daran zeige sich eine in der Sonderpädagogik weit verbreitete Haltung des Verdrängens und Verschweigens, die sich auch hinsichtlich anderer führender Fachvertreter wiederfinde. Rezipiert würden lediglich zwei Arbeiten aus dem umfangreichen Werk Tornows, ein »Buch zum Lehr- und Bildungsplan der Hilfsschule und [...] das rassenhygienische Schulbuch ›Erbe und Schicksal‹« (Hänsel, 2008, S. 10).

Tornow sei unter anderem aufgrund seiner aktiven Mitarbeit im NS-Lehrerbund und durch seine rassehygienischen Schriften dem nationalsozialistischen System verpflichtet gewesen.

> »Die Analyse hat deutlich gemacht, dass Karl Tornow nicht als Retter der Hilfsschule und der Hilfsschulkinder in der NS-Zeit und nicht als NS-Funktionär gelten kann, der mit der NS-Zeit über die Hilfsschullehrerschaft hineingebrochen ist und nach der NS-Zeit verschwunden ist. Tornow kommt vielmehr aus der Mitte der Hilfsschullehrerschaft« (Hänsel, 2008, S. 318).

Wiederholt wird betont, dass er nicht verführt oder gezwungen wurde, sondern aus freien Stücken handelte.

> »Tornow macht zwar Karriere, nicht nur in der NS-Zeit, aber er ist kein Karrierist. Tornow handelt vielmehr aus tiefster innerer Überzeugung und ist Hilfsschullehrer mit Leib und Seele. Als Interessenvertreter der Hilfsschule und der Hilfsschullehrer nutzt er die Gunst der Stunde, die sich in der NS-Zeit und in der Nachkriegszeit nicht nur für die Sonderpädagogen bietet« (Hänsel, 2008, S. 318).

Mit anderen Worten: Tornow sei von einem genuin sonderpädagogischen Interesse geleitet gewesen. Es sind die sonderpädagogischen Ideen an sich, ihre Kernbestände, die er konsequent verfolgte und hartnäckig umsetzen wollte. Dafür wurden diejenigen historischen Konstellationen genutzt, die das zuließen, sei es in der nationalsozialistischen Epoche oder in der Nachkriegszeit.

Sein Wirken und Einfluss reiche also weit über die frühe Zeit hinaus. Die Entwicklung der Sonderpädagogik nach 1945 habe er maßgeblich beeinflusst. Dazu werden folgende Punkte genannt: Tornow war »zutiefst davon überzeugt, dass Schule schulförmig gegliedert sein muss«. So, wie es bis heute in Deutschland der Fall ist. In der Sonderpädagogik sah er ein entscheidendes Mittel dafür, dass behinderte Kinder angemessen gefördert werden und sich ihr Bildungsrecht verwirklichen lässt. Er befürwortete, dass Kinder mit Behinderungen Hilfsschulen besuchen und damit eine »staatlich verfügte [...] Zwangsauslese« (Hänsel, 2008, S. 318), eine »negative Selektion aus der allgemeinen Schule« (Hänsel, 2014, S. 7). Auch das sei gegenwärtige Realität.

Auf der praktischen Ebene habe Tornow früh Überlegungen entwickelt, die sich später durchsetzten, wie multiprofessionelle Netzwerke, der Aufbau von Beratungsstellen, spezielle Einrichtungen für erziehungsschwierige Kinder, neue Berufsfelder in Einzelfallhilfe, Prävention und Rehabilitation. Theoretisch habe er die Sonderpädagogik und das Sonderschulsystem neu fundiert, mit Begriffen wie ›Sonderpädagogik‹, ›Sonderschule‹, ›Behinderung‹.

> »Tornow hat die Grundbegriffe, die in der Sonderpädagogik bis heute verwendet werden, in ihrem modernen Verständnis in den Fachdiskurs eingeführt« und »die Organisation der Sonderpädagogik als selbständigem Fach neben dem Fach Erziehungswissenschaft befördert« (Hänsel, 2008, S. 319).

Das Gesamtresumee lautet:

> »Die zentralen Versatzstücke, die Tornow als Geschichtsschreiber der NS-Zeit entwickelt hat, bestimmen die sonderpädagogische Historiographie bis heute« (Hänsel, 2008, S. 323).

Dieser Umstand soll, so Hänsel, vor der Öffentlichkeit geheim gehalten werden. Oberstes Ziel sei es, die Mär von einer unschuldi-

gen Sonderpädagogik aufrechtzuerhalten, die sich in der nationalsozialistischen Zeit für behinderte Kinder und ihre Schulen eingesetzt habe. Zugleich solle der Mythos von einem Neuanfang nach
1945 gefestigt werden.

Aber: Die Verstrickungen Tornows in die nationalsozialistische
Bildungs- und Rassenpolitik sind auch von anderen Autorinnen
und Autoren aufgedeckt und in aller Deutlichkeit benannt worden
(Ellger-Rüttgardt, 1998, 2008). Sie sind somit Teil einer gesicherten
historiographischen Forschung. Einen wirklichen Fortschritt sieht
Hänsel darin nicht, denn »Tornow wird vor der Sonderpädagogik
zum Sündenbock gemacht« und »als Inkarnation des Bösen« betrachtet (Hänsel, 2008, S. 323). Die Reduzierung auf seine rassehygienischen Schriften sei ein begrenztes Zugeständnis und zugleich
ein taktisches Manöver, um von einem sonderpädagogischen Gesamtentwurf abzulenken, der sich als überaus problematisch darstellt. Die Ausstoßung Tornows soll die eigene Unschuld wahren
und die der Sonderpädagogik im Dritten Reich gleichermaßen.

> »Es genügt für die Nachgeborenen, sich von den inzwischen verstorbenen
> Repräsentanten des Bösen zu distanzieren und zu erkennen, dass die Hilfs-
> schule und der Verband in der Gegenwart mit dem Bösen der Vergangen-
> heit keine Verbindung aufweisen« (Hänsel, 2006, S. 140).

Eine freundliche Beschreibung ist das nicht, unterstellt sie doch
wiederum, dass es an einem wirklichen Aufklärungswillen fehlt.

In der letzten großen Schrift »Sonderschullehrerausbildung im
Nationalsozialismus« möchte Hänsel (2014, S. 10) ihre »kritische
Auseinandersetzung mit den Mythenerzählungen der sonderpädagogischen Historiographie« fortsetzen. Noch immer herrsche –
vielstimmig vertreten – die Auffassung vor, in der Sonderpädago-
genausbildung habe es einen Entwicklungsstillstand im Nationalsozialismus gegeben, der nach 1945 zu einem Neubeginn zwang. Hänsel (2014, S. 10) setzt dem entgegen, dass »von einer Niederhaltung
der Sonderschullehrerausbildung durch das Nazi-Regime keine
Rede sein kann. Im Nationalsozialismus sind vielmehr im Bereich

der Sonderschullehrerausbildung zukunftsweisende Entwicklungen gelungen, an die nach der NS-Zeit angeknüpft werden konnte.«

Besonders schwerwiegend sei, dass die »Sonderschullehreraus-bildung auch rassenhygienisch begründet« wurde (Hänsel, 2014, S. 260), in einer Zeit, in der eugenische Vorstellungen weit verbreitet waren und auf große Akzeptanz stießen, übrigens auch im europäischen Ausland (Kuhlmann, 2000). »Die Hilfsschullehrerschaft war spätestens anfangs der dreißiger Jahre geradezu überwältigt und gefangen von der ›eugenischen Bewegung‹ – nicht anders als die Mehrheit der übrigen Volksgenossen« (Ellger-Rüttgardt, 1998, S. 62). Eine Bereitschaft zum Widerstand war deshalb wohl kaum zu erwarten gewesen, zumindest nicht auf breiter Ebene. Ausbildungs-und Prüfungsordnungen wurden entworfen, die in eine staatlich anerkannte Ausbildung münden und zu einer selbständigen sonder-pädagogischen Profession führen sollten, in einer akademischen Ausbildung, die streng von den Volksschullehrern separiert war. Der lange Kampf um eine eigenständige sonderpädagogische Aus-bildung sei damit unter Überwindung vieler Hindernisse einen ent-scheidenden Schritt vorangekommen. Auch wenn diese Ordnungen »nur Entwurf blieben«, sich also faktisch nicht durchgesetzt hatten, »war damit doch ein Durchbruch gelungen« (Hänsel, 2014, S. 258). Ihn sieht Hänsel auch darin, dass perspektivisch eine weitere Diffe-renzierung innerhalb der Sonderpädagogik angedacht wurde. Den Vorbehalten des Nazi-Regimes sei es nicht geschuldet, dass es zu keiner eigenständigen sonderpädagogischen Ausbildung kam, sol-che Bedenken habe es, wie Hänsel ausdrücklich betont, schlichtweg nicht gegeben. Verantwortlich dafür seien lediglich die geringen Bewerberzahlen gewesen, die durch zeitspezifische Umstände zu-stande kamen.

Die Nachkriegsentwicklung mit der Einführung einer universitä-ren sonderpädagogischen Ausbildung und der akademischen Eta-blierung des Faches sei ohne diese Vorläufer kaum denkbar gewe-sen, sie »verdankt sich auch und nicht zuletzt den Entwicklungen im Nationalsozialismus« (Hänsel, 2014, S. 263). Mit beträchtlichen Auswirkungen: Die Sonderpädagogik habe sich danach weiter festigen können, ihr pädagogisches und gesellschaftliches Gewicht sei immer stärker gestiegen. Das zeige sich gegenwärtig in besonderer Deutlichkeit: In Zeiten der Inklusion strebe die Sonderpädagogik danach, ihren Einfluss weiter auszudehnen Sie will ihre problematischen Inhalte nunmehr auch in die Studiengänge des allgemeinen Lehramts implementieren. Auch darin wird eine historische Kontinuität gesehen:

> »Wurde als Begründung dafür vor der NS-Zeit angeführt, allgemeine Lehrkräfte für die Sondererziehung in der Sonderschule aufzuschließen, und im Nationalsozialismus darüber hinaus die Bedeutung der Sondererziehung für die rassische Gesundung des deutschen Volkes betont, wird heute als Begründung die Inklusion von Behinderten angeführt, womit ihre sonderpädagogische Förderung in der allgemeinen Schule gemeint ist« (Hänsel, 2014, S. 264).

Es lohnt sich, diese Sätze zweimal zu lesen.

Dennoch sollte kein Missverständnis aufkommen. Bei aller Übersteigerung und Kurzschlüssigkeit, die Hänsels Schlussfolgerungen auszeichnen, darf nicht übersehen werden, dass ihre Arbeiten in verschiedener Hinsicht verdienstvoll sind. Das steht außer Zweifel. Neue Quellen wurden erschlossen, bisher unbekannte Fakten ans Tageslicht gebracht, Zusammenhänge hergestellt, die zuvor unbekannt waren. Insofern gebührt der Autorin Anerkennung.

Gleichwohl überrascht, mit welcher Heftigkeit argumentiert wird, wie stark und unerbittlich die Vorwürfe gegenüber der Sonderpädagogik sind, die sich durch sämtliche Schriften ziehen. Hänsel hält unbeirrt daran fest, dass die »NS-Zeit [ein] Gewinn für Hilfsschullehrer« war (Hänsel, 2006, Buchtitel), die Sonderpädagogik ihr Erbe tief in sich trägt und bis heute erheblich aus der nationalsozialistischen Zeit profitiert. Die sonderpädagogische Geschichtsschreibung zeichne sich durch »Verdrängen«, »Verschweigen« und »Verfälschen« aus (Hänsel, 2008, S. 7). Das Fach halte hartnäckig und uneinsichtig »einen Mythos am Leben« (Hänsel, 2015, S. 55), es nähre sich aus purem Eigennutz aus »Mythenerzählungen« (Hänsel, 2014, S. 10).

An diesem Grundimpetus, dem Wunsch nach »Herabwürdigung sonderpädagogisch-historiographischer Forschung« (Hillenbrand, 2017, S. 73) (und der Sonderpädagogik selbst), hat sich über die Jahre nichts geändert. Diese massive Vorwurfshaltung ist heute, nach intensivem Ringen in der Sonderpädagogik, nach langen fachlichen Auseinandersetzungen, nur schwer nachvollziehbar. In früheren Zeiten wäre diese Haltung verständlicher und angemessener gewesen, wie die Überlegungen zur Vergangenheitsbewältigung im Abschnitt 2.2 zeigen. Denn viele Vertreter der ersten Nachkriegsgeneration, diejenigen, die in der NS-Zeit gearbeitet hatten, haben versucht, sich der historischen Verantwortung zu entziehen. Dafür sind hinreichend Nachweise vorhanden, das ist unstrittig. Damals, als kein Aufklärungswille bestand, wie Berner (1990) und Ellger-Rüttgardt (2017) konstatieren, als Dokumente geheim gehalten oder nur begrenzt zugänglich gemacht wurden, wie es etwa Biesold (1988) widerfuhr, der einen Einblick in die Geschichte der Gehörlosenpädagogik erringen wollte (vgl. Brodehl, 2017). Weitere Beispiele könnten hinzugefügt werden. Doch diese Zeiten sind für jedermann wahrnehmbar längst vergangen.

Die heutige Sonderpädagogik hat sich gewandelt. Auch daran kann es keinen Zweifel geben. In einer Vielzahl von Beiträgen wird sich kritisch mit der eigenen Zunft auseinandergesetzt, in großer Klarheit und mit deutlichen Worten. »Die Ungeheuerlichkeit der NS-Behindertenpolitik bleibt bis zum heutigen Tag Stachel und Wunde im kollektiven Gedächtnis« (Ellger-Rüttgardt, 2016, S. 15). Und an andere Stelle:

> »Es muss immer wieder betont werden, dass die NS-Zeit kein völliger Einbruch in bewährte heilpädagogische Traditionen darstellte, sondern auf vorhandene ideologische Strömungen und willige Personen aufbauen konnte« (Ellger-Rüttgardt, 2017, S. 65).

Sollten diese Aussagen ein taktisches Manöver sein, der Versuch einer erneuten Verschleierung? Das wird man kaum ernsthaft annehmen können. Aus den zahlreichen Schriften Ellger-Rüttgardts lässt es das nicht herleiten und aus denen vieler anderer prominenter Sonderpädagoginnen und -pädagogen ebenso wenig.

Die Sonderpädagogik hat sich intensiv mit ihrer Vergangenheit auseinandergesetzt, aus ganz unterschiedlichen Perspektiven, mit Blick auf die Zeit zwischen 1933 und 1945 und die Entwicklung danach. Themen waren das Ausmaß des Zwanges und der Repression gegenüber der Sonderpädagogik (bzw. Taubstummenpädagogik), ihre Identifikation mit zentralen Zielen des Nationalsozialismus, ihre persönlichen und institutionellen Verstrickungen, die inneren Ambivalenzen von Teilen der Sonderschullehrerschaft, ihr Hin- und Hergerissensein zwischen Schädigungsbereitschaft und schützender Parteinahme für die Schüler sowie ihre Widerständigkeit gegenüber dem NS-Staat. Weiterhin: Die Bewertung von Kontinuitäten und Brüchen in der Verbandsarbeit, die Bedeutung von Professionalisierungsbestrebungen und Vorarbeiten für die Lehrerbildung in den Jahren vor 1945 (Brodehl, 2014; Bleidick, 1998; Ellger-Rüttgardt, 1998, 2016, 2017; Möckel, 2001, 2007, 2017; Hillenbrand, 2017).

In der Gesamtschau stellen sich neben übereinstimmenden auch zahlreiche Ergebnisse ein, die mit Hänsels Resultaten unvereinbar sind, ihnen in Teilen elementar widersprechen. Die Forschungslage ist, bei vielen noch bestehenden Lücken, in sich differenziert, spannungsreich und widersprüchlich. Unter das Joch einer einfachen Gleichung lässt sie sich nicht pressen. Das sollte zur Kenntnis genommen und akzeptiert werden, so wie es vom wissenschaftlichen Diskurs erwartet werden kann.

Das immense Misstrauen gegenüber der Sonderpädagogik währt bei Hänsel jedoch fort. Es kommt auch darin zum Ausdruck, wie mit Vertreterinnen und Vertretern der Sonderpädagogik umgegangen wird, die Hänsels Erkenntnissen in Teilen oder weiten Bereichen folgen oder ihrerseits zu ähnlichen Einsichten kommen. Ihnen wird unterstellt, dass sie nur deshalb Zugeständnisse machen, weil ihnen keine anderen Möglichkeiten mehr offenstehen. Es gehe ihnen letztlich nur um eine begrenzte Aufklärung, die Opportunitätsgründen geschuldet ist. Einzelne Personen würden deshalb zu Sündenböcken gemacht und geopfert – wie der Fall Tornow zeigen soll. Im psychologischen Sinne wird damit ein Ausstoßungsmodus unterstellt: Das Böse wird als nicht zu sich selbst zugehörig identifiziert und projektiv auf eine Außenwelt verschoben, die dem Eigenen völlig fremd ist. Dadurch soll das Gute bewahrt und die eigene Unschuld gerettet werden.

Einem ganzen Berufsstand wird nach wie vor unterstellt, er sei an einer historischen Aufklärung nicht interessiert. Dabei spielt es offensichtlich keine Rolle, dass die pädagogische Verantwortung zwischenzeitlich auf mehrere, ganz unterschiedlich geprägte Generationen übergegangen ist, in einem Land, das sich fundamental gewandelt hat. Eine sonderpädagogische Selbstreflexion könne es, wie behauptet wird, dennoch nicht geben. Ohne äußere Eingriffe sei sie verloren, hilflos und unfähig, sich mit der Vergangenheit auseinanderzusetzen. Unisono, ohne Abstriche, ohne Differenzierung. Alle Bemühungen anderer werden damit vom Tisch gewischt, nicht frei von Rücksichtslosigkeit, auch das ist unübersehbar. Der Kompass kennt nur zwei Extreme: gut oder schlecht.

Die Arbeiten Hänsels sind ein verstörendes Beispiel dafür, wie die Bewältigung der Vergangenheit misslingt. Ihre unnachgiebigen Vorwürfe und unbeirrten Angriffe werfen Gräben auf, die sich auch beim besten Willen nur schwerlich überwinden lassen. Spaltungen werden herbeigeführt: Zwischen den Guten und den Schlechten, den Aufgeklärten und den Unaufgeklärten, den Fortschrittlichen und den Rückschrittlichen. Einem fruchtbaren Dialog stehen sie entgegen. Damit wiederholt sich etwas, das nach 1968 aufgrund der damaligen Zeitumstände vielleicht unumgänglich war, heute aber nicht mehr zeitgemäß ist.

3.3   Inklusion: Sonderpädagogik als Hindernis?

Aus den historischen Ausführungen ist deutlich geworden, wie ablehnend, um es fast noch vorsichtig zu formulieren, Hänsel der Sonderpädagogik gegenübersteht. Eine kurze, sehr prägnante Zusammenfassung ihrer Überlegungen zur Gegenwart findet sich in einem 2015 von Katja Irle herausgegebenen Interviewband. Häufiger Bezugspunkt sind Kinder mit Lernbeeinträchtigungen, die früher Hilfsschulen besuchten und jetzt (teilweise) in Schulen für Lernbeeinträchtigte gehen. Darüber hinaus finden sich auch Aussagen, die für ein breites Spektrum anderer Beeinträchtigungen gelten. Ein Bezug zur Inklusionsdebatte wird immer wieder hergestellt.

Die erste Kernaussage lautet:

> »Der zentrale Glaubenssatz der Sonderpädagogik, auf den sich das deutsche Sonderschulsystem gründet, besagt, dass Kinder, denen die allgemeine Schule nicht gerecht werden kann, Behinderte sind und sonderpädagogischer Förderung bedürfen. Dieser Glaubenssatz, in dem sich die Hilfsschultradition spiegelt, gilt auch im Zusammenhang von Inklusion ungebrochen fort« (Hänsel, 2015, S. 61).

Zunächst wird also anerkannt, was offensichtlich ist. Dem allgemeinen Schulsystem gelingt es nicht, alle Kinder hinreichend zu fördern. Das sind aber beileibe nicht nur diejenigen, für die ein sonderpädagogischer Förderbedarf infrage kommt. Eines der Hauptprobleme deutscher Schulen besteht nämlich darin, dass ein erheblicher Anteil der Schülerinnen und Schüler in den 7. Klassen elementare Probleme im Lesen, Schreiben, Rechnen aufweist. Laut PISA-Studie 2015 beträgt der Anteil derer, die eine besonders geringe mathematische Kompetenz (Kompetenzstufe I oder darunter) aufweisen 17 Prozent, in den Naturwissenschaften sind es ebenfalls 17 Prozent und in der Lesekompetenz 16 Prozent (Reiss et al., 2016, S. 28, S. 45, S. 53). Die Zahl der als sonderpädagogisch förderungsbedürftig Klassifizierten ist demgegenüber sehr viel geringer. Es müssen also schon besondere Bedingungen vorliegen, damit ein Förderbedarf ausgesprochen wird.

Gleichwohl klingt es bei Hänsel so, als gäbe es einen Automatismus, eine undifferenzierte Zuschreibung von Behinderung, die willkürlich erfolgt. Wie soll das möglich sein? Als Hilfskonstruktion wird auf einen Behinderungsbegriff rekurriert, der dem radikalen Konstruktivismus entlehnt ist und infrage stellt, ob Behinderung außerhalb subjektiver Konstruktionen überhaupt existiert. In diesem Sinne hatte Feuser (1996) bereits vor Jahren behauptet: »Geistigbehinderte gibt es nicht.« Wenn Behinderung nur noch als soziale Konstruktion verstanden wird, die keine festen Ankerpunkte mehr kennt, bleibt dieser Begriff im Unbestimmten und Ungefähren. Der Beliebigkeit ist Tür und Tor geöffnet. Mit weitreichenden Folgen:

> »Letztlich lässt sich nur zirkulär bestimmen, wer behindert ist und wer der Hilfsschule oder einer anderen Schule bedarf, und letztlich kann jedes Kind als von den ›üblichen‹ Bildungseinrichtungen behindert oder als sonderpädagogischer Hilfe bedürftig gelten« (Hänsel, 2008, S. 319).

Jedes Kind, das ist schon eine bemerkenswerte Aussage.

Unter dieser Prämisse kann sich die Sonderpädagogik nur noch auf ›Glaubenssätze‹ berufen, etwas anderes bleibt ihr gar nicht mehr übrig. Die Konsequenz daraus ist gravierend: Wenn keine umschreibbare Personengruppe mehr existiert, auf die sich die Sonderpädagogik begründet beziehen kann, dann löst sich ihr Gegenstandsbereich auf, ihr Tätigkeitsfeld schwindet, dann hat sie ihre Legitimation endgültig verloren.

Aufgrund der unterstellten Beliebigkeit fürchtet Hänsel nun, dass sich der sonderpädagogische Einfluss bei gemeinsamer Beschulung ausweitet. Grenzen seien ihr kaum gesetzt, da sie sich unter der genannten Voraussetzung für ein breites Spektrum von Entwicklungsproblemen und eine zunehmend größere Zahl von Schülerinnen und Schülern verantwortlich fühlen kann.

> »Mehr Sonderpädagogen erzeugen wie die Erweiterung der sonderpädagogischen Förderorte mehr Behinderte, und die deutsche Hilfsschultradition lebt auch im Zusammenhang von Inklusion ungebrochen fort« (Hänsel, 2015, S. 64).

Auch hier ist die Sprachwahl interessant: Steigende Behinderungsquoten würden durch die Sonderpädagogik erzeugt. Ganz im Sinne des eindimensionalen Denkens soll allein sie es sein, die dafür die Verantwortung trägt. Das mache sie so gefährlich, insbesondere in

Zeiten der Inklusion. Der Unterstützung durch andere kann sich Hänsel dabei sicher sein. Sie findet sich unter anderem bei Hinz (2013), Schumann (2013) und Ferri (2012), die ebenfalls befürchten, dass die Sonderpädagogik zunehmend in das inklusive Feld eindringt und dort Schaden anrichtet.[2]

Wie es in einem hochkomplexen Feld möglich sein soll, dass die »Agitation von Sonderpädagogen« (Hillenbrand, 2017, S. 74) so erfolgreich verläuft, dürfte kaum zu erklären sein. Zumal sich in Ländern mit ganz unterschiedlichen Schulsystemen und Bildungshistorien eine ähnliche Entwicklung einstellt. »Sollten jeweils die Forderungen ›der Sonderpädagogik‹ in all diesen Ländern und über die Zeitspanne hinweg Ursache solcher zunehmenden Häufigkeiten und Diagnosen sein?«, fragt Hillenbrand (2017, S. 74) nicht ohne kritischen Unterton. Dafür spricht kaum etwas, zumal es in vielen Ländern weder eine Ausbildung gibt, die der deutschen Sonderpädagogik entspricht, noch eine berufsständische Lobby.

Vielmehr dürften es die konkreten Schwierigkeiten vor Ort sein, die sich in vielen Ländern gleichen (Ahrbeck, Badar, Felder, Kauffman & Schneiders, 2018; Anastasiou, Kauffman & Di Nuovo, 2015; Felder & Schneiders, 2016). Die pädagogischen Aufgaben sind generell vielfältiger und schwieriger geworden. Damit steigt das Risiko, dass einzelne Kinder pädagogisch nicht erreicht werden. Diese Befürchtung wird von Lehrkräften und Eltern bei inklusiver Beschulung immer wieder geäußert (Ahrbeck, Fickler-Stang, Friedrich & Weiland, 2015; Ahrbeck, Fickler-Stang, Lehmann & Weiland, 2019; Forsa, 2015). Insofern nimmt auch der sonderpädagogische Unterstützungsbedarf zu, den bestimmte Kinder einfordern. Der Blick richtet sich in der Folge besonders intensiv auf das Kind als Person, seine schulische Lern- und Entwicklungssituation und sei-

---

2 Dabei handelt es sich nicht um die Position einiger weniger Außenseiter. Der Druck, der inzwischen in den USA auf die Sonderpädagogik ausgeübt wird, ist ganz erheblich. Einige prominente Autoren sprechen deshalb von einer Existenzgefährdung der Sonderpädagogik (z. B. Kauffman, Anastasiou & Maag, 2017).

ne außerschulische Einbindung. Die sonderpädagogische Diagnostik reagiert damit auch auf Bedingungen des sozialen Feldes, rein individuenbezogen und defektorientiert ist sie nicht (Asmussen, 2012). Diese Offenheit und Flexibilität hat mit der von Hänsel unterstellten Beliebigkeit nichts zu tun, auch wenn subjektive Bewertungen eingehen und diagnostische Präzisierungen vielfach wünschenswert sind.

Die Skepsis, die Hänsel gegenüber der Sonderpädagogik hegt, geht jedoch noch weiter. In Zweifel gezogen wird, ob es die Sonderpädagogik überhaupt vermag, einen substanziellen Beitrag zur Förderung der ihr anvertrauten Personengruppe zu leisten. Was bisher als gesichertes Wissen galt, angesammelten Erfahrungswerten und empirischen Erkenntnissen entsprach, wird jetzt mit einem Schlag zur Disposition gestellt. Wiederum soll es nicht mehr um Fakten gehen, über die im Einzelnen gestritten werden kann, sondern um subjektive Überzeugungen der Sonderpädagogik, die beliebig ausfallen, um nichts Anderes als Glaubenssätze. Dementsprechend heißt es bei Hänsel (2015, S. 63):

> »Der Glaubenssatz der Sonderpädagogik, sonderpädagogische Lehrer seien als Spezialisten den allgemeinen Lehrkräften in der Förderung dieser Kinder überlegen, entbehrt jeder Grundlage und ist empirisch nicht belegbar.«

Diese Aussage bezieht sich unmittelbar auf die Praxis, das Geschehen vor Ort. Sie lässt keinen Interpretationsspielraum zu. Sonderpädagoginnen und Sonderpädagogen seien zu keinem substanziellen Förderbeitrag in der Lage, der über das Allgemeinpädagogische hinausgeht, sie verfügen über nichts Wertvolles, das sie an Kinder mit Behinderung weitergeben können.

Erstaunlicherweise wird mit großer Entschiedenheit auf die empirische Befundlage hingewiesen. Das ist insofern bemerkenswert, als Forschungsergebnisse in Hülle und Fülle vorliegen, die genau das Gegenteil dessen belegen, was Hänsel in den Raum stellt. Überblicksdarstellungen zu den Wirkungen sonderpädagogischer Interventionen finden sich bei Ahrbeck (2017), Felder & Schneiders

(2016), Ellinger & Stein (2012), Stein & Müller (2015), Lelgemann, Singer & Walter-Klose (2015). Sie dokumentieren, was Sonderpädagogik leistet, auch wenn in einzelnen Studien methodische Probleme auftreten und in einigen Fachrichtungen ein empirischer Nachholbedarf existiert. In jüngerer Zeit ist in dieser Forschung ein Bemühen um eine stärkere Ausrichtung an evidenzbasierten Forschungskriterien zu verzeichnen (Hillenbrand, 2015; Hennemann et al., 2012; Voß et al., 2016).

Sonderpädagogische Interventionen sollen nicht nur, wie kontrafaktisch unterstellt wird, wirkungs- und nutzlos sein, sondern sogar ausgesprochen schädigend. Als verantwortlich dafür wird die Besonderung gemacht, die Kinder durch die Sonderpädagogik erfahren.

> »Ein Kind, das als ›lernbehindert‹ eingestuft worden ist, wird, auch wenn es in der allgemeinen Schule sonderpädagogisch gefördert wird, von bestimmten Karrieren und Bildungslaufbahnen ausgeschlossen oder ihm wird der Zugang zu diesen Karrieren erschwert. Insofern hat sonderpädagogische Förderung immense Konsequenzen für die Chancen von Kindern auf Lernen und Bildung« (Hänsel, 2015, S. 61).

Mit anderen Worten: Sonderpädagogik behindert in jedem Fall, bei spezieller ebenso wie bei gemeinsamer Beschulung. Auch wenn die Nachteile von Sonderschulen entfallen, behält sie einen gehörigen Rest an destruktivem Potenzial, das unmittelbar auf die Praxis einwirkt.

Damit werden zugleich die Vorteile infrage gestellt, die eine inklusive Beschulung bei Kindern mit Lernbeeinträchtigungen (wie anderen Förderbedarfen) bieten kann. Die gemeinsamen sozialen Erfahrungen in einem Klassenraum gehören dazu, ein Gefühl von Zugehörigkeit und Akzeptanz durch andere trotz eigener Besonderheiten, die Möglichkeit, vom durchschnittlich höheren Leistungsniveau zu profitieren und Anschluss an das allgemeine Leistungsniveau zu finden. Gerade die beiden zuletzt genannten Punkte können, wenn sie eingelöst werden, ein wesentlicher Gewinn einer gemeinsamen Beschulung sein, der Kinder weitreichende Perspektiven für das nachschulische Leben eröffnet. All das soll bedroht sein und in ein gefährliches Fahrwasser geraten, wenn eine sonderpädagogische Unterstützung erfolgt. Man mag es kaum aussprechen: Sonderpädagogik soll die Inklusion vergiften.

Unklar ist dabei, wie das eigentlich geschehen soll. Die Unstimmigkeiten beginnen mit der genannten Einstufung als lernbeeinträchtigt, sprachbehindert oder emotional-sozial förderbedürftig. In vielen Bundesländern erfolgt sie gar nicht mehr auf das einzelne Kind bezogen, die Fördermittel werden vielmehr über eine systemische Ressourcenvergabe personenunabhängig vergeben. Ein ausdrückliches Ziel dabei ist, dass jene Etikettierungen vermieden werden, die mit der alten Statusdiagnostik verbunden waren. Nunmehr geht es nur noch um informelle Zuschreibungen, die in der einen oder anderen Form unumgänglich sind, wenn ein Kind besonders gefördert werden soll. Damit ist ein zentrales Kriterium eines totalen Inklusionsbegehrens erfüllt. Die professionell Beteiligten aus allgemeiner und Sonderpädagogik sollen sich den Kindern zuwenden, ohne dass diese mit Kategorisierungen überzogen werden, die als diskriminierend gelten.

Zudem umfasst ›Sonderpädagogik in der Inklusion‹ inzwischen ein breites Spektrum an Tätigkeiten mit vielfältigen professionellen Kooperationen. Die Einzelförderung eines Kindes ist nur noch ein Tätigkeitsbereich unter anderen. Selbst wenn von letzterem ausgegangen wird, bleibt offen, wieso dieser Umstand von »bestimmten Karrieren« und »Bildungslaufbahnen« ausschließen oder Entwicklungsmöglichkeiten erschweren soll. Als entscheidende Störgröße gilt die sonderpädagogische Aufmerksamkeit und Förderung, da spezifische Fördermaßnahmen prinzipiell geringgeschätzt werden. Dadurch gerät aber auch aus dem Blick, dass es veritable Beeinträchtigungen und gravierende Entwicklungsprobleme sind, die einer Weiterentwicklung im Weg stehen. Sie existieren längst, teils in einem beängstigenden Maße, bevor ein sonderpädagogischer Blick auf diese Kinder fällt. Oder sie bahnen sich erkennbar an, wenn im Sinne der Prävention gedacht wird. Auch ohne Sonderpädagogik währen sie fort. Es wird Zeit, dass diese einfachen

Zusammenhänge verstanden werden. Vom Standpunkt des radikalen Konstruktivismus aus mag das allerdings schwerfallen.

Wiederum stellt Hänsel Annahmen in den Raum, subjektive Mutmaßungen, die nicht mit der Lebenswirklichkeit konfrontiert werden. Empirisch muss nämlich gefragt werden, ob sich Kinder ohne die ›störende‹ sonderpädagogische Betreuung besser entwickeln und höher angesiedelte Bildungswege einschlagen würden. Dafür spricht, wie bereits erläutert wurde, so gut wie gar nichts, von wenigen Ausnahmefällen abgesehen.

Die Forderung, die allgemeinen Schulen müssten besser ausgestattet werden, löst das Problem ebenso wenig. Unabhängig von Ausstattungsmerkmalen zeigt sich: Kinder mit ungünstigen Schulprognosen haben es im statistischen Mittel schwer, den Anschluss an die allgemeine Entwicklung zu finden. Sie verbleiben oft im unteren Leistungsbereich. Eine ›bessere‹ Pädagogik führt zudem nicht zu einer Angleichung von Leistungen. Im Gegenteil: Wenn jedes Kind optimal unterrichtet wird, kommt es zu einer stärkeren Auffächerung des Leistungsspektrums. Die Differenzen werden immer größer. »Die Homogenitätsannahme wird zwangsläufig durch erfolgreiche Pädagogik zerstört« (Tenorth zit. nach Fleischhauer, 2010, S. 122).

Für Schülerinnen und Schüler mit Lernbeeinträchtigungen ruhen große Hoffnungen auf der gemeinsamen Beschulung, denn die von Hänsel geteilte Grundannahme lautet, dass die »weitaus meisten von ihnen [...] in dem sozial verarmten Lernmilieu der Sonderschule daran gehindert [werden], einen Schulabschluss zu erwerben« (Schumann, 2018b, S. 22). Die sich daran anschließende, nur empirisch zu beantwortende Frage lautet deshalb, was die inklusive Beschulung zur Leistungsentwicklung lernbeeinträchtigter Kinder beiträgt.

Aus einer ganzen Reihe von Untersuchungen geht in der Tat hervor, dass die gemeinsame Beschulung für diese Personengruppe gegenüber Sondereinrichtungen Vorteile bieten kann, vor allem aufgrund eines stärkeren Anregungsniveaus und höherer Leistungsanforderungen (Kemper & Goldan, 2018; Werning, 2014; Stanat, Schipolowski, Rjoski, Weirich & Haag, 2017). Durchgängig ist das jedoch nicht der Fall und viele Fragen bleiben bisher ungeklärt (Felder & Schneiders, 2016).

Bei realistischer Betrachtung kann nicht damit gerechnet werden, dass lernbeeinträchtigte Kinder an das durchschnittliche allgemeine Leistungsniveau anschlussfähig sind. Ihre ungünstige Ausgangsposition bleibt für die weitere Entwicklung nicht folgenlos, ihre Leistungen fallen vergleichsweise schwächer aus (Ahrbeck et al., 2019; Hinz et al., 1998; McLeskey & Waldron, 2011; Bosse et al., 2015). Auch in der Inklusion stehen nicht allen Kindern alle Bildungserfolge offen, Bildungsbarrieren lassen sich nicht beliebig aus dem Weg räumen. Dafür trägt die Sonderpädagogik nun wirklich keine Schuld. Die Möglichkeiten der Inklusion sollten nüchtern eingeschätzt und überzogene Erwartungen aufgegeben werden. Wie die, es könne nunmehr ein neues Zeitalter der Bildungsgerechtigkeit entstehen, mit einer Schule, in der niemand mehr zurückbleibt. Die Schule ist gut beraten, wenn sie sich auf das konzentriert, was sie wirklich zu leisten vermag (Kaube, 2011; Ditton, 2010).

Ohne Sonderpädagogik aber wäre vieles, wenn nicht alles besser, davon ist Hänsel dennoch fest überzeugt. Anders lässt sich die folgende Aussage nicht verstehen:

»Stattdessen müssten die umfangreichen finanziellen Ressourcen, die für die sonderpädagogische Förderung der in der allgemeinen Schule negativ ausgelesenen Kinder in der Sonderschule zur Verfügung stehen, ›umgetopft‹ und für die pädagogische Förderung dieser Kinder durch allgemeine Lehrkräfte verwendet werden« (Hänsel, 2014, S. 62).

Es sind also die allgemeinen Lehrkräfte, die zukünftig für das Wohl der Schülerinnen und Schüler mit Förderbedarf verantwortlich sein sollen. Sonderpädagogik ist überflüssig geworden.

Ebenso wie in den historischen Darstellungen imponiert, mit welcher Entschiedenheit Hänsel ihre Überlegungen vorträgt. Mit einer Unbedingtheit, als gebe es nur eine einzige Wahrheit, als verbiete sich jeder Einspruch als moralisch illegitim in einer Welt, die keine Zwischentöne kennt, sondern nur schwarz und weiß. Doch damit steht sie nicht allein, wie die folgenden Ausführungen zeigen.

3.4 Schumanns Streitschrift

Brigitte Schumann (2018b) hat eine »Streitschrift Inklusion« vorgelegt, die den Untertitel trägt: »Was Sonderpädagogik und Bildungspolitik verschweigen«. Diese Schrift wird hier deshalb vorgestellt, weil sie in besonderer Klarheit Grundpositionen repräsentiert, die sich auch anderenorts finden. Teilweise etwas moderater formuliert, versteckter und intellektuell verkleideter vorgebracht. Vor allem gewichtige Vertreterinnen und Vertreter einer ›totalen‹ oder ›vollständigen‹ Inklusion teilen viele der hier vorgebrachten Überlegungen: Gewerkschaftler, Bildungspolitiker, Journalisten und Wissenschaftler gleichermaßen. Politische Korrektheiten und ein merkwürdiges Geschichtsverständnis gehen dabei ein unglückliches Bündnis ein.

Schumann bezieht sich wesentlich auf die Schriften Hänsels, in der Absicht, ihnen bildungs- und gesellschaftspolitisches Gewicht zu verschaffen. Schumanns Arbeit ist insofern bemerkenswert, als sie äußerst weitreichende Vorwürfe erhebt und damit eine nicht unerhebliche Öffentlichkeitswahrnehmung erzielt. Bekämpft wird nicht nur, ganz im Sinne Hänsels, die Sonderpädagogik an sich, als ein vermeintlich in sich geschlossenes, monolithisches System. Die Angriffe richten sich ebenso auf die Kultusministerkonferenz als hohes bildungspolitisches Organ, der eine Komplizenschaft mit den dunklen Seiten der Sonderpädagogik vorgeworfen wird.

Es würden Allianzen unterschiedlicher Art geschmiedet: Eine Allianz, die dem Verschweigen der Vergangenheit dient, Allianzen für das Sonderschulsystem und gegen die Inklusion, eine Allianz gegen den UN-Fachausschuss für die Rechte von Menschen mit Behinderungen. Die Bündnispartner, Sonderpädagogik und Kultusministerkonferenz, hintertrieben den Sinn und Zweck der Inklusion, indem sie »Diskriminierung, Ungleichheit und Separation unter dem Vorzeichen der Inklusion« (Schumann, 2018b, S. 6) fortführten. Demgegenüber müsse endlich ein menschenrechtlicher Blick auf die Inklusion durchgesetzt, Elternrechte beschnitten und in einem »radikalen Transformationsprozess« (Schumann, 2018a, S. 48) eine ›Schule für alle‹ geschaffen werden. Das sind die Kernthemen.

Bedeutender Bündnispartner kann sich Schumann sicher sein. Wie bereits erwähnt, hat Theresia Degner das Vorwort geschrieben, als Vorsitzende des Ausschusses der Vereinten Nationen für die Rechte von Menschen mit Behinderungen. Sie nutzt diese bedeutende Position ausdrücklich zur Unterstützung Schumanns. Es sei ihr »eine Ehre dieser so wichtigen Streitschrift ein Vorwort zu geben« (Degner, 2018, S. 8). Mit ihrem Anliegen ist sie im hohen Maße identifiziert. Eine auch nur geringfügige kritische Distanz lässt sich ihrer Darstellung nicht entnehmen, weder hinsichtlich der Form noch des Inhalts.

Degners markige Formulierungen im Vorwort des Buches: Deutschland leiste sich mit der gegliederten Schulstruktur ein »an Apartheid grenzendes Aussonderungssystem« (Degner, 2018, S. 7) oder an anderer Stelle: »Sondereinrichtungen für Behinderte sind keine Schonräume sondern Apartheid« (Degner, 2013, S. 1) finden im öffentlichen und wissenschaftlichen Diskurs Anklang.

Die »Apartheid im Schulsystem muss beendet werden«, so heißt es denn auch in der Süddeutsche Zeitung (von Bullion, 2017). In einem Gastkommentar für die Zeitschrift der Bildungsgewerkschaft GEW (Erziehung & Wissenschaft) beklagt Arnade (2015, S. 2), dass das »Apatheidsystem Förderschule beachtliche Beharrungskräfte« entwickele. Die Wissenschaft mag da nicht zurückstehen:

> »Abgesichert wird das herrschende System der Bildungsapartheid – am besten im deutschen dreigliedrigen, ständestaatlichen Ursprüngen entstammenden Schulsystem verkörpert – in entscheidender Weise durch die Ideologie der Begabung, mit der Einzelnen ihr gesellschaftlicher Platz zugewiesen wird« (Kincheloe & Sünker, 2004, S. 29). Oder: »Man scheint

sich in der herrschenden Schulpolitik zunehmend darauf einzurichten, daß Lernen nicht auf einer gemeinsamen Bahn voranschreitet, sondern in eine Art globaler Apartheid zurückfällt, wo es eine kleine Gruppe hochmotivierter Schüler vornehmlich aus den oberen Gesellschaftsschichten auf der einen Seite gibt und die große Masse von hochgradig demotivierten Schulbesuchern, die in erster Linie aus den bildungsfernen Schichten kommen, auf der anderen Seite« (Dresselhaus, 2008, S. 22 f.).

Und bei der Sonderpädagogin Merz-Atalik heißt es: »Das segregative, an Seletion orientierte ›tri-apartheid‹-System in Deutschland basiert auf historisch tradierten Homogenisierungslogiken [...]« (Merz-Atalik, Katzenbach & Ahrbeck, 2018, S. 127). Apartheid in drei Teilen: Durch die (überwiegende) Zweigliedrigkeit des allgemeinen Schulsystems und die Existenz von Sonderschulen. Der Begriff der schulischen Apartheit ist nach Merz-Atalik international verbreitet.

Wocken (2012, S. 47) spricht von der »sozialdarwinistische[n] Härte eines gegliederten Schulsystems«, benutzt den Begriff der Apartheid nicht, stellt das System aber gleichermaßen in einen inhumanen Zusammenhang. Ebenso wie von Hentig, der in seinem Buch »Humanisierung« für Gesamtschulen plädiert mit der Begründung, eine Aufteilung zwischen den ›durch Auslese erzeugten Leistungsmenschen einerseits und Abfallmenschen anderseits« müsse überwunden werden (von Hentig, 1987, S. 48).

Wer den Comment No. 4 des UN-Fachausschusses (CRPD, 2015) liest, wird einiges von dem wiederfinden, was in Schumanns Schrift enthalten ist oder sie sogar prägt Heftige Angriffe auf das deutsche Bildungssystem finden sich auch dort: Die Rechte von Menschen mit Behinderung würden nur unzureichend realisiert, die Behindertenrechtskonvention schulisch nur inkonsequent und schlechter als in anderen Ländern umgesetzt. Deutschland verfehle die Ziele der Inklusion auch deshalb, weil es Kinder mit Behinderung in Spezialeinrichtungen nur auf einem qualitativ niedrigen Niveau fördere. Dieser Comment ist von zahlreichen deutschen Institutionen, Organisationen und Einzelpersonen unterstützt und politisch gegen Länderregierungen, Verbände und Wissenschaftler in Stellung gebracht worden (z. B. Arnade, 2018; Schumann, 2016b). Gänzlich neu sind massive Vorwürfe gegen das deutsche Bildungssystem nicht. Bereits 2007 hatte der ehemaligen UN-Sonderberichterstatter für das Recht auf Bildung, Vernor Muñoz, kritisiert, dass es Deutschland bisher nicht gelungen sei, ein »nichtdiskriminierendes Bildungswesen einzurichten« und »Bildung nach Menschenrechtsgesichtspunkten zu gestalten. Das ist ein Mangel, den besonders Migranten und behinderte Kinder zu spüren bekommen« (Muñoz, 2007, S. 70 bzw. S. 84).

Schumann erneuert die vorgebrachten Vorwürfe mit großer Entschiedenheit. Es sei überhaupt keine Einsicht dahingehend vorhanden, dass die UN-Behindertenrechtskonvention allen Ländern zwingende Vorgaben mache. Ihnen dürfe sich niemand entziehen. Auf dem Prüfstand des Völkerrechts könne Deutschland nicht bestehen, ein Systemwechsel sei unumgänglich (Schumann, 2009). Es fehle am politischen Willen, eine Inklusion umzusetzen, die diesen Namen verdient. Eine ›Schule für alle‹ als einzig vertretbare Option stehe deshalb außerhalb des politischen Kalküls.

Stattdessen werde die gemeinsame Beschulung nur zögerlich durchgesetzt, ideologisch aufgerüstet und assistiert von sonderpädagogischen Fachverbänden und Wissenschaftlern. Das alte System bleibe somit erhalten: Strukturell in Form von Sonderschulen, ideell, indem die Aussonderung kein Ende nehme, Ungleichheiten aufrechterhalten und Etikettierungen fortgeführt werden. Ebenso bedenklich sei es, dass die Sonderpädagogik ihren Einfluss jetzt auch noch auf die allgemeine Schule ausweite. Im Wortlaut:

> »In Allianz mit der KMK verteidigt und zementiert die Sonderpädagogik schulische Strukturen der Ungleichheit und der Aussonderung. In Allianz mit der KMK ist sie zum Gewinner der verfälschten Inklusion geworden. In Allianz mit der KMK hat sie unter dem Vorzeichen von Inklusion neben der Betätigung der Sonderschulen auch ein erweitertes Betätigungsfeld in den allgemeinen Schulen dazu gewonnen« (Schumann, 2018b, S. 13).

Inhaltlich stimmen die Ausführungen dazu mit dem überein, was bereits zuvor anhand der Schriften Hänsel ausgeführt wurde. Sie sollen deshalb hier nicht im Detail wiedergegeben werden. Besonders prägnant hat Schumann (2018a) auch an anderem Ort zur Rolle der Sonderpädagogik in der Inklusion Stellung genommen. Die von der Zeitschrift ›Pädagogik‹ gestellte Frage, ob die Sonderpädagogik die Inklusion behindert, wird mit einem klaren Ja beantwortet, ohne Wenn und Aber. »Sonderpädagogik ist verzichtbar«, die sonderpädagogische Ausbildung dann natürlich auch. »Wenn Inklusion das Ziel ist, muss das Festhalten an dem grundständigen sonderpädagogischen Lehramt aufgegeben werden« (Schumann, 2018b, S. 86). Hillenbrand (2017, S. 74) sieht darin eine Parallele zu den Schriften Hänsels: »die Auflösung der Sonderpädagogik in die allgemeine Lehrerbildung [...] scheint eine wesentliche Zielrichtung der verschiedenen Publikationen Hänsels zu sein«.

Wie bei Hänsel werden bei Schumann zentrale Begründungen für die Gegenwartskritik historisch hergeleitet. Über allem schwebt die Annahme, dass es ein unumstößliches Wissen über die Vergangenheit gibt, endgültige historische Wahrheiten, die Hänsel aufgedeckt und als »unverfälschte Geschichte der Sonderpädagogik« vorgelegt hat (Schumann, 2018b, S. 98). Im wissenschaftlichen Diskurs muten Sätze wie der folgende schon ein wenig befremdlich an. »In ihren Forschungsarbeiten hat Hänsel die Geschichtsfälschung der Sonderpädagogik widerlegt« (Schumann, 2018b, S. 17) – ohne Einschränkungen, Begrenzungen, Bedenken. Bei allem Respekt: Einigermaßen wagemutig ist eine solche Aussage schon.

Eine weitere Annahme, die ebenso pauschal ausfällt, bezieht sich auf die Verarbeitung der Vergangenheit. Auch hierzu ein charakteristisches Zitat:

>»Die Geschichte der Hilfsschule in Deutschland, die Dagmar Hänsel auf breiter und zum Teil bislang unveröffentlichter Quellenbasis gründlich erforscht hat, gibt den Blick auf die historischen Wurzeln für das besondere Verhältnis von Bildungspolitik und Sonderpädagogik frei. Es entstand nach 1945 aus dem gemeinsamen Interesse, die moralische und politische Verantwortung für die Verstrickung in nationalsozialistische Verbrechen zu verschleiern bzw. zu verleugnen« (Schumann, 2018b, S. 15).

Dieses Bündnis soll nun über die Jahrzehnte hinweg erhalten geblieben sein, trotz aller historischer Veränderungen, von den Gründungsjahren der Republik bis heute. Der wechselnden Zusammensetzung der Kultusministerkonferenz wird, trotz gegenläufiger politischer Interessen ihrer Mitglieder, kein verändernder Gestaltungswille zugetraut und auch kein kritisches Verhältnis zur Sonderpädagogik. Die Einflussmöglichkeiten, die von der Sonderpädagogik ausgehen, dürften allerdings kaum so groß gewesen sein, dass sie die Kultusministerkonferenz über lange Zeit dominieren und ihr ihren Stempel aufdrücken konnte. Naheliegend sei es deshalb, dass die Politik eigenen Interessen gefolgt ist.

> »Die Bildungspolitik hat sich für die Allianz des Verschweigens entschieden, statt sich endlich von der ›Lebenslüge‹, die sie an die Sonderpädagogik kettet, zu befreien« (Schumann, 2018b, S. 25 f.).

Aus freien Stücken, zum eigenen Vorteil soll sie zentrale Argumente der Sonderpädagogik übernommen haben, sie stillschweigend gewähren lassen, obwohl sie dies niemals hätte tun dürfen. Gleichwohl scheint die ein wenig paradox anmutende Hoffnung zu bestehen, die Politik könne sich nunmehr grundlegend wandeln.

Im Januar 2015 hatte sich Brigitte Schumann in einem Brief an die Kultusministerkonferenz gewandt, der später veröffentlicht wurde (Schumann, 2018b, S. 98 ff.). Der zentrale Referenzpunkt dieses Schreibens ist Hänsels Arbeit zur »Sonderschullehrerausbildung im Nationalsozialismus« (2014). Ihre Inhalte werden im gleichen Sprachduktus, teils in wortwörtlicher Übernahme wiedergegeben. Andere Autoren kommen nicht zu Wort, was belegt, welche überragende Bedeutung dieser Autorin zugeschrieben wird.

Schumanns Brief endet in der Forderung: »70 Jahre nach der Befreiung vom Nationalsozialismus muss die Kultusministerkonferenz sich jetzt der Aufgabe stellen, die Geschichte der Sonderpädagogik aufzuarbeiten und von den Mythen der sonderpädagogischen Geschichtskonstruktion zu befreien« (Schumann, 2018b, S. 100). Das ist eine harsche Forderung: Eine hoch gestellte politische Institution soll eingreifen, weil die sonderpädagogische Wissenschaft versagt habe und auch zukünftig versagen werde. Als besonders dringlich gilt dieses Anliegen auch deshalb, weil das Verhältnis von Allgemeiner und Sonderpädagogik in einem inklusiv gestalteten Schulsystem neu bedacht werden soll.

Schumann hat eine Streitschrift verfasst. Streitschriften haben es an sich, dass sie akzentuieren, polarisieren, zuspitzen. Das ist ihre Aufgabe. Sie sollen die eigene Position klar herausstellen, sie durchaus überzeichnen, Fragen aufwerfen, die so nicht gestellt oder deren Brisanz bisher verkannt wurde, Akzente setzen, wo zuvor keine waren, scharfe Kritik üben, wo es notwendig erscheint. Deshalb können sie so erhellend, anregend und erfrischend sein. Bei aller Zuspitzung und Dramatisierung der eigenen Position müssen aber weitere Auseinandersetzungen ermöglicht, Dialoge gefördert und nicht verhindert werden. Dieses Ziel dürfen sie nicht verfehlen. Ob Schumanns Buch diesen Zweck erfüllt, ist mehr als zweifelhaft.

Das Verfechten absoluter Urteile, die moralische Verdammnis anders Denkender, der permanente Vorwurf von Lüge, Lebenslüge und Fälschung, der Versuch, eine ganze Berufsgruppe zu entmündigen, all das sollte Grund zur Skepsis sein. Insofern ist es einigermaßen verwunderlich, dass Degner (2018, S. 8) in Schumanns Streitschrift einen »essentielle[n] Beitrag zur Versachlichung der Debatte« sieht.

3.5 Der Weimarer Kongress – Dialog oder Spaltung?

Der Weimarer Kongress des Verbandes Sonderpädagogik (2016) sollte eine Auseinandersetzung mit den massiven Vorwürfen ermöglichen, die der Sonderpädagogik gemacht wurden, und einen Beitrag dazu leisten, dass aufgeworfene Sachfragen geklärt werden. Unterschiedliche Positionen zur Geschichte der Sonderpädagogik kamen deshalb zur Sprache, darunter an prominenter Stelle auch Hänsel selbst. Die Behauptung Schumanns (2018b, S. 26), Hänsels Forschungsergebnisse seien »in sonderpädagogischen Kreisen bisher totgeschwiegen worden«, ist allerdings unzutreffend, wie die bisherigen und die nun folgenden Ausführungen belegen.

Im Einzelnen haben auf der Tagung neben Hänsel (»Sonderpädagogik im Nationalsozialismus – verschwiegene Zusammenhänge«) folgende Autorinnen und Autoren referiert, die unterschiedliche fachliche Perspektiven und weltanschauliche Positionen einnehmen. Frank Andreas Brodehl: »Zwischen Widerstand und Anpassung – die Rolle der Sonderpädagogik bei der Durchführung des Gesetzes zur Verhütung erbkranken Nachwuchses«, Andreas Möckel: »Die Gleichschaltung des Verbands der Hilfsschulen Deutschlands 1933 und der Verrat an den behinderten Kindern und an der Heilpädagogik in der NS-Zeit«, Clemens Hillenbrand: »Lehrerbildung für Sonderpädagogik: Kontinuitäten und Diskontinuitäten in historischer Perspektive«, Wolfgang Jantzen: »Warum Geschichte? Was und wie lernen wir aus ihr?« sowie Sieglind Luise Ellger-Rüttgardt: »Sonderpädagogen im Dritten Reich zwischen Überzeugung, Anpassung und Opposition«. Der Tagungsband wurde 2017 veröffentlicht.

In Hänsel Beitrag sollen »zentrale Zusammenhänge der Sonderpädagogik im Nationalsozialismus, die in den einschlägigen sonderpädagogischen Standardwerken bis heute verschweigen werden, in den Blick genommen werden« (Hänsel, 2017, S. 39). Es werden darin die bereits zuvor ausführlich dargestellten Überlegungen zusammengefasst, so dass sie hier nicht noch einmal wiederholt werden müssen. Nur noch eine Anmerkung zur Wortwahl: Verschwiegen wird etwas, das bekannt und dem Bewusstsein zugänglich ist, aber nicht nach außen dringen soll.

Der im ebenfalls Tagungsheft dokumentierte Vortrag Ellger-Rüttgardts verdient hingegen an dieser Stelle besondere Aufmerksamkeit, da er direkt auf Hänsels Ausführungen Bezug nimmt und den großen Rahmen der Auseinandersetzung in den Blick nimmt. Die Autorin hatte bereits 1980 eine Dissertation zum Hilfsschullehrer vorgelegt, sie ist seitdem intensiv mit historischen Fragen zur Sonderpädagogik beschäftigt. Ein unkritisches Verhältnis zur eigenen Zunft wird man ihr kaum vorhalten können, das weiß jeder, der ihre Doktorarbeit und ihre weiteren Schriften kennt.

Ellger-Rüttgardt beginnt mit einer persönlich gehaltenen Anmerkung, in der sie ihre eigene Beziehung zur Thematik erläutert und bemerkt, dass jede historische Forschung interessengeleitet sei. Jeder, der sich auf dieses Gebiet begibt, müsse seine Motivation klären und sich selbst darüber Rechenschaft ablegen, warum er ein bestimmtes Klärungsbedürfnis hat. Das gilt, wie unmittelbar einsichtig ist, im besonderen Maße für große historische Fragen, die affektiv hoch aufgeladen sind. Geht es dabei doch um basale Gefühle von Schuld und Scham, um Mut und Unaufrichtigkeit, um ideologische Besetzungen und darum, wie die Vergangenheit in die Gegenwart hineinwirkt.

Ellger-Rüttgardts persönliche Forschungsmotivation liegt in ihren ersten Erfahrungen als junge Lehrerin und der Begegnung mit Lehrern, die in ihren Haltungen »zweifellos vom Ungeist der NS-Zeit geprägt waren« (Ellger-Rüttgardt, 2017, S. 61). Im Kontrast dazu stand ihr Bezug zur 68er Protestbewegung, deren Verdienst es war, dass zuvor nicht gestellte Fragen aufgeworfen wurden. Einzelne Anknüpfungspunkte ihres Interesses werden genannt, die sich wissenschaftlich auf die Allgemeine Erziehungswissenschaft und die Sonderpädagogik beziehen.

An unmissverständlichen Bewertungen fehlt es in ihrer Gesamtbewertung nicht, wie die folgenden beiden Passagen verraten: »Bis in die 70er-Jahre dominierte eine primär apologetische Historiographie, die die Zeit des Nationalsozialismus weitgehend ausklammerte oder verharmloste (Beschel, 1960; Myschker, 1969). Erst in den frühen 70er-Jahren begann eine kritische Auseinandersetzung« (Ellger-Rüttgardt, 2017, S. 66). Und kurz zuvor:

»Das Dritte Reich, wie bis in die 60er-Jahre hartnäckig behauptet, war keineswegs über alle hereingebrochen, denn es gab schon vor 1933 auch bei den Sonderpädagogen überzeugte Rassisten wie zum Beispiel Martin Breitbarth. Daneben gab es auch die Karrieristen, die sich – wie Lesemann und

Lesch – schnell den neuen politischen Verhältnissen anpassten [...]. Es gab aber auch jene, die sich treu blieben und die sich widerständig verhielten, wie Frieda Buchholz, Mathilde Eller, Theodor Dierlamm, oder der Gehörlosenlehrer Otto Taube (Ellger-Rüttgardt, 2008; Brodehl, 2014)« (Ellger-Rüttgardt, 2017, S. 63).

Ein besonderes Anliegen der Autorin besteht darin, genauer zu verstehen, aus welchen Motiven heraus welche Personen wie gehandelt haben. Das setzt voraus, dass sich die Betrachterin von Vorabgewissheiten löst und sich auf Widersprüche und Spannungsbögen einlässt, die Irritationen hervorrufen können und nicht selten schwer auszuhalten sind. Einfache Antworten auf komplexe Fragen ergeben sich dann nur selten, ein Denken in einem Schwarz-Weiß-Schema verbietet sich. Dabei muss anerkannt werden, dass es oft schwierig ist, »das Verhalten von Menschen unter den Bedingungen einer Diktatur aus heutiger Sicht zu beurteilen« (Ellger-Rüttgardt, 2017, S. 62). Das sollte immer wieder ins Gedächtnis gerufen werden.

Im Text selbst finden sich dazu zahlreiche Ausführungen, die sich auf einzelne Personen beziehen: überzeugte Täter, Mitläufer und Opportunisten, Widerständige. Kontinuitäten und Brüche in ihrer Entwicklung werden herausgestellt. Sie betreffen nicht nur die individuelle Ebene, sondern auch die sonderpädagogische Disziplin insgesamt, wie Ellger-Rüttgardt an anderen Stellen ebenfalls verdeutlicht hat. Aus all dem ergibt sich, wie facettenreich die Verhältnisse waren und auch, dass sich keine abschließenden Wahrheiten formulieren lassen.

Vor diesem Hintergrund werden die Arbeiten Hänsels sehr kritisch gesehen und ihr Kongressbeitrag ebenso

»Die von Dagmar Hänsel (2006, 2012) behauptete Kontinuitätslinie sonderpädagogischer Historiografie von der NS-Zeit bis in die Gegenwart sowie eine fehlende kritische Auseinandersetzung mit dem Dritten Reich entbehren jeder sachlichen Grundlage. Seit den 70er-Jahren (Gehrecke, 1971; Jantzen, 1975; Wagner, 1977) ist die Beschäftigung mit dem Nationalsozialismus fester Bestandteil von Forschung und Lehre in der Sonderpädagogik, wobei selbstredend niemand den Anspruch erhebt, eine umfassende historische

Aufarbeitung geleistet zu haben. Allen mit der Thematik vertrauten Sonderpädagogen ist bewusst, dass noch viele offene Themen der Bearbeitung bedürfen« (Ellger-Rüttgardt, 2017, S. 62).

Die Standpunkte könnten gegensätzlicher kaum sein. Auf der einen Seite steht Hänsels Vorwurf, bedeutende historische Zusammenhänge würden bewusst verschwiegen und die Flucht in ›sonderpädagogische Geschichtsmythen‹ gesucht. In Wirklichkeit reiche die historische Kontinuität vom Nationalsozialismus bis in die Gegenwart. Überlegungen zu institutionellen und persönlichen Kontinuitäten und Brüchen, zu schwierigen äußeren und inneren Konstellationen, das Ringen um Verständnis für die damals Beteiligten und ein eher vorsichtiges Abwägen bilden den Gegenpol, den Ellger-Rüttgardt einnimmt – ohne dass die schrecklichen Ereignisse der Vergangenheit verleugnet werden.

Der Weimarer Kongress hatte sich in verdienstvoller Wiese der Aufgabe gestellt, einen sonderpädagogischen Beitrag zur Vergangenheitsbewältigung zu leisten. Wie die Auseinandersetzungen in anderen Wissenschaften, im kulturellen und politischen Raum bis hin zu den Familien zeigen, wird damit ein Weg beschritten, der sich zahlreichen Herausforderungen stellen muss. Neben dem absehbaren Gewinn entstehen dabei auch Gefahren: die der Vereinfachung komplexer Zusammenhänge, der Bagatellisierung des Geschehens, schlichter Schuldzuschreibungen, selbstgerechter Entlastungen, der Freisetzung und Befriedigung eigener Aggressivität, des Missbrauchs für eigene Zwecke.

Im Endergebnis hat der Kongress eine ganze Reihe neuer Erkenntnisse hervorgebracht, mit differenzierten und abwägenden Darstellungen, die den Fachdiskurs bereichern. In der Auseinandersetzung mit den massiven Vorhaltungen, die Hänsel nach wie vor erhebt, hat sich aber keine Annäherung eingestellt. Sie war, bei realistischer Betrachtung, auch kaum zu erwarten. Zu heftig sind Hänsels Vorwürfe, zu unbeirrt werden sie vorgetragen und zu monoton wiederholt – gegenwärtig massiv durch Schumann unterstützt. Dabei folgen sie der Prämisse, dass sich die Sonderpädagogik

sowieso nicht von ihren Irrtümern lösen könne. Jedes sonderpädagogische Aufklärungsbemühen wird deshalb unter das Verdikt des
Scheiterns gestellt. Die Sonderpädagogik kann machen, was sie
will, ein Misslingen ist vorprogrammiert. Dabei kennt Hänsel die
um Aufklärung bemühten sonderpädagogischen Schriften, sie
nennt sie in ihren eigenen Arbeiten auch, aber eine wirkliche Bedeutung wird ihnen nicht zugestanden. Jedenfalls nicht für ihren
Gesamtentwurf.

Hänsel nimmt eine anklagende, unduldsame Position ein, die
sich auch bei Schumann wiederfindet. Sie ist nicht völlig frei von
Selbstgerechtigkeit. Von Selbstzweifeln an der eigenen moralischen Autorität ist kaum etwas zu spüren. Ihre Schriften dicho-
tomisieren, ihre pauschalen Beurteilungen kennen kaum Schattie-
rungen und moralische Zwischenstufen. Es sind gespaltene Bilder,
die sie produzieren. Zwei Seiten stehen sich jeweils unversöhnlich
gegenüber. Die Aufgeklärten auf der einen, die Unaufgeklärten
und Reaktionären auf der anderen. Die Mutigen, die der Wahrheit
verpflichtet sind, werden streng von denjenigen separiert, die
›verdrängen‹, ›verschweigen‹, ›verfälschen‹. Und ebenso die Gut-
willigen von jenen, denen genau dieser gute Wille abgesprochen
wird.

Mit einer durchaus wünschenswerten scharfen fachlichen Debatte hat das kaum noch etwas zu tun. Das gebotene Maß wird
weit überschritten. Die Folgen, die sich daraus für den Wissen-
schaftsdiskurs ergeben, beschreibt Liessmann (2016, S. 52) so:

> »Wenn ich eine vermeintlich wissenschaftliche These mit dem Gestus ›Ich
> stehe auf der Seite der Guten‹ einleite, wer kann dann noch etwas dagegen
> haben? In diesen moralkontaminierten Debatten haben wir kein wirkliches
> Kriterium mehr dafür, was ein redliches, wissenschaftliches Argument ist.«

Mit der moralischen Überhöhung werden tiefe Gräben ausgeho-
ben, die kaum noch zu überwinden sind. Damit befindet sich Hänsel – ebenso wie Schumann – in einer klassischen Spaltungsposi-
tion, die längst überwunden sein sollte. In einer Position, die vor
Jahrzehnten unter ganz anderen Bedingungen einen vertretbaren

Platz eingenommen haben mag. Heute ist sie nicht mehr zeitgemäß. Bei den Stellungnahmen zur Inklusion verhält es sich entsprechend. Auch hier wird die Sonderpädagogik verdammt. Wiederum ist der moralische Anspruch so dominant, die Gewissheit der eigenen Überlegenheit so groß, dass sachlichen Argumenten nur noch eine spärliche Bedeutung zukommt. Kriterien für ein wissenschaftliches Debattieren schwinden deshalb.

Einschränkungen des Denkens nehmen gegenwärtig allgemein zu. In Zeiten der Politischen Korrektheit beanspruchen moralische Bewertungen eine besondere Geltung. Die Betroffenheit einzelner Personen oder Gruppen soll zur Richtschnur für das werden, was andere denken, sagen oder schreiben dürfen. Tun sie dies nicht, gehen sie ein erhebliches Risiko ein. Sie laufen Gefahr, dass sie mit negativen Attribuierungen überhäuft werden, die folgenschwere soziale Sanktionen nach sich ziehen können. Nicht mehr überprüfbare Fakten sind es, die heftige Reaktionen begründen, sondern subjektive Empfindungen und Empfindlichkeiten – das zeichnet dieses Phänomen aus (Oehmke, 2016).

Das macht, zumindest in Teilen, verständlich, warum sich gegen Hänsels Anliegen zu Geschichte und Inklusion nicht auf breiter Ebene und mit großer Entschiedenheit Widerspruch erhebt. Nur relativ selten kommt es vor, dass eine Gegenposition selbstbewusst vorgetragen wird – obgleich es dafür viele überzeugende Gründe gibt. Sie bleibt auf einzelne Personen, wie zum Beispiel Ellger-Rüttgardt, beschränkt. Ansonsten dominieren eher vorsichtige und zurückhaltende Formulierungen, wenn nicht sogar der Mut zum Widerspruch gänzlich fehlt. Mitunter hat es den Anschein, als solle die Gegenseite nicht noch weiter gereizt werden, als gebe es einen Rest an Unsicherheit und Beklommenheit, der zur Vorsicht zwingt. Oder ist es schlicht und einfach die Angst vor moralischer Verurteilung und Beschämung? Die Angst davor, in eine reaktionäre und menschenfeindliche Ecke gestellt zu werden? Die Angst, in die Mühlen der politischen Korrektheit zu geraten?

4

Vermeintliche Gewissheiten. Oder: die pädophile Grenzlosigkeit

Nach 1968 wurden alte Selbstverständlichkeiten infrage gestellt und für mehr Offenheit in Rollenbildern und im persönlichen Selbstverständnis plädiert. Der pädagogische Blick fiel dabei vor allem auf die Mädchen, die in ihren Entfaltungsmöglichkeiten nicht mehr durch starre Regelformate, innere und äußere Grenzen benachteiligt werden sollten. Als ein historischer Bezugspunkt kann die Kinderladenbewegung gelten. Die Abkehr von traditionellen Geschlechterrollen war eines ihrer wichtigsten Ziele. Ihre antiautoritären, repressionsfreien Erziehungsvorstellungen sollten zu einer größtmöglichen Selbstbestimmung führen, frühe sexuelle Aktivitäten nicht verbieten, sondern sie ermutigend zulassen. Obgleich die

Zahl der Kinder, die Kinderläden besuchte, begrenzt war, gab die Kinderladenerziehung ideengeschichtlich eine grobe Richtung vor. Eingebettet war sie in eine Stimmungslage, die Toleranzschwellen insgesamt erhöhen und Freiräume erweitern wollte. Die Sexualität sollte freier gestaltet, die gleichgeschlechtliche Liebe enttabuisiert und sexuelle Besonderheiten stärker akzeptiert werden.

Das war damals ein fast revolutionärer Schritt. Es sei hier nur daran erinnert, dass Homosexualität bis 1969 in Deutschland (Westdeutschland) generell unter Strafe stand und der Kuppeleiparagraph für Erwachsene erst 1973 aufgelöst wurde.[3] Für die Weltgesundheitsorganisation galt Homosexualität bis 1992 als Krankheit. Inzwischen wird den früheren Perversionen heute Paraphilien genannt, ebenfalls kein zwingender Krankheitswert mehr zugeschrieben (seit DSM-5, 2013). Insofern hat sich auch hier ein erheblicher Wandel eingestellt.

Die Kehrseite der erzielten Fortschritte ist allerdings unübersehbar. Die Relativierung oder Auflösung bisheriger Grenzen hat dazu geführt, dass Grenzüberschreitungen entstanden sind, die zuvor in dieser Form unmöglich schienen. Der Umgang mit der Pädophilie ist ein wichtiges Beispiel dafür.

»Es ist nicht übertrieben zu behaupten, daß fünfzehn Jahre lang, bis in die Mitte der achtziger Jahre, die öffentliche Meinung pädophilen Erwachsenen gegenüber durchaus nachsichtig war« (Guillebaud, 1999, S. 29).

Nachsichtig heißt, dass in der Pädophilie kein bedenkliches Phänomen mehr gesehen wurde. Gestützt hat sich die öffentliche Meinung dabei auf politische Aktivitäten, philosophische Neudeutungen und wissenschaftliche Parteinahmen.

_____

3 Laut dem jährlichen Bericht des ILGA‹s (International Lesbian, Gay, Bisexual, Trans and Intersexual Association) mit Stand vom Mai 2017 werden homosexuelle Handlungen aktuell in 72 Staaten strafrechtlich verfolgt, so etwa in Ghana, Kenia, dem Libanon, Afghanistan, Singapur und Sri Lanka. In vier dieser Staaten (Iran, Saudi-Arabien, Jemen und Sudan) steht Homosexualität unter Todesstrafe; 2019 ist Brunei hinzugekommen.

Die Bekenntnisse des französischen Philosophen René Schérer sind unmissverständlich:

»Man fragt sich, ob eine erwiderte Liebe zwischen einem Mann und einem Kind möglich ist, weil man das gewöhnliche Paar in das Muster einer Erwachsenenerotik, zwischen getrennten Personen, zu pressen versucht. Abgetan als Lüge, Rätsel, Unmöglichkeit oder Verbrechen, verwandelt sich die pädophile Liebe im Gegenteil ganz in Licht, sobald man sie auf dem Gebiet der kindlichen Erotik ansiedelt« (Schérer, zit. nach Guillebaud, 1999, S. 28).

Eine einvernehmliche Sexualität zwischen Erwachsenen und Kindern wird damit befürwortet und ihre Unbedenklichkeit beschworen. Das Recht auf sexuelle Selbstbestimmung soll nun auch für Pädophile gelten. Grenzen und eine Schutzbedürftigkeit aufseiten des Kindes werden nicht gesehen, weil es sie angeblich gar nicht gibt.

»Das pädophile Abenteuer [...] offenbart, welche unerträgliche Konfiszierung von Sein und Sinn die aufgezwungenen Rollen und die verschworenen Mächte gegenüber dem Kind praktizieren« (Schérer, zit. nach Guillebaud, 1999, S. 28).

Erstaunlich ist, dass sich dagegen in Frankreich wie anderenorts, wo ähnliches propagiert wurde (Amendt, 1997a), kein breiter Protest erhob. Von einem entschiedenen Widerstand konnte nicht die Rede sein. Entweder, da die Verpflichtung gegenüber dem Zeitgeist so groß war, dass Bedenken gar nicht erst aufkamen oder sie zurückgedrängt wurden, weil schlichtweg der Mut zum Widerspruch fehlte.

In Deutschland hatte sich der Blick auf die Pädophilie ebenfalls gewandelt. Zeitgeistgeprägte Darstellungen wurden möglich, die zuvor öffentlich kaum denkbar waren.

»Kinder sind rein. Kinder kennen noch keinen Sex. So lautet ein Tabu, an dem niemand zu rütteln wagt. Ein gefährliches Tabu: Jedes Jahr bringt es hunderte von Männern ins Gefängnis oder um ihre Existenz. Sie gelten als Sittenstrolche und sind doch selber nur Opfer. Opfer einer halb berechnenden, halb naiven Kindersexualität, die keiner wahrhaben will« (»Sprit« vom 4.10.1973).

Im gleichen Sinne äußerte sich die Zeitschrift »Konkret« (26.8.1971), die damals als besonders progressiv galt.

> »Vorsicht: Minderjährig! Über 1000 Männer müssen Jahr für Jahr ins Gefängnis, abgeurteilt nach dem Strafgesetz-Klischee: Böser Onkel verführt kleines Mädchen. Doch mehr als die Hälfte der Fälle läuft in Wirklichkeit andersrum: Kleines, scharfes Mädchen verführt dummen, scharfen Onkel. Daher heißt es, solange das Strafgesetz von 1870 gilt: Vorsicht: Minderjährig!« (beide zit. nach Der STERN, 2010, S. 39).

Die damalige Zeitstimmung skizziert Alice Schwarzer (2013, S. 1) folgendermaßen:

> »Es waren nicht nur die Grünen. Es waren auch nicht nur die 68er. Es war der Zeitgeist, der allerdings war links bzw. liberal. Es war einfach angesagt bei (fast) allen, die sich als fortschrittlich verstanden: Dass doch nichts dabei sei, wenn Erwachsene mit Kindern [...] denn die wollten es doch auch. Und es war kein Zufall, dass sich diese Haltung im Laufe der 70er Jahre auf breiter Front Bahn brach. Angeführt vom harten Kern der Pädophilen, die sich nun ungeniert als ›Pädosexuelle‹ bezeichneten und als ›Kinderfreunde‹ verklärten.«

Die noch junge Partei die ›Grünen‹ tat, wie Schwarzer weiter ausführt (›Die Grünen und die Pädophilie‹), einiges dafür, um die Grenzen zwischen den Generationen einzureißen. »Das ›grüne‹ Grundsatzprogramm von 1980 sah [...] eine weitgehende Legalisierung [der Pädophilie] vor« (Kraus, 2018, S 118).

Rückblickend wird dies auch seitens führender Vertreter der Grünen eingestanden.

> »Mehr und mehr wurde ersichtlich, dass es sich nicht um einzelne, gar zufällige Beschlüsse innerhalb der grünen Partei handelte, sondern dass sich die Forderung nach einer Legalisierung von Pädophilie Anfang bis Mitte der 1980er Jahre tatsächlich quer durch die Partei gezogen hatte« (Klecha & Hensel, 2015, S. 9).

Erst nach 2013 entstand aufgrund heftiger öffentlicher Debatten die Bereitschaft, sich dieser Vergangenheit zu stellen. Sie schlug sich in einem Forschungsauftrag nieder, der an Franz Walter von der Universität Göttingen vergeben und 2015 vorgelegt wurde (Walter, Klecha & Hensel, 2015).[4]

In ein bedenkliches Licht ist auch ein von der Deutschen Forschungsgemeinschaft (DFG) unterstütztes Projekt geraten, das sich mit pädophilen Männern, ihrem Erleben und ihren Selbstbildern beschäftigt (Buchtitel: »Die Lust am Kind«). Ein solches Forschungsanliegen kann ehrenwert sein und einen wichtigen Beitrag zur Aufklärung leisten, in dem die Betroffenen selbst zu Wort kommen. Lautmann (1994) untersuchte Pädophile, die sich ihrem Selbstverständnis nach Kindern aus Liebe und aufgrund von Zuwendungswünschen nähern. Sexuelle Kontakte seien für sie nicht die primäre Motivation. Ausdrücklich wird betont, dass es sich dabei um eine Teilgruppe handelt, für die Pädophilie keine Ersatzhandlung darstellt und die nicht von aggressiv-sadistischen Wünschen geleitet sind.

Lautmanns Resümee:

> »Ein großer Irrtum, geradezu heterosexistisch wäre es, die Unterschiede der Pädophilen- zur Erwachsenensexualität als Versagen und Mangel zu sehen. Wir haben es nicht mit einer defizitären, sondern mit einer anders geformten Sexualität zu tun« (Lautmann, 1994, S. 118).

Eine einvernehmliche, unanstößige Sexualität sei auch hier möglich. Für Kinder könne sie durchaus förderlich sein, zumal sie auf-

---

4 Zur Vergangenheitsbearbeitung bemerkt Walter (2015, S. 254): »Doch offenkundig schien diese Generation mit dem Problem aus ihrer Vergangenheit von der Form her ähnlich umgegangen zu sein wie die zuvor oft hämisch kritisierten oder unerbittlich angeklagten Vorgängergenerationen mit deren Leichen im Keller. Erst wurde verdrängt, dann bagatellisiert, schließlich relativiert, zuletzt ein Schweigesyndikat gebildet. Wie oft bekamen wir es in den Monaten unserer Recherche zu hören: Man müsse die anderen Zeiten, gar den damaligen Zeitgeist berücksichtigen; das alles sei doch längst Geschichte und abgehakt; es gäbe wichtigere Dinge zu tun, als in der Vergangenheit herumzuwühlen, um mit dem Schlamm am Ende nur verdiente Vorkämpfer der grün-alternativen Bewegungszeiten zu bewerfen.«

grund der Sensibilität ›echter‹ Pädophiler keinem Druck ausgesetzt werden und sich frei entscheiden können. »Die pädophile Sexualform verfügt über ein ungewöhnlich differenziertes Konzept zum Konsens, jedenfalls im Vergleich zu den geläufigen Sexualformen« (Lautmann, 1994, S. 98).

Eine solche anders geformte Sexualität kann und muss einen gleichwertigen Platz neben anderen Sexualformen beanspruchen, das ist die Konsequenz aus Lautmanns Ausführungen. Noch darüber hinausgehend klingt die zuletzt zitierte Passage fast so, als sei die Pädophilie in ihrer Sensibilität für andere sonstigen Spielarten der Sexualität überlegen. Die darin enthaltene Wirklichkeitsferne ist schon beträchtlich.

Amendt (1997a) beurteilt Lautmanns Studie »Die Lust am Kind« so: »Ohne Zweifel lässt sie sich mit ihrer offen affirmierenden Distanzlosigkeit und ihrer sprachlichen Anlehnung an den Jargon pädophiler Straftäter nur als sexualpolitische Förderung der Pädophilie verstehen.« Die Situation der Kinder erscheint durch den interessengeleitenden pädophilen Blick hinreichend definiert, »die Perspektive des Kindes [wird] auf [ihr] eigenes erwachsenes pädophiles Begehren verkürzt« (Amendt, 1997b, S. 3). Die subjektiven Selbsteinschätzungen Pädophiler sind bei Lautmann zur entscheidenden, alles andere überlagernden Leitlinie geworden. Ihre Selbstbeschreibung gilt als aufgeklärte Wahrheit. Die Grenzen zwischen den Personen und Generationen sind dabei zerflossen, der Realitätsbezug ist verloren gegangen und eine Empathie für den anderen getilgt.

Im Hintergrund steht eine strikte Trennung zwischen den ›guten‹ und den ›schlechten‹ Pädophilen, die auf einer Wahrnehmungsspaltung beruht. Der einen Gruppe werden achtbare Motive attestiert, ihnen eine hohe Sensibilität zugeschrieben und behauptet, die sexuellen Kontakte könnten für die kindliche Entwicklung zuträglich sein. Die andere Gruppe wird abgelehnt: Ersatztäter oder aggressiv-sadistisch gestimmte Personen. Sie gelten nicht als die ›eigentlichen‹ Pädophilen, sondern als kleine Randgruppe, die berechtigterweise eine Distanzierung verdient.

Die Einen halten sich in einem schützenswerten Reich der Freiheit auf und gehen gleichberechtigte Beziehungen ein, die Anderen üben Zwang aus – das allerdings ist eine illusionäre Verkennung.

> »Für Kinder hingegen ist das vermeintlich Gewaltfreie grundsätzlich nichts anderes als das Gewalttätige [...]. Im Hinblick auf die Interessen der Kinder aber ist die Unterscheidung zwischen Gewalt und Gewaltfreiheit gänzlich unerheblich. Jede Form der Pädophilie überschreitet die Grenze zwischen Erwachsenen und Kindern. Die Gewalttätigkeit verleiht dem kindlichen Erleben ›nur‹ eine zusätzliche Dimension des Schreckens, macht alles noch schlimmer, als es ohne Gewalt schon ist« (Amendt, 2004, S. 8).

Das vermag Lautmann nicht einzusehen. Bei ihm hat sich eine übergroße Identifikation mit den Pädophilen eingestellt, die er in unverantwortlicher Weise für harmlos hält. Der ursprüngliche Wunsch aufzuklären ist in das Gegenteil umgeschlagen. Bemerkenswert ist auch der Titel des Buches: »Die Lust am Kind«. Es darf bezweifelt werden, ob er zufälligerweise so gewählt wurde.

Die gegen Lautmann vorgebrachte Kritik hat nicht dazu geführt, dass dieser im sexualpädagogischen Diskurs bedeutungslos wurde. Gleiches gilt für Helmut Kentler, der ebenfalls über lange Zeit, bis weit in die 2000er Jahre hinein, äußerst einflussreich war. Ausschlaggebend dafür waren neben ihren Schriften die Funktionen, die sie in Verbänden, Fachgesellschaften und Stiftungen innehatten (Amendt, 1997a; Schmelcher, 2014b; Soboczynski, 2013).

Helmut Kentler (1928–2008) war ein theoretisch wie praktisch einflussreicher Sexualpädagoge, der zahlreiche Schlüsselstellungen einnahm, unter anderem als Präsident der Deutschen Gesellschaft für Sozialwissenschaftliche Sexualforschung. Er galt als Pionier einer aufgeklärten Pädagogik und erlangte durch seine Aufklärungsbücher einen hohen Bekanntheitsgrad (»Sexualerziehung«, 1970; »Zeig mal«, 1983; »Eltern lernen Sexualerziehung«, 1999).

Zur Pädophilie hatte er eine besondere Beziehung. Bei der Befreiung von althergebrachten Fesseln, die auch dieser Personengruppe zugedacht war, blieb es nicht bei theoretischen Entwürfen, wie später an unterschiedlichen Orten dokumentiert wurde.

»Ende der 1960er Jahre brachte er in einem Modellversuch mehrere verwahrloste 13- bis 15-jährige Jungen, die er als ›sekundärschwachsinnig‹
einschätzte, bei ihm bekannten Pädophilen unter, um sie unter deren
Obhut zu resozialisieren und zu reifen Erwachsenen heranwachsen zu lassen. Aufgrund der damit verbundenen Straftatbestände machte er dies erst
nach deren Verjährung mehr als ein Jahrzehnt später öffentlich. Kentler
versprach sich von dem Experiment, dass die Jugendlichen durch die Männer sozial wieder gefestigt würden. Dass die Männer Sex mit den Minder-
jährigen haben würden, war Kentler klar.«

Er wusste also, was er tat, soweit ging die Selbsttäuschung dann
doch nicht.

»Bei einer Fraktionsanhörung der FDP im Jahr 1981 berichtete er: ›Diese
Leute haben diese schwachsinnigen Jungen nur deswegen ausgehalten,
weil sie eben in sie verliebt, verknallt und vernarrt waren‹ […]. In einem
Gutachten für die Senatsverwaltung für Familie, Frauen und Jugend
bezeichnete er die Ergebnisse des Versuchs 1988 als ›vollen Erfolg‹« (Wikipedia: Helmut Kentler, 2018; vergl. auch: Kentler, 1989; Pfeiffer, 2015;
Schmelcher, 2016).

Zu Kentlers theoretisch annoncierter, aber aus strafrechtlichen
Gründen verdeckt gehaltenen Praxis, Pflegekinder Pädophilen zu
überlassen, hat die Berliner Senats-Jugendverwaltung 2015 ein Gutachten beauftragt. Es hat das Vorgefallene, soweit möglich, dokumentiert und Kentlers Beteiligung aufgedeckt. Das Land Nieder-
sachsen schloss sich 2017/18 mit einer eigenen Untersuchung an,
ebenso wie die Leibniz Universität Hannover (Rinas, 2018). Das Erschrecken war groß: »Ich bin geradezu schockiert, dass sich seiner-
zeit die Exekutive wie die Judikative davon haben vereinnahmen
lassen«, sagte der Leibniz-Präsident Volker Epping beim Neujahrs-
empfang. »Ich bin auch völlig irritiert, dass die Fachcommunity
dieses Agieren Kentlers nicht kommentiert, nicht aufgeschrien
hat!« »2013 ordnete der Politikwissenschaftler Franz Walter vom
Göttinger Institut für Demokratieforschung, der damals die frühere
Stellung von Teilen von Grünen und FDP zur Pädophilie untersuchte, Kentler eine Schlüsselrolle zu in deutschen Netzwerken pädophiler Aktivisten« (Quelle: Wikipedia: Helmut Kentler, 2018).

Lautmann (2008, S. 1) nennt Kentler hingegen in einer von der Humanistischen Union veröffentlichten Nachrede »einen Leuchtturm« und lobt, dass er sich nicht dem Zeitgeist angepasst habe.

>»Ein Leuchtturm unseres Beirats ist erloschen. Wie kein zweiter verkörperte Helmut Kentler die humanistische Aufgabe einer aufklärerischen Sexualerziehung, und zudem war er ein Vorbild für öffentliche Wissenschaft. [...] Sein Habitus kombinierte in seltener Weise die Eigenschaften Kompetenz, Authentizität und Nahbarkeit, womit Kentler seine Leser wie Hörer beeindruckte und Hilfestellung gab. Da er sogleich Sympathien weckte, haben viele sich ihm anvertraut [...]. Diese Biographie ist ein Exempel für einen strahlenden Berufserfolg, der gerade nicht auf Karrierestreben, Selbstabgrenzung und Rivalität aufgebaut ist. Niemals verbeugte er sich vor der politischen Korrektheit« (Lautmann, 2008, S. 1).

Die massive, Kentler entgegengebrachte Kritik hat für Lautmann keine Bedeutung: »Kentler hat diese unberechtigte Schmähung wie andere Anwürfe mit äußerer Gelassenheit ertragen«, schließlich habe er sich nur gegen eine inzwischen »neu formulierte Sexualmoral gestellt« (Lautmann, 2008, S. 2). Die Sexualpädagogin Elisabeth Tuider beharrte noch 2014 darauf, dass man zwischen dem Arbeits- und dem Privatmenschen Kentler strikt trennen könne, deshalb habe sie in ihrem Nachruf nur das wissenschaftliche Werk gewürdigt, pädophile Taten hingegen mit keinem Wort erwähnt (Greiner & Demling, 2014).

Ein besonderes Maß der Entgrenzung ereignete sich in der 1910 gegründeten, eng an die reformpädagogische Bewegung gebundenen Odenwaldschule. Ihrem Schulkonzept folgend, wurde dem Gemeinschaftsleben eine hohe Bedeutung beigemessen. Die Schüler lebten in altersgemischten Wohngruppen, mit einer familienartigen Struktur, an deren Spitze der Lehrer stand. Auf einen unbefangenen Umgang miteinander, also auch zwischen den Generationen, wurde großer Wert gelegt.

Ein Kindesmissbrauch fand dort langjährig und in erheblichem Umfang statt: Durch den Leiter der Einrichtung, Gerold Becker, in den 1970er und 1980er Jahren sowie von anderen Lehrern bereits seit 1966. Die Zahl der Missbrauchsopfer soll bei mindestens 130

Schülern gelegen haben. Die Aufarbeitung der 1998 aufgedeckten Taten gestaltete sich schwierig, sie stieß auf erhebliche Widerstände, obgleich Becker die Anschuldigungen einräumte (Dehmers, 2011). Strafrechtliche Konsequenzen ergaben sich kaum, auch durch juristische Verjährungsfristen bedingt. Hinweise darauf, dass es schon in der Gründungsphase Missbrauchsfälle gegeben habe, konnten nicht eindeutig belegt werden. Inzwischen wurde die Schule geschlossen.

Die Ereignisse sind für die Person des Leiters Gerold Becker ausführlich dokumentiert und analysiert worden (Oelkers, 2016). Füller (2011) hat sich – ebenfalls sehr intensiv – mit den missbrauchten Idealen der Reformpädagogik anhand der Odenwaldschule auseinandergesetzt (Buchtitel: »Sündenfall«). Oelkers (2011) ist der Frage nachgegangen, ob in der Reformpädagogik Grundkonstellationen angelegt sind, die einen Missbrauch zumindest erleichtern. Das Stichwort dazu ist die angestrebte persönliche Nähe zwischen Erziehern und Schülern, die Unmittelbarkeit ihrer Begegnung, die zu einem bestimmten ›pädagogischen Eros‹ führt. All dem soll hier nicht weiter nachgegangen werden.

Die Odenwaldschule ist ein weiterer Beleg dafür, wie weit Entgrenzungen gehen können, im Zusammenspiel konkreter Personen mit bestimmten äußeren Strukturen, ideellen Fixierungen und ideologischen Besetzungen. Die Grenzen zwischen den Generationen sind, obgleich eine äußerst wichtige kulturelle Errungenschaft, ganz offensichtlich nicht endgültig gesichert, unter ungünstigen Bedingungen können sie zusammenbrechen. Ideologisch unterfütterte Emanzipations- und Befreiungspostulate haben daran keinen geringen Anteil, wie anhand der Pädophilie gezeigt wurde.

Von der früheren Permissivität gegenüber der Pädophilie ist kaum noch etwas übriggeblieben. Als ein Akt der Befreiung aus bürgerlichen Fesseln wird sie heute nicht mehr betrachtet. Im öffentlichen Klima hat sich ein fühlbarer Wandel eingestellt und im wissenschaftlichen Diskurs ebenso. Fachlich wurden klare Gegenpositionen bezogen, Missbrauchsfälle zumindest in Teilen aufgedeckt und politische Aufarbeitungen vorgenommen. Im politischen

Raum hat sich die Partei Bündnis90/Die Grünen umfänglich eines kritischen Teils ihrer Geschichte gestellt, die pädophilen Kräften einen unangemessenen Entfaltungsraum ließ (Walter, Klecha & Hensel, 2015). Dadurch ist es zu einer Besinnung und Umkehr gekommen. Eine Befürwortung der Pädophilie findet sich medial allenfalls noch an versteckten Orten, eine offene Duldung ist kaum noch anzutreffen und ein leichtfertiges Stillschweigen seltener geworden.

Der Wind hat sich gedreht. Pädophile Sexualpraktiken stehen nunmehr außerhalb des Toleranzrahmens. Was früher mit dem Spießigen, Reaktionären und Verstaubten identifiziert wurde, gilt heute als aufgeklärt und auf der Höhe der Zeit. Sexuelle Grenzen zwischen den Generationen müssen Bestand haben, darüber kann nicht verhandelt werden. Viel zu lange währte die Gewissheit, es könne auch anders sein. Der vermeintlich progressive Anspruch einer Aufklärung, die eine neue Humanität definierte, hat sich als Irrweg erwiesen. Das sollte zur Vorsicht mahnen, angesichts weiterer, wenngleich anders gelagerter Entwicklungen, die ebenfalls mit der unnachgiebigen Ambition auftreten, zur Befreiung des Kindes beizutragen.

Eine abschließende Bemerkung sei noch hinzugefügt. Auffällig ist, dass Abgrenzungen gegenüber pädophilen Menschen inzwischen häufig sehr scharf ausfallen. So, als sei nunmehr eine Tätergruppe entlarvt, die einen ungehemmten Zorn verdient hat, so, als sei endlich eine Personengruppe fixierbar, die ohne schlechtes Gewissen an den Rand gedrängt werden darf, ohne Sorge, sich unkorrekt zu verhalten. Es scheint, als solle an diesem Punkt ein Pflock eingeschlagen werden, der eine neue Sicherheit garantiert – in Zeiten, die vielfach als irritierend erlebt werden, als übermäßig flexibel und schwer greifbar. Reizvoll wäre es, dem sozialpsychologisch genauer nachzugehen. Nicht mit dem Ziel, Unentschuldbares zu entschuldigen, und schon gar nicht, damit notwendige Grenzen relativiert werden. Aber schon, um erneuten Spaltungen entgegenzuwirken, die einem Dialog mit pädophilen Mitmenschen im Weg stehen. Eine solche Notwendigkeit besteht nach wie vor, um ein

Verständnis der inneren und äußeren Situation pädophiler Menschen sollte weiterhin gerungen werden. Nur muss die Grundlage, auf der dies geschieht, eine ganz andere sein als die von Lautmann und Kentler vertretene.

5

Gender: Die Befreiung aus alten Fesseln
und das Anlegen neuer

5.1   Einführung

Als wissenschaftliche Disziplin hat sich die Geschlechter-/Gender-
Forschung an Universitäten und Fachhochschulen fest verankert.
Ein Spezifikum gegenüber anderen Wissenschaften besteht darin,
dass wissenschaftliche Erkenntnisse und parteiliche Stellungnah-
men besonders eng miteinander verknüpft sind (Hirschauer, 2014).
Es geht also nicht nur um Aufklärung, sondern auch darum, dass
in gezielter Weise auf gesellschaftliche Prozesse eingewirkt wird.
Der Einfluss bestimmter Interessengruppen ist dabei ganz erheb-

lich. Politisch gilt Gender als eine wichtige Leitlinie europäischer und nationaler Politik. Gesetzgeberisch wurden in Deutschland 2017 mit der Ehe für homosexuelle Paare und dem Eintrag eines dritten Geschlechts in das Geburtsregister wichtige Veränderungen vorgenommen.

Die Kultusministerkonferenz hat 2016 »Leitlinien zur Sicherung der Chancengleichheit durch geschlechtersensible schulische Bildung und Erziehung« verabschiedet. Handreichungen und Lehrpläne entstanden in verschiedenen Bundesländern, zum Beispiel in Berlin durch das Sozialpädagogische Fortbildungsinstitut Berlin-Brandenburg und die Bildungsinitiative Queerformat (2018) mit dem Titel »Murat spielt Prinzessin, Alex hat zwei Mütter und Sophie heißt jetzt Ben«. Besonders kontrovers wurde das Arbeitspapier der grün-roten Landesregierung in Baden-Württemberg aufgenommen, das zur Vorbereitung des neuen Bildungsplans 2015 dienen sollte.

Etabliert hat sich der Begriff Gender seit Mitte der 1970er Jahre durch den »Sexualwissenschaftler John Money [und die] Feministin Gayle Rubin« (Henry-Huthmacher, 2018a, S. 3). In allgemeiner Definition bezeichnet das englische ›gender‹ durch Kultur und Gesellschaft geprägte Geschlechtseigenschaften einer Person:

> »Gemeint sind damit die kulturspezifisch wie historisch variablen Rollen, Erwartungen, Werte und Ordnungen, die an das jeweilige bei der Geburt zugewiesene Geschlecht geknüpft sind« (Gender-Portal Universität Duisburg-Essen, 2018).

Ein guter Überblick findet sich dazu bei Ehlert (2012), die in ihrer Schrift über »Gender in der sozialen Arbeit« zunächst über die ›Frauenbewegungen und die Entwicklung der Frauen und Geschlechterforschung‹ berichtet. Sodann führt sie aus, dass sich die Kategorie des Geschlechts (Gender) theoretisch auf unterschiedliche Weise fassen lässt.

Der erste Zugang erfolgt über die Ungleichheitsforschung (›Strukturkategorie‹), die im Begriff des Geschlechterverhältnisses ihren Niederschlag findet, »wobei von einem Herrschaftsverhältnis zu Ungunsten von Frauen ausgegangen wird« (Ehlert, 2012, S. 14). Ausgangspunkt ist die Zugehörigkeit zur Gruppe Mann oder Frau. Die zentralen Themen sind soziale Positionen und Rollenzuweisungen, die durch vorherrschende Normen, männlich geprägte Institutionen und gesellschaftliche Strukturen erzeugt und aufrechterhalten werden. Die Stellung auf dem Arbeitsmarkt und in der Familie stellen wichtige Bezugspunkte dar. Institutionalisierte Ungleichheiten sollen untersucht, soziale Machtgefüge, die oft untergründig wirken und unerkannt bleiben, aufgedeckt und verändert werden. Als wichtige Grundlage dienen empirische Untersuchungen, durch die sich die Ungleichheitsthese untermauern lässt, in unterschiedlichen Lebensbereichen, mit mehr oder weniger starken Effekten, die einem historischen Wandel unterliegen.

Es geht also um die gesellschaftliche Bedingtheit menschlicher Entwicklung, um Ungleichheiten, die mit dem biologischen Geschlecht assoziiert sind und um eine Faktenlage, die weithin unumstritten ist. In dieser Perspektive kann weitergehend erkundet werden, wie sich Geschlechterrollen und Geschlechterbeziehungen in feineren Verästelungen ausformen und in welcher Weise sich ein Selbstverständnis als Mann oder Frau herausbildet – in Abhängigkeit von sozialen, kulturellen und historischen Bedingungen. Dabei wäre kritisch zu überprüfen, in welchen Bereichen sich die allgegenwärtige Benachteiligungsthese heute noch bestätigen lässt und wo das nicht mehr der Fall ist. Eines ist jedoch klar: Es wird von einer klaren Differenzlinie zwischen den Geschlechtern ausgegangen, die entscheidende Polarität ist die zwischen Mann und Frau.

Die zweite von Ehlert beschriebene Dimension bezieht sich auf das Geschlecht als ›soziale Konstruktion‹. Die Begriffe Sex und Gender wurden zunächst in den angloamerikanischen Sprachraum eingeführt, mit dem Ziel, das biologische Geschlecht (›sex‹) vom sozial oder kulturell geprägten Geschlecht (›gender‹) abzugrenzen. Damit sollte einem (unterstellten) Automatismus entgegengewirkt werden, der beinhaltet, dass das Biologische – im Sinne einer Naturalisierung – als bestimmende Kraft für das Soziale und Psychische aufgefasst wird. Denn: »Im Kern werden die Unterschiede zwischen den Geschlechtern biologisch begründet« (Ehlert, 2012, S. 23), in wichtigen Bereichen unverändert bis heute, so lautet eine Grundannahme. »Diesen fest verankerten Vorstellungen und Argumentationen über die ›Natur‹ der Frau oder des Mannes wird mit der Frauen- und Geschlechterforschung widersprochen« (Ehlert, 2012, S. 5).

Gender gilt als veränderbare soziale Konstruktion, wobei sich der ursprünglich soziologische Begriff auf das psychologische Feld ausgeweitet hat.

> »Menschen haben oder sind kein Geschlecht, sie müssen sich ihrer Zugehörigkeit zu dem einen oder anderen Geschlecht immer wieder vergewissern und diese im Austausch mit Anderen abgleichen« (Ehlert, 2012, S. 25).

»Doing gender« (Hagemann-White, 1984) ist das entscheidende Stichwort, Konstruktions- und Zuschreibungsproesse sind die Grundlage dafür. »Man wird nicht als Frau geboren, man wird dazu gemacht«, das wusste schon Simone de Beauvoir (1951).

Als dritte Kategorie wird das Geschlecht als Konfliktkategorie genannt. Hier geht es explizit um die psychologische Dimension, »die intersubjektive Aneignung und intrasubjektive Verarbeitung sozialer Erfahrungen« (Ehlert, 2012, S. 30). Betont wird das prozesshafte, lebenslang währende Ringen um die eigene Identität, mit der Geschlechtsidentität als einem wesentlichen Baustein. Erwartungen der Umwelt treffen auf den Eigensinn des Individuums, Innen- und Außenwelt begegnen sich, so wie es bereits bei Erikson (1989) oder Mead (1987), den Klassikern der Identitätsbildung, beschrieben wurde. Konfliktreich ist nicht nur die Beziehung zwischen der Person und ihrer Umwelt, sondern das innere Spannungsverhältnis, das in der Person aufgrund widerstrebender Regungen besteht. Reiche (2000) hat dies als die äußere und innere Geschlechterspannung beschrieben. Ehlert (2012) betont, dass es auch aus dieser Perspektive keine eindeutig festgelegte, sich als stabil erweisende geschlechtliche Identität geben könne.

Wiederum stellt sich die Frage, welche Kriterien herangezogen werden, damit sich diese Aussagen überprüfen lassen. Theoretische Konstruktionen können instruktiv sein und zur Aufklärung beitragen. Dem sind jedoch Grenzen gesetzt, wenn sie sich gänzlich von der empirischen Realität separieren. Die Biographieforschung ist deshalb eine wesentliche Informationsquelle, klinische und psychoanalytische Erkenntnisse sind unumgänglich, wenn tiefergehende Einsichten in die Innenwelt gewonnen werden sollen. Ich komme darauf zurück.

Grundlinien der ›Frauen und Geschlechterforschung‹ sind damit benannt. Die öffentliche Aufmerksamkeit richtet sich vor allem auf die These, Gender sei eine soziale Konstruktion. Darin sind die weitestgehenden Überlegungen und stärksten theoretischen Neuerungen enthalten, die sehr unterschiedlich rezipiert und kontrovers diskutiert werden. Pädagogisch ist von Interesse, inwieweit ein solches Genderverständnis in die entsprechende Theoriebildung eingegangen ist und welche offenen oder versteckten Folgen sich daraus ergeben.

5.2   Gender als soziale Konstruktion

Der Begriff der sozialen Konstruktion spielt in den Gender-Studien eine Schlüsselrolle: »Grundlage der Definition des ›sozialen‹ Geschlechts ist die Theorie der sozialen Konstruktion von Geschlecht« (Arnold, Nolda & Nuissl, 2001, S. 129), so heißt es in Wörterbüchern, Standardwerken und Überblicksarbeiten des Faches immer wieder (Lorber, 1999; Henry-Huthmacher, 2018a; Helduser, Marx, Paulitz & Pühl, 2004; Becker, Kortendiek & Budrich, 2010; Sielert, 2001).

Von diesem theoretischen Fundament aus sollen Geschlechterrollen, Geschlechtsidentitäten und Geschlechterverhältnisse analysiert und geschlechtsspezifische Strukturen und Hierarchien, die das Alltagsleben durchziehen, aufgedeckt werden. Der Begriff der sozialen Konstruktion wird dabei uneinheitlich verwendet. Eine gemeinsame Richtung lässt sich jedoch ausmachen: Soziale (und psychologische) Gegebenheiten sollen dahingehend hinterfragt werden, »wie und in wessen Namen, aufgrund der Autorität welcher Prozesse welche Wirklichkeit konstruiert« worden ist (Schaffer, 2004, S. 211). Die zentralen Themen sind Machtverhältnisse und Deutungshoheiten. Soziale Konstruktionen werden dabei als äußerst wirkmächtig angesehen; sie sollen viel entscheidender sein als andere Einflüsse, sofern sie nicht sogar als einzig bedeutsame Größe gelten.

Infolgedessen wird der Dekonstruktion und Umdeutung herrschender Begriffe große Beachtung geschenkt. Eine zentrale Referenzfigur dafür ist Judith Butler (1991, 2011), die mit ihren Schriften weltweit Aufmerksamkeit errang und politische Debatten anfeuerte. In der Gendertheorie sind ihre Aussagen von besonderem Gewicht (Henry-Huthmacher, 2018a; Reiche, 1997; Villa, 2012). Bisher unbekannte Optionen oder gewaltsam geschlossene Türen sollen sich dadurch öffnen lassen und eine Selbstbestimmung möglich werden, die unter den dominierenden Macht- und Herrschaftsverhältnissen unmöglich war. Wenn die alten Konstruktionen überführt, Machtstrukturen entlarvt und Deutungshoheiten aufgelöst worden sind, kurz: der ›alte Müll‹ beseitigt ist, dann kann ein anderes, ein neues Leben beginnen, das freier ist als jemals zuvor.

Das neue Reich der Freiheit soll nicht aufgrund vorgegebener Werte und sozialer Erwartungen belastet werden, durch leitende und richtunggebende Kräfte, da sie nur das wiederholen würden, was zuvor bekämpft wurde. Freiheit heißt dann: Es können ganz unterschiedlichste Selbstkonstruktionen erfolgen, vielfältige Geschlechterrollen angestrebt werden und Geschlechtsidentitäten entstehen. Das bedeutet aber auch: Die Heterosexualität ist ebenso frei wählbar wie Homosexualität oder eine Zwischenstufe, sexuelle Enthaltsamkeit, Promiskuität und religiös bedingte Sittenstrenge. Über das Wünschenswerte wird keine Aussage getroffen. Alles ist möglich, gleichberechtigt und gleichwertig, nichts darf eine Wertung erfahren, es soll anerkannt werde, wie es ist. Soweit der erste Zugriff, soweit die Theorie.

Allerdings stellt sich die Frage, welche inneren Kräfte die neue Selbstbestimmung anfachen sollen. Woher kommen sie, welche Richtung schlagen sie ein und wer hat sie geprägt? Die Antwort darauf bleibt aus. Es scheint, als sollten die Kräfte aus dem tieferen Inneren der Person kommen. Als eine wahre Form des Erlebens, in Stimmigkeit mit sich selbst, befreit von den Kräften der Umwelt und einer repressiven Gesellschaft. Theorieimmanent lässt sich die gestellte Frage kaum beantworten, da es primär um Dekonstruktion, die Infragestellung (und Abwertung) des Bestehenden geht, nicht um einen gezielten Blick auf die Innenwelt und ihre zukünftige Gestaltung.

Solange eine Trennung zwischen Sozialem und Biologischem besteht, zwischen Sex und Gender, hält sich die soziale Konstruktionsthese – bei aller Fragwürdigkeit – noch in einem halbwegs geschützten Rahmen auf. Wenn das Körperliche ausgespart bleibt, lässt sich die Aufmerksamkeit ganz auf das Soziale und Psychische richten. Selbstkonstruktionen können sich in diesem Bereich frei entfalten, schalten und walten, wie sie wollen, ohne dass sie mit Einschränkungen und dem Einspruch der anderen Seite, dem Sex, rechnen müssen. Die unbequeme Frage nach der Verbindung von Körperlichem, Psychischem und Sozialem fand deshalb (zunächst jedenfalls) noch keine Beachtung.

Bisher sind sich das Körperliche und Gesellschaftliche als Größen eigenen Rechts begegnet, die sich gegenseitig durchdringen. So wie es für die Psychosomatik gilt: Körperliche Symptome sind durch psychische Prozesse mitbedingt, organische und funktionelle Störungen beeinflussen das Erleben und Verhalten. Oder in der Hirnforschung, die konstatiert, dass sich Biologie und Kultur in einer kaum noch auflösbaren Weise gegenseitig durchdringen (Hüther, 2006; Solms, 2006). Auch in der psychoanalytischen Theoriebildung ist das körperliche Geschlecht fest verankert: Darauf verweist der Begriff der Psychosexualität ebenso wie die ödipale Konstellation, der Freud höchste Bedeutung zumisst. »Man sagt mit Recht, daß der Ödipuskomplex der Kernkomplex der Neurosen ist, das wesentliche Stück im Inhalt der Neurose darstellt« (Freud,

1905, S. 127). Ohne biologische Differenz ist er undenkbar. »Die feministische Forderung nach Gleichberechtigung der Geschlechter trägt hier nicht weit, der morphologische Unterschied muß sich in Verschiedenheiten der psychischen Entwicklung äußern. Die Anatomie ist das Schicksal«, so heißt es im »Untergang des Ödipuskomplexes« (Freud, 1924, S. 400), wobei diese Sätze oft reichlich verkürzt im Sinne eines Determinismus wiedergegeben werden.

Aber all diese Fragen und Erkenntnisse haben nicht dazu geführt, dass Vorsicht eingekehrt ist. Im Gegenteil: Im Gender-Mainstreaming ist die Entwicklung inzwischen unbeirrt vorangeschritten, unverändert in die gleiche Richtung und mit noch größerer konstruktivistischer Entschiedenheit. Die Unterscheidung von Sex und Gender wird nämlich von prominenter Seite generell infrage gestellt, in einer ganz spezifischen Weise. Das Verhältnis von Biologischem und Sozialen soll gänzlich neu definiert und das konstruktivistische Netz auch über die Biologie geworfen werden.

Das biologische Geschlecht gilt nun ebenfalls als sozial konstruiert, als eine wissenschaftliche und gesellschaftspolitische Erfindung, die an sich gar nicht existiert. Auch das biologische Geschlecht werde normativ erzeugt, mittels gesellschaftlicher Zwänge, sich auf bestimmte Zeichen und Sprechakte festlegen zu müssen. Die äußere Darstellungsform der körperlichen Zweigeschlechtlichkeit sei nichts anderes als die Folge zuvor verfügter Denk- und Sprachmuster. Damit wird das Körperliche offiziell in die Bedeutungslosigkeit verbannt.

Ganz in diesem Sinne spricht Butler (1991, S. 11), die Meisterdenkerin der Gendertheorie, bei der Unterscheidung zwischen den Geschlechtern von »medizinischen Fiktionen, die zur Kennzeichnung eines eindeutigen Geschlechts entworfen wurden«. Eine Fiktion ist etwas, das nur in der Vorstellung besteht, etwas Erdachtes, Fantasiertes. Oder sie stellt, philosophisch betrachtet, eine bewusst eingesetzte Annahme dar, die dazu dient, die Lösung eines Problems vorzutäuschen. Zastrow (2016, S. 17) hält deshalb fest:

> »Vielmehr behauptet ›Gender‹ in letzter Konsequenz, dass es biologisches Geschlecht nicht gebe. Die Einteilung der Neugeborenen in Jungen und

Mädchen sei Willkür, ebensowohl könnte man sie auch nach ganz anderen Gesichtspunkten unterscheiden, etwa in Große und Kleine.«

Die Konsequenz lautet: Abkehr von den beiden biologischen Geschlechtern und Hinwendung zu einer Vielfalt, die ins Belieben der Einzelnen gestellt ist. Ihr sind prinzipiell keine Grenzen gesetzt: Es kann so viele Geschlechter geben, wie sich konstruieren lassen, genau genommen: wie der radikale Konstruktivismus zulässt. Wenn sie sich nicht als stimmig erweisen, können sie modifiziert oder zurückgegeben werden. Die Zahlen, die dazu im Umlauf sind, variieren, beträchtlich sind sie allemal. Mal sind es 50, mal 400. Sie kommen offensichtlich dadurch zustande, dass Fragmente aus sozialen Rollen, Identitätssplitter und biologische Restfakten frei miteinander kombiniert werden. Mit den biologischen Zwischenstufen, die nur selten vorkommen, hat das nur marginal zu tun. Ihre Prävalenz liegt bei »schätzungsweise 80.000 bis 160.000 Menschen, die ohne eindeutiges biologisches Geschlecht geboren wurden« (Henry-Huthmacher, 2018a, S. 9).

Bemerkenswert ist der theoretische Hintergrund, vor dem dies geschieht. Dem ›Linguistic Turn‹ der Geschlechterforschung folgend, wird rein begriffs- und sprachanalytisch argumentiert. Der Bezug liegt ganz auf der Ebene von Diskurs, Code und Semantik mit zahlreichen begrifflichen Neuschöpfungen. Frei nach dem Motto: Sprache erschafft Wirklichkeit, das Geschlecht ist ein sprachlicher Diskurseffekt. Die empirische Wirklichkeit rückt damit in weite Ferne, als Korrektiv ist sie aus systemimmanenten Gründen nicht vorgesehen. Insofern ist es nicht verwunderlich, wenn anlässlich des weiten Geltungsbereiches, den der Gender-Entwurf beansprucht, Zweifel an der wissenschaftlichen Fundierung laut werden (Klein, 2016; Zastrow, 2016; von Münch, 2017).

Nirgends ist, wie bereits erwähnt, der Zusammenhang zwischen wissenschaftlichem Anspruch und politischer Parteinahme so eng wie dort. Butler (1991, S. 12) strebt eine »politische Annäherung von Feminismus, schwulen und lesbischen Perspektiven« an. »Alternative Geschlechterwelten« sollen entworfen und politisch umgesetzt werden. Bisher unterlägen alle Menschen dem unzumutbaren Zwang der Heteronormativität. Sie müssten sich, ohne gefragt zu werden, in eine heterosozial und heterosexuell strukturierte Ordnung einfügen. Es sei deshalb notwendig, dass die »heterosexuelle Matrix« aufgedeckt und gestört wird, mit den sie »definierenden« Institutionen: den Phallozentrismus und die Zwangsheterosexualität« (Butler, 1991, S. 9). Butler ruft dazu auf, »eine Geschlechterverwirrung anzustiften«, mit dem Ziel, die »naturalisierten Erzählungen der Zwangsheterosexualität ihrer zentralen Protagonisten: ›Mann‹ und ›Frau‹ zu berauben« (Butler, 1991, S. 61 bzw. S. 215). Kinder, Jugendliche und Erwachsene sollen nicht mehr genötigt werden, »sich überhaupt als Junge oder Mädchen, Mann oder Frau definieren zu müssen« (Sielert, 2001, S. 8).

Die Richtung ist klar vorgegeben. Unmissverständlich wird zum Ausdruck gebracht, dass die bestehenden Verhältnisse zum Tanzen gebracht werden sollen. Bei der völligen Neugestaltung zwischenmenschlicher Beziehungen geht es nicht mehr um Frauenrechte, wie es die Frauenbewegung noch zum Ziel hatte[5]. Diese Perspektive ist längst nicht mehr vorrangig, eher ein Nebengleis, obgleich

---

5 Aufgrund der weitreichenden anthropologischen Neuerung, die mit dem Gender-Mainstreaming einhergeht, kam es zu einem »erbitterte[n] Streit zwischen Feministinnen (z. B. Alice Schwarzer) und universitären Genderforscherinnen (z. B. Judith Butler). Beide werfen einander nicht nur reaktionäre Positionen vor. Vielmehr geht es um den Anspruch auf Moral und Menschenrechte, die die Feministinnen wie Alice Schwarzer in den kulturrelativistischen Ansätzen von Judith Butler nicht mehr gewahrt sehen« (Henry-Huthmacher, 2018a, S. 7). Das ist kein Wunder, wenn man bestimmte Folgen des Kulturrelativismus betrachtet. Basad hat sich damit eingehend beschäftigt. Dazu nur ein Beispiel. »Der Begriff ›Genitalverstümmlung‹ besitze nur deswegen eine negative Bedeutung, so Meßmer, weil der Westen zu Kolonialzeiten den Orient als ein ›unzivilisiertes Anderes‹ ausgegrenzt habe. Die Verstümmelung von Mädchen in afrikanischen Dörfern wäre also nicht deshalb grauenhaft, weil sie es ist, sondern weil der Westen sie damals – im Zuge seiner kolonialen Überlegenheit – als eine ›barbarische Tradition‹ stigmatisierte« (Basad, 2018, S. 13).

an der pauschalen Behauptung, Frauen würden patriarchalisch unterdrückt, nach wie vor festgehalten wird. Jetzt ist es die ›heterosexuelle Matrix‹ selbst, die im Mittelpunkt der Kritik steht und zu einem radikalen Angriff und einer »unübersehbar aggressive[n] Haltung gegenüber der Heterosexualität« führt (Metzger, 2018, S. 144).

Heterosexualität wird mit einer strukturellen Machtausübung gleichgesetzt, einer hierarchischen Ordnung, die Zwang, Einengung und Unfreiheit bedeutet. Freiheit scheint es erst jenseits der Grenzen der Heterosexualität zu geben (Bruckner, 1996). Das unterstellte heterosexuelle Unglück ist dabei nach Zastrow bereits in der Geschlechtsdualität angelegt, deshalb wird sie so heftig bekämpft. Es »liege bereits in der Annahme der Existenz von Geschlecht eine letztlich gewalthafte Zuweisung von Identität: die ›heterosexuelle Matrix‹« (Zastrow, 2016, S. 17). Gemeint ist damit jene Lebensform, die gesellschaftlich am stärksten präferiert wird.

Vor diesem Hintergrund bleibt von der viel gelobten freien Selbstkonstruktion nicht mehr viel übrig. Bestimmte Lebensformen, Rollenverständnisse und Identitäten stehen von vornherein unter Verdacht. Sie gelten fast zwangsläufig als Folge unerkannter, verschleierter oder nicht konsequent bekämpfter gesellschaftlicher Machtverhältnisse. So erscheint bereits der Umstand, dass es Familien gibt, als Bedrohung. In Freiheit gewählt sein kann diese Lebensform kaum, das erlauben die Vorannahmen nicht.

Damit stellt sich ein, was häufig geschieht, wenn die hohen Ideale des befreiten Menschen beschworen werden. Die alte Normativität wird aufgelöst und neue Ordnungsvorstellungen treten an ihre Stelle, die besonders scharfe Konturen aufweisen. Die Machtstrukturen haben sich verschoben. Sie liegen nunmehr in den Händen derjenigen, die versprochen hatten, sie dekonstruieren und abschaffen zu wollen. Wie beträchtlich und teils unerbittlich der neue Machtanspruch ist, zeigt sich in der sogenannten gendergerechten Pädagogik.

5.3 Gendergerechte Pädagogik

Häufiger und früher als zuvor werden kleine Kinder heute in staatlichen, privaten oder konfessionellen Einrichtungen betreut. Zumindest in den alten Bundesländern, in den neuen war die öffentliche Frühbetreuung hingegen gang und gäbe. Der außerfamiliäre Einfluss hat sich dadurch insgesamt erhöht.

Die folgenden Ausführungen beziehen sich überwiegend auf frühe pädagogische Prozesse. Dort zeigt sich besonders klar, wie erzieherische Einflüsse wirken können und wo ihre Möglichkeiten, Grenzen und Gefahren liegen. Kinder reagieren in einem frühen Lebensalter besonders sensibel auf das, was ihnen von außen entgegengebracht wird. Aufgrund ihrer hohen Abhängigkeit sind sie auf Fürsorge und eine schützende Umgebung angewiesen. Frühe Lebenserfahrungen bilden den Grundstein für das weitere Leben. Von ihnen hängt es ab, wie die weitere Entwicklung verläuft, nicht im Sinne eines Determinismus, aber sehr wohl so, dass frühe Bindungen und vertrauensbildende Ereignisse, Entbehrungen und Schädigungen entwicklungspsychologisch in der Regel gravierender sind als spätere. »Alles Erste bleibt ewig im Kinde!«, das wusste schon Jean Paul (1763–1825), und die Hirnforschung hat es noch einmal bestätigt.

Das Wissen um das biologische Geschlecht wird dem Kind zunächst von außen entgegengebracht, durch Namensgebung, geschlechtsspezifische Kleidung, unterschiedliche Umgangsformen und Verhaltenserwartungen der Bezugspersonen. Noch lange, bevor es bewusst darauf reagieren kann. Bereits das ist prägend und irreversibel (Rohde-Dachser, 2019). Im Allgemeinen wird dann im dritten Lebensjahr von einem rudimentären Bewusstsein des eigenen Geschlechts ausgegangen (Kestenberg, 1988). Dazu trägt die Erfahrung bei, dass soziale Interaktionen durch Männer und Frauen geprägt werden, die sich als solche deutlich voneinander unterscheiden. Etwa in der Stimmhöhe und Stimmstärke, der Größe und dem Gewicht, der Motorik und der Körperbehaarung. Also in Bereichen, die zwar kulturell modifizierbar sind, im Kern aber auf biologische Unterschiede verweisen. Ein Vollbart wird gemeinhin mit einem Mann in Verbindung gebracht.

Wie wenig Erwachsene auf geschlechtliche Zuordnungen verzichten können, belegt Rohde-Dachser (2019, S. 525) eindrucksvoll mit einem psychoanalytischen Beispiel, das es verdient, hier ausführlich wiedergegeben zu werden.

> »Das 2005 von Ellen E. K. Toronto und anderen Psychoanalytikerinnen herausgegebene Buch ›Psychoanalytic Reflections on a Gender-Free Case‹ (Toronto et al. 2005) zeigt unmissverständlich, was es bedeuten würde, in einer psychoanalytischen Fallschilderung das Geschlecht des Patienten auszublenden, nämlich eine Reise ›into the void‹ (›ins Leere, ins Nichts‹). Keine der Psychoanalytikerinnen, die von den Herausgeberinnen des Buches gebeten wurden, aus den dort vorgegebenen geschlechtsneutralen Angaben eine Fallgeschichte zu konstruieren, hatte sich dazu in der Lage gesehen, und auch mir ist es beim Lesen des Falles so ergangen. Eine psychodynamische Interpretation der vom Patienten angegebenen Symptome (Unfähigkeit, Gefühle auszudrücken; Unfähigkeit zu delegieren; Angst vor Injektionen; traumatische Missbrauchserfahrungen als Kind; Angst vor Berührungen etc.) war ohne Einbeziehung seines/ihres Geschlechts nicht möglich. Am Schluss hatte ich stattdessen das merkwürdige Gefühl, als wäre mir bei dieser Form der Fallschilderung etwas Wichtiges vorenthalten worden, was zum Leben notwendig ist.«

Das belegt, wie elementar das Wissen um das Geschlecht für das Erleben der Psychoanalytikerinnen ist, einer Personengruppe, die wie keine andere darauf geschult ist, sich psychischen Prozessen zu öffnen und sich auf ungewohnte Erfahrungen einzulassen. Voraussetzungslos geht das jedoch nicht. Offensichtlich existiert ein grundlegendes menschliches Bedürfnis nach Orientierung, auf das nicht verzichtet werden kann. Mit einer unreflektierten Verpflichtung gegenüber konventionellen Denkformen und der Unfähigkeit, sich auf Neues einzulassen, hat das kaum etwas zu tun.

Hinzu kommt: Die biologische Ausstattung spielt zu Beginn des kindlichen Lebens eine geringere Rolle, ist aber nicht bedeutungslos. Chromosonale, anatomische, morphologische, endokrinologische und neurophysiologische Unterschiede bestehen bereits bei der Geburt, biologisch gleich sind die Geschlechter nicht (Baron-Cohen, 2012; Bischof-Köhler, 2006; Maccoby, 2000; Pinker, 2002; Ruigrok et al., 2014). Geschlechtsdifferente Verhaltensweisen, die bereits im Mutterleib existieren, währen nachgeburtlich fort. »Die Vorstellung, dass Verhaltens- und Interessenunterschiede nur durch die Sozialisation bedingt sind, wird zunehmend in Zweifel gezogen« (Guggenbühl, 2012, S. 144). Bischof-Köhler gibt zudem zu bedenken, dass das Kind nicht nur durch die Eltern geprägt wird. Kinder und Eltern sind interaktiv aufeinander bezogen. Das elterliche Verhalten kann, im Rahmen des kulturellen Spielraums, auch als Reaktion auf geschlechtsspezifische Vorgaben verstanden werden, die vom Kind ausgehen (Bischof-Köhler, 2012). Insofern ist das Kind kein vollkommen unbeschriebenes Blatt, dem beliebig ein geschlechtsunspezifischer Stempel aufgedrückt werden kann.

Die Versuche dazu mehren sich aber in letzter Zeit. International bekannt geworden ist die 2010 im Stockholmer Stadtteil Södermalm gegründete Vorschule ›Egalia‹. Sie gilt als ein Vorreiter und Vorbild einer geschlechtsneutralen Erziehung, die bis ins Detail darauf ausrichtet ist, dass geschlechtsspezifische Festlegungen unterbleiben. Gleichheit wird dabei mit Gerechtigkeit gleichgesetzt, Ungleichheit mit Benachteiligung. Damit folgt ›Egalia‹ dem Ziel der Geschlechtergleichstellung, das in Schweden seit 1998 auch für Kindergärten gilt.

> »Jedes Kind soll sich so entwickeln, wie es möchte, und sich nicht durch geschlechtsspezifische Stereotypisierungen in der Erziehung und die Erwartungen der Gesellschaft in eine bestimmte Rolle gedrängt fühlen« (Maas, 2012, S. 62).

Wörter wie ›er‹ und ›sie‹ werden vermieden, stattdessen reden sich die Jungen und Mädchen als ›Freunde‹ an. Das geschlechtsindifferente ›hen‹ ist in ›Egalia‹ die zentrale Sprachfigur. Spielsachen und Literatur werden dahingehend überprüft, ob sie in eine bestimmte Richtung lenken können. Sollte das der Fall sein, werden sie aus dem Verkehr gezogen oder gar nicht erst angeschafft. Märchen gibt es keine: Sie kommen nicht vor, da sie unter dem Gene-

117

ralverdacht stehen, Ungleichheit zu fördern. Liedtexte werden geschlechtsneutral umformuliert. Sobald geschlechtsspezifische Fakten aus dem Alltagsleben eindringen könnten, ist höchste Wachsamkeit am Platze. Wenn ein männlicher Handwerker die Vorschule betritt, wird schleunigst etwa durch Bildmaterial darauf verwiesen, dass es auch Frauen gibt, die als Handwerkerinnen arbeiten, so auch als Maurerinnen. Die geschlechtsneutrale Erziehung ist allumfassend. Sie bezieht sich nicht nur auf Berufsrollen und die Interaktionen im Hier und Jetzt, sondern richtet sich auch auf den familiären und privaten Bereich. »Kinder sollen [gezielt] lernen, dass die traditionellen Lebensentwürfe, die sie von zuhause oder aus ihrem familiären Umfeld kennen, nicht die einzigen sind« (Maas, 2012, S. 62).

Unumstritten ist dieses Modell auch in Schweden nicht, zumal die Kinder, die ›Egalia‹ besuchen, aus bestimmten, untypischen Elternhäusern stammen. »Ein großer Teil der Eltern, die ihre Kinder bei Egalia anmelden, lebt selbst in gleichgeschlechtlichen Beziehungen« (Maas, 2012, S. 62).

Inzwischen ist das geschlechtsneutrale ›hen‹ offiziell in den schwedischen Sprachgebrauch aufgenommen worden und das Gender-Mainstreaming weitet sich in Kindergärten, Vorschulen und Schulen aus. Inwieweit das ›Egalia‹-Konzept direkt und auf breiter Ebene kopiert wird, lässt sich mangels verlässlicher Daten schwer abschätzen. Immerhin wurde ein markantes Zeichen gesetzt und ein Möglichkeitsraum eröffnet, der neben Kritik viel Beachtung und Zustimmung erfährt. Besonders im skandinavischen Raum. Norwegen dürfte das Land sein, in dem das Gender-Mainstreaming am stärksten verbreitet ist. Es sei dort längst zum Zauberwort öffentlicher Erziehung geworden, wie die renommierte Schweizer Journalistin Daniela Niederberger konstatiert. Das zentrale Thema heißt: »Ein Kind gilt als ›es‹ bis es weiss, ob ›es‹ ein Er oder eine Sie sein will« (Niederberger, 2015, S. 47).

»Schülerinnen und Schüler ebenso wie Lehrerinnen und Lehrer sind demnach sozusagen in einem ›quasi-intersexuellen‹ (manchmal meint man sogar: a-sexuellen) Raum zu denken und die auftretenden Unterschiede bis hinein in die körperliche Entwicklung seien sämtlich durch Zuschreibung und soziale Prägung erklärbar« (Aigner, 2018, S. 93).

Von einer moderaten Umsetzung eines Gendergedankens, der ein männliches und weibliches Rollenrepertoire entrümpeln und erweitern will, ist das weit entfernt. Und auch davon, dass begrenzte, konkret beschreibbare Benachteiligungen von Mädchen (oder Jungen) verhindert werden. Eine unbedingte Gleichheit ist das Ziel, eine Indifferenz, die so lange wie möglich aufrechterhalten werden soll.

In Deutschland ist die Entwicklung nicht so weit vorangeschritten wie in den skandinavischen Ländern. Aber auch hier ist eine Auseinandersetzung über die gendergerechte Pädagogik entbrannt, wie sich insbesondere an der Entwicklung des Bildungsplans 2015 in Baden-Württemberg zeigt. Dort prallen sehr unterschiedliche Auffassungen aufeinander. Die einen sehen vor allem in den Entwürfen, aber auch in der verabschiedeten Form einen Beitrag zur ›Frühsexualisierung‹ und dazu, dass das klassische Familienmodell entwertet und beschädigt werden soll. Andere halten diese Kritik nicht nur für überzogen, sondern betrachten sie als einen Ausdruck von Intoleranz, Homophobie und mangelnder Anerkennung unterschiedlicher Lebensmöglichkeiten.

Dabei ist überhaupt nicht kontrovers, dass es eine Sexualaufklärung geben soll und ebenso wenig, dass unterschiedliche Lebensformen und Sexualpraktiken zum Thema werden. Die kritische Frage ist vielmehr, in welchem Lebensalter was gelernt werden soll, mit welcher Gewichtung und aufgrund welcher Absichten.

In der vom Ministerium für Arbeit und Sozialordnung, Familien und Senioren Baden-Württemberg 2010 herausgegebenen und 2013 ergänzten »Arbeitshilfe zur Umsetzung von Gender Mainstreaming in Kindertageseinrichtungen« werden fachliche Gender-Standards für die Kindertagesbetreuung formuliert und Umsetzungsmaßnahmen vorgestellt. Dazu gehört, dass beide Geschlechter unterschiedlichste Spielbedürfnisse befriedigen können, wobei die »Auswahl und Zusammenstellung von Spielmaterialien« so erfolgt, »dass Geschlechtsrollenstereotypen aktiv und bewusst entgegen gewirkt wird« (Ministerium für Arbeit, 2010, S. 7). Geschlechterspezifisches Spielzeug gefährde das gesellschaftliche Gleichheits- und Gerechtigkeitspostulat.

Für Berliner Kindertagesstätten wurde, gefördert durch den Senat des Landes, eine Handreichung »Sexuelle und geschlechtliche Vielfalt als Themen frühkindlicher Inklusionspädagogik« erstellt und ein Medienkoffer (›Familien und vielfältige Lebensweisen‹) angefertigt, der in Kindertagesstätten eingesetzt werden soll. Beide entstanden unter wesentlicher Beteiligung der Bildungsinitiative QUEERFORMAT. Sie sollen dazu dienen, »Themen geschlechtlicher und sexueller Vielfalt aktiv in die frühkindliche pädagogische Arbeit einzubringen« (Sozialpädagogisches Fortbildungsinstitut Berlin-Brandenburg & Bildungsinitiative Queerformat, 2018, S. 11). Eine zwingende Notwendigkeit dafür wird nicht nur in rechtlichen Vorgaben gesehen, sondern wesentlich in der Bedürfnislage der Kinder. »In vielen Kitas gibt es einen Murat, der gern Prinzessin spielt, eine Alex, die bei lesbischen, schwulen und transgeschlechtlichen Eltern zu Hause ist, oder einen Ben, der nicht länger Sophie heißen möchte«, wie in der Einführung Vertreter der Bildungsinitiative QUEERFORMAT verlauten lassen (Sozialpädagogisches Fortbildungsinstitut Berlin-Brandenburg & Bildungsinitiative Queerformat, 2018, S. 12).

Faktisch kommt ein Teil dieser Phänomene zwar kaum vor, transgeschlechtliche Eltern sind höchst selten und ebenso Kinder, die ihr Geschlecht ändern möchten. Gleichwohl verrät diese paradigmatische Auflistung, in welche Richtung der Wind weht. Das Anliegen der LSBTTI-Menschen (Lesben, Schwule, Bisexuelle, Transsexuelle, Transgender und Intersexuelle) steht hier in vorderer Reihe.

Die Themen, die Kindern in Bilderbüchern nahegebracht werden sollen, lauten zum Beispiel: »Wo ist Karlas Papa? Das Buch erzählt die Geschichte der zweijährigen Karla, die von ihrer Mutter weiß, dass sie mit Hilfe eines Samenspenders zur Welt gekommen ist.« In »Wie Lotta geboren wurde« steht: »Lottas Papa heißt Tobias [...] und er möchte ein Kind. Und wie Lotta in seinem Bauch wachsen kann, ist gar nicht so kompliziert, wie manche Erwachsene denken. Dieses Bilderbuch thematisiert auf altersangemessene Weise transgeschlechtliche Elternschaft.« Während diese beiden Bilderbücher bereits für zweijährige Kinder geeignet sein sollen, wird die Messlatte im nächsten Beispiel etwas höher gehängt, für Kinder ab vier ist gedacht:

> »Prinzessin Hannibal. Prinz Hannibal hat keine Lust auf Zinnsoldaten, Kettenhemden und Säbelschwingen. Warum darf er nicht so sein wie seine sieben Schwestern? Alle Ratschläge, die er einholt, wie man denn nun eine Prinzessin wird, machen ihn nur noch ratloser. Bis Hannibal schließlich erkennt, dass er die Prinzessin in sich selbst zum Lodern bringen muss«. Und abschließend noch ein letztes Beispiel: »Alles Rosa«, ab 4 Jahre: »Dieses Buch kehrt gesellschaftliche Geschlechtervorstellungen einfach um: Daniel muss wie die anderen Jungs zuhause bleiben und malen, obwohl er viel lieber draußen mit den Mädchen wild spielen und sich schmutzig machen will. Die anderen Kinder finden es komisch, wenn er immer das Gegenteil von dem tut und möchte, was von ihm als Jungen erwartet wird. Wenn er sich z.B. an Fasching als Superheld verkleidet und kein Rosa anziehen möchte, fragen sich die Menschen um ihn herum: ›Was stimmt denn nicht mit dem Jungen‹« (Sozialpädagogisches Fortbildungsinstitut Berlin-Brandenburg & Bildungsinitiative Queerformat, 2018, S. 133, S. 135 f.).

Daneben gibt es anderes Material, das stärker an der Lebensrealität der meisten Kinder orientiert ist und sich weniger auf spezielle Inhalte bezieht. In der Gesamtschau aber überwiegen, sehr stark sogar, Themen, die sich auf sexuelle Ausprägungen und Lebensformen beziehen, die für die Mitte der Gesellschaft untypisch sind. Es wird also sehr bewusst darauf hingearbeitet, dass die gesellschaftlich dominierenden Formen von Sexualität und Zusammenleben nur noch ein begrenztes Gewicht erhalten. Sie treten eher als ein Kontrapunkt zur neuen Vielfalt auf, als altmodisches Faktum, das eine kräftige Abgrenzung verdient. So, als ob die dominierende heterosexuelle Lebensform und die Matrix der Zweigeschlechtlichkeit Minderheiten bereits dadurch diskriminieren, dass sie existieren.

Überraschenderweise spielen in den Materialien Lebensbedingungen und Lebensschicksale von Kindern keine Rolle, die sich in einer schwierigen Situation befinden, weil sie zwischen unterschiedlichen, mitunter kaum zu vereinbarenden kulturellen Anforderungen stehen. Sollten hier massive Benachteiligungen und Diskriminierungen übersehen worden sein?

Der Einfluss bestimmter Interessengruppen ist nicht nur in der Berliner Handreichung immens, er findet sich auch an anderen Orten (Voigt, 2015; Weber, 2014; Schmoll, 2014). Verübeln kann man es den Lobbygruppen nicht, dass sie Positionen besetzen, die ihnen zur Verfügung gestellt oder zumindest nicht verwehrt wurden. Bedenklich ist etwas anderes: Offensichtlich sind die personell oftmals gut ausgestatteten und hochqualifiziert besetzten staatlichen Stellen nicht willens oder in der Lage, eigenständig Empfehlungen, Orientierungsmaterial und Handreichungen zu entwickeln, die einen ausgewogenen Charakter tragen. Von ihnen kann erwartet werden, dass sie den Stand der wissenschaftlichen Fachdiskussion kennen, ihn differenziert und kritisch bewerten können und für eigene Umsetzungen sorgen. Oder sollte die Befürchtung berechtigt sein, dass die genannten Interessengruppen genau das repräsentieren, was staatliche Stellen wollen oder gar vorschreiben?

Unter den Lehrbüchern/Handreichungen nimmt die Schrift von Tuider, Müller, Timmermanns, Bruns-Bachmann und Koppermann (2012) »Sexualpädagogik der Vielfalt«, die als Standardwerk gilt, eine prominente Rolle ein. Das Buch enthält eine Sammlung sexualpädagogischer Methoden, die im Bundesgebiet praktiziert werden, ab einem Alter von 10 Jahren. Inwieweit die einzelnen Übungen faktisch umgesetzt werden, ist empirisch nicht überprüft. Die im Folgenden genannten Beispiele sind besonders prägnant, sie stehen neben anderen, harmloseren. Genannt werden sie hier deshalb, weil sie die Stoßrichtung dieser ›Sexualpädagogik der Vielfalt‹ markieren.

Zunächst: »Der neue Puff für alle«, von 15 Jahren aufwärts. Zur Sensibilisierung »bezüglich marginalisierter Lebensformen und sexueller Vorlieben« soll ein ›Puff für alle‹ bzw. ein ›Freudenhaus der sexuellen Lebenslust‹ kreiert, inhaltliche Angebote dazu erarbeitet, die Personengruppen bedacht, Arbeitsbedingungen erläutert, Werbemaßnahmen entworfen und Preisgestaltungen vorgenommen werden. »Jugendliche werden a⋅so auch nicht um die Diskussion herumkommen, in welcher Lebensform welche Sexualität welchen Stellenwert haben könnte.« Das Ziel besteht in einer »größtmögliche[n] Kreativität und Denkfreiheit hinsichtlich sexueller Vorlieben«, die Leitung weist ausdrücklich »auf die persönliche Freiheit [hin], sexuelle Dienste in Anspruch nehmen zu dürfen bzw. diese anzubieten« (Tuider, Timmermanns, Bruns-Bachmann & Koppermann, 2012, S. 76 f.).

In »3-2-1 – deins!«, ab 14 Jahre, werden unterschiedliche Personengruppen eines Miethauses vorgestellt, eine alleinerziehende Mutter, lesbische und schwule Paare mit und ohne Kinder, heterosexuelle Paare, eine Wohngemeinschaft behinderter Menschen und eine Spätaussiedlerin aus Kasachstan – interessanterweise ist kein heterosexuelles Paar mit Kindern dabei. Diverse Gegenstände sollen versteigert und ^den Personengruppen zugeordnet werden, unter anderem ein Dildo, ein roter Schal, Kondome, Potenzmittel, Handschellen, ein Buch mit erotischen Geschichten (keine Pornographie), Lack/Latex oder Leder, ein männliches/weibliches Aktfoto, Vaginalkugeln. Das Ziel: Klischeevorstellungen sollen dabei reflektiert und bearbeitet werden (Tuider et al., 2012, S. 51 ff.). Was es bedeutet, wenn die Spätaussiedlerin eine Vaginalkugel bekommt, und welches Klischee damit bedient wird, bleibt unklar.

Weiterhin: »Galaktischer Sex«, ab 15 Jahre, soll »unbekannte Begriffe aus dem Bereich der Sexualität« klären. »Die Jugendlichen werden ermutigt, auch scheinbar Ekliges, Perverses und Verbotenes zu nennen. Alle Begriffe werden einzeln erklärt, entweder von den Jugendlichen selbst oder von der Leitung«, dabei gesetzlich nicht Zugelassenes benannt (Tuider et al., 2012, S. 126). In »Kein Orgas-muss« (ab 14) sollen »Mythen, Vorurteile und (Halb-)Wahrheiten zum Thema ›Orgasmus‹ gesammelt und aufgeschrieben [werden]. Die Leitung sollte die Jugendlichen anregen, auch an schwule/lesbische Sexualpraktiken, Vorstellungen über Menschen aus anderen Kulturen, mit anderer Hautfarbe, mit anderem religiösen Hintergrund zu denken [...] und sie nicht zu bewerten.« Dazu gibt es eine Fülle von Anregungen wie »Orgasmen können gekauft werden«, »Für muslimische Frauen ist der Orgasmus nicht wichtig«, »Wer sich täglich selbst befriedigt, ist orgasmussüchtig« oder »Nur schwule Männer bekommen durch Analverkehr einen Orgasmus« (Tuider et al., 2012, S. 62 f.).

Diese Beispiele zeigen, wie stark die Orientierung auf sexuelle Ausrichtungen und Praktiken ist, die von der (späteren) Lebenspraxis der allermeisten Jugendlichen weit entfernt sind. Sie dringen in einen hochpersönlichen Bereich ein und nehmen auf Schutzbedürfnisse wenig Rücksicht. Nach Metzger (2018, S. 144) drängen sie »den Jugendlichen ein Verständnis von Sexualität [auf], das wenig mit Liebe oder Intimität zu tun hat«.

Tuiders Buch hat heftige Kritik hervorgerufen, selbst einem Teil derjenigen, die eine ›Sexualpädagogik der Vielfalt‹ befürworten, gingen einige Übungen zu weit. Doch diese partielle Kritik ändert am Kern der Sache nichts.

> »Die genannten Übungen sind keine Extrembeispiele von ein paar übererregten Sexualpädagogen. Dahinter steckt Methode. Ausdrücklich vertritt das Autorenteam um Elisabeth Tuider die Ansätze der ›dekonstruktivistischen Pädagogik sowie der (neo)-emanzipatorischen Sexualpädagogik‹. Zu deren Zielsetzung gehöre ausdrücklich die ›Vervielfältigung von Sexualitäten, Identitäten, Körpern‹, darüber hinaus solle auch bewusst Verwirrung und Uneindeutigkeit angestrebt werden« (Weber, 2014, S. 9).

Ein weiteres extremes Beispiel, aus einem Verein für eine ›aktive Patriarchatskritik‹ (›Dissens‹), der öffentlich gefördert wird, sei hinzugefügt: »Das Ziel einer ›nichtidentitären Jungenarbeit‹ sei ›nicht der andere Junge, sondern gar kein Junge‹« (Pfister, 2007, S. 2).

5.4 Bedenken

Zwei Stoßrichtungen sind es, die in den vorstehenden Ausführungen zur gendergerechten Pädagogik leitend waren. Die eine bezieht sich auf die Forderung nach einer Gleichheit der Geschlechter, der sich niemand entziehen darf. Die Vorschule ›Egalia‹ ist ein prominentes Beispiel dafür, und Annäherungen daran finden sich, wie gezeigt wurde, inzwischen auch in Deutschland zur Genüge. Die zweite Stoßrichtung zielt auf eine Neuordnung der Geschlechterverhältnisse. Sie will die bisherigen Geschlechtsidentitäten irritieren und setzt sich in einer überzogenen Weise für eine ›Sexualität der Vielfalt‹ ein, die die Lebenssituation der meisten Kinder nur unzureichend zur Kenntnis nimmt.

Die zahlreichen Konsequenzen, die daraus resultieren, werden häufig nur unzureichend reflektiert oder in Kauf genommen, um nicht in eine unbequeme, leicht als inkorrekt abgestempelte Gegenposition zu geraten. Darauf verweist Webers (2014, S. 9) zarte Frage:

> »Muss man ein verklemmter, pietistischer und homophober Spießer sein, wenn man sein Kind nicht mit allergrößter Begeisterung in diese Art von Unterricht schicken möchte?«

Zunächst zur Gleichheitsforderung oder, anders formuliert, zur Nivellierung von Differenzen. Die Lenkung auf die Gleichheit kann nicht nur die persönliche Freiheit einschränken, sondern auch bewirken, dass Kinder ihre Stärken nicht richtig entfalten können. Kinder suchen sich beim Spielen das aus, was ihnen gefällt und worauf sie Lust haben. Häufig sind ihre Präferenzen ausgeprägt, manches mögen sie sehr und anderes eben nicht. Eine Erweiterung ihres Spektrums kann bereichernd sein und Erfahrungen ermöglichen, die ihnen zuvor verschlossen blieben. Darin besteht eine wichtige pädagogische Aufgabe: Kindern sollen neue Erlebens- und Erfahrungsräume eröffnet werden. Dieser Auftrag wird aber dann überschritten, wenn Kinder systematisch und länger anhaltend in ihren Wünschen korrigiert und mit Spielen und Themen konfrontiert werden, die sie für sich als unpassend erleben, denen sie aus freien Stücken nicht folgen würden.

Das ist zwangsläufig der Fall, wenn sich eine (frühe) Pädagogik zum Ziel gesetzt hat, dass Geschlechtsstereotype überwunden werden, Kinder aber hartnäckig an geschlechtsspezifischen Spielen festhalten, obgleich sie auch andere kennen. Wobei bemerkenswert ist, dass Geschlechtsstereotype in toto bekämpft werden sollen, es also nicht nur um bestimmte Formen geht, die sich aus nachvollziehbaren Gründen kritisch betrachten lassen. Werden Kinder dermaßen bedrängt, irritiert und in ihrem Eigensinn behindert, können sie sich nicht mehr unbeschwert dem hingeben, was sie wirklich interessiert, nicht so sein, wie sie tatsächlich sind.

Für die pädagogische Beziehung und mehr noch für die Kinder selbst ist es folgenreich, wenn ihre Vorlieben und ihr Handeln unter das moralische Verdikt des Inkorrekten gestellt werden, indem die Erziehenden ihr Erleben und Tun nur widerwillig tolerieren. Kinder geraten dadurch zwangsläufig in eine eigentümliche Rechtfertigungsposition und unter einen erheblich inneren Druck. Pädagogisch ist das gänzlich unproduktiv. Eine starke emotionale Besetzung, eine Begeisterung für das eigene Tun und eine Identifikation mit den Lehrkräften sind wichtige Voraussetzungen dafür, dass sich Kinder der Welt öffnen, lernen und sich weiterentwickeln. Kinder müssen schon sehr robust und selbstbewusst sein, um ihren eigenen Weg zu gehen: gegen einen offen vorgetragenen oder spürbaren Widerstand der Erziehenden, der zudem noch dem viel beschworenen, manchmal fast besungenen Lob der Vielfalt widerspricht. Denn daran muss erinnert werden: Die gendergerechte Erziehung erfährt ihre Begründung dadurch, dass sie einen unverzichtbaren Beitrag zu Toleranz und Offenheit leisten will, der dem Einzelnen und seinen Wünschen zugutekommt.

Ebenso gravierende Bedenken lassen sich hinsichtlich des Wunsches formulieren, Kinder sollen in ihrer Identitätsbildung irritiert werden. Es geht schon längst nicht mehr darum, dass Minderheiten in ihrer Eigenheit geachtet und vor Entwertungen geschützt werden. Die Entwicklung ist darüber weit hinausgegangen. Nunmehr soll ein gewichtiger Beitrag dazu geleistet werden, dass die gesellschaftlich dominierende ›Heteronormativität‹ infrage gestellt und die Dominanz des hergebrachten Familienbildes erschüttert wird. Heranwachsende sollen vielfältige, auch sehr spezielle Sexualpraktiken und diverse sexuelle Orientierungen aktiv nahegebracht werden (Voigt, 2014).

Ob das den Bedürfnissen der Kinder entspricht und ihrer Weiterentwicklung dient, darf bezweifelt werden: »Es entspreche keineswegs den Fragen von 14 Jahre alten Mädchen und Jungen, wenn sie zum Beispiel für eine Gruppenübung Sexartikel wie einen Dildo, Potenzmittel, Handschellen, Aktfotos und Lederbekleidung erwerben sollen. [...] Eine solche Pädagogik sei der Versuch, die Schamgrenzen von Kindern und Jugendlichen aufzubrechen«, so fasst Schmelcher (2014a, S. 3) die Bedenken verschiedener Kritiker zusammen. Erziehung darf nicht in Überwältigung umschlagen. Die Sorge vor solchen Übergriffen wird auch von Weber (2014, S. 9) geteilt:

»Weder der Papst noch Alice Schwarzer sollten den Menschen vorschreiben, wie sie ihre Sexualität leben. Doch genauso aufdringlich ist, wenn Pädagogen alle gendertheoretischen Denkübungen aus dem soziologischen Seminar einfach mal so an ihren Schülern ausprobieren – mit dem erklärten Ziel, diese in ihrer Geschlechtsidentität zu verwirren. Eine fahrlässige Psycho-Aufklärung ist das, wenn Sex als völlig unproblematische, unverbindlich zu nutzende Spaßquelle vermittelt wird, die nichts mit Beziehungen zu tun haben muss. Das ist es nicht, was Mädchen und Jungen benötigen, die erste Erfahrungen mit Liebe und Sex machen. Sie brauchen nicht noch extra mehr Durcheinander, als ohnehin schon in ihren Köpfen herrscht.«

Doch faktisch geschieht dies längst: In der Londoner St. Paul's Girls School wird es Mädchen jetzt erlaubt, »sich wie Jungen zu kleiden und mit Jungennamen angesprochen zu werden« (Thomas, 2017, S. 1), ebenso wie an anderen britischen Schulen. Die Schulleiterin begründet dies so: »Wir bewegen uns auf einen Punkt zu, an dem das Geschlecht eine Frage der Wahl ist« (Thomas, 2017, S. 1).

Die gleiche Autorin berichtet weiterhin, dass in Großbritannien bereits Vorschulkinder aufgefordert werden, über ihr Gender-Empfinden zu reden. Die Folge sei, dass »sich die Zahl der Kinder unter zehn Jahren, die Transgender-Behandlung suchen, in den vergangenen fünf Jahren vervierfacht habe« (Thomas, 2016, S. 9). In den USA findet sich ähnliches (Greenberg, 2017).

Die Verwirrung, die darin zum Ausdruck kommt, kann ganz unterschiedliche Gründe haben. Ein genuiner Umwandlungswunsch wird sich in der Mehrzahl der Fälle wohl kaum unterstellen lassen, dafür sind die Zahlen selbst bei zunehmender Akzeptanz des Besondern viel zu hoch (Spiewak, 2018). Naheliegend ist vielmehr, dass Kinder etwas übernommen haben, das ihnen von außen befeuernd entgegengebracht wurde – in einem Lebensalter, in dem die eigene Identität noch nicht gefestigt ist, Unsicherheit und Suchbewegungen dominieren. Besonders problematisch wird es dann, wenn die punktuellen Selbstaussagen sehr junger Menschen für bare Münze genommen und als Ausdruck ihres genuinen Selbst angesehen werden. Psychologisch betrachtet ist das mehr als fragwürdig.

Aber auch unabhängig von so extremen Erscheinungen stellt sich die Frage, worin eigentlich der Gewinn liegen kann, den die Heranwachsenden aus den ihnen aufgezwungenen Irritationen ziehen sollen. Kinder werden so einer rigiden neuen (Un-)Ordnung ausgesetzt und wichtiger früher Identifikationsmöglichkeiten beraubt, die sie aktiv aufsuchen, wenn man sie nicht daran hindert. Die Definition des eigenen Geschlechts, sich als Mann oder Frau zu fühlen, gelingt den allermeisten Menschen ohne Probleme. Sie fühlen sich darin sicher, zweifeln nicht daran, nehmen sie als wichtigen Teil ihrer Identität. Übrigens ganz unabhängig davon, wie sich soziale Rollen wandeln und ob später eine heterosexuelle oder homosexuelle Partnerwahl getroffen wird; auch dies geschieht jeweils als Mann oder Frau. Nur sehr selten kommt es vor, dass Menschen biologisch zwischen den Geschlechtern stehen (›Intersexuelle‹). Schätzungen liegen zwischen 0,1 und 0,01 Prozent der Gesamtbevölkerung (Stüvel, 2008; Wikipedia Intersexualität,

2018). Das Gefühl zu haben, in einem falschen Körper zu stecken (›Transsexualität‹), ist mit etwa 0,1% ebenfalls nur wenig verbreitet (Wikipedia Transsexualität, 2018).

In Sexuallehrplänen und entsprechenden Handreichungen wird ein zentraler Bereich der menschlichen Persönlichkeit tangiert, der gegenüber äußeren Eingriffen besonders sensibel ist. Kinder brauchen geschützte Räume, Zeit und Ruhe für ihre Entwicklung. Sie benötigen mannigfaltige Gelegenheiten, ungestört in sich selbst hineinzuhorchen, so, wie es ihren persönlichen Wünschen entspricht. Die Voraussetzung dafür ist, dass respektiert wird: Es gibt höchst Privates und Persönliches, das nicht in die Öffentlichkeit gehört und im familiären und freundschaftlichen Beziehungsraum besser untergebracht ist. Eine solche Schutzmembran ist heute nicht mehr so gesichert wie in früheren Jahren.

Eine Abgrenzung zwischen der Vermittlung schulischer Wissensbestände einerseits und Wertvorstellungen auf der anderen Seite kann zwar im Einzelfall schwierig sein, grundsätzlich stehen sich jedoch unterscheidbare Pole gegenüber. Auch auf der Ebene der Werte und Bewertungen sind wichtige Differenzierungen vorzunehmen, die sich entlang der Linie Öffentliches und Privates, gesellschaftlich Erwartbares und Intimes entfalten. Axel Bernd Kunze (2015) hat darauf anhand des Verhältnisses von Toleranz und Akzeptanz verwiesen. Beide dürfen nicht miteinander verwechselt werden. Toleranz bedeutet, dass Haltungen und Handlungen anderer Personen geduldet werden. Sie »beinhaltet zugleich Ablehnung und Geltenlassen von Haltungen und Handlungen von Personen mit dem Ergebnis einer Duldung oder friedlich bleibenden Koexistenz, eventuell sogar gesteigert bis zum gegenseitigen Respekt« (Hastedt, 2012, S. 13). Toleranz erfordert, dass Menschen nicht in ihrer Freiheit eingeschränkt werden, sofern sie die Rechte anderer nicht beschneiden und sie dadurch schädigen. Die Lebensgestaltung obliegt allein ihnen selbst, sie ist eine private Angelegenheit, von der sie niemand abhalten darf, nur weil er selbst andere Präferenzen hat. Toleranz kann erwartet und eingefordert werden, nicht aber Akzeptanz.

> »Denn im Gegensatz zur Toleranz steht diese für positiven Zuspruch und drückt ein zustimmendes Werturteil aus. Wer sich tolerant verhält, behält seine eigene Überzeugung. Wer akzeptiert, übernimmt die Meinung des anderen – und dies ist nur in Freiheit möglich« (Kunze, 2015, S. 7).

Aus diesem Grund ist Kunze skeptisch, wenn staatlicherseits oder in anderen Bereichen des öffentlichen Lebens Akzeptanz eingefordert wird, eine Akzeptanz, die im Widerspruch zur Selbstbestimmung und freien Selbstentfaltung stehen kann. »Von der Schule erzwungene, [oder gar noch] durch Noten sanktionierte Werturteile sind moralisch wertlos und widersprechen dem Indoktrinationsverbot« (Kunze, 2015, S. 7). Die Gefahren, die vielen gendergerechten Pädagogikentwürfen innewohnen, werden deshalb klar benannt.

> »Besonders problematisch erweisen sich Übergriffe auf das Denken und Wollen der Schüler dort, wo die Festlegung bestimmter Einstellungen als ›Emanzipation‹, ›Kritikfähigkeit‹ oder ›Toleranz‹ verkauft wird. Staatliche Bildungs- oder Geschlechterpolitik, welche die Bürger glauben machen will, sie wollten schon immer das, was der Staat von Ihnen verlangt, ist im hohen Maße ideologieanfällig und wenig freiheitlich. Am Ende stünden nicht Schüler, die vermeintlich richtig denken, sondern solche, die es verlernt haben, selbst zu denken. Das Denken und Wollen der jungen Menschen muss unverfügbar bleiben« (Kunze, 2015, S. 12).

Gleichheitsforderungen dürfen nicht die Freiheit des Einzelnen beschneiden, sie dürfen nicht zu einer Gleichschaltung führen.

Toleranz und Offenheit gegenüber unterschiedlichen Lebens- und Sexualitätsformen sind nicht daran gebunden, dass Kinder mit Materialien und Themen konfrontiert werden, die in ihren Privatbereich eindringen und Intimitätsschranken verletzen können. Eine hinreichende Information und unaufgeregte Aufklärung über existierende Unterschiede kann auch ohne ein Gender-Mainstreaming erfolgen, das die Polarität Mann – Frau grundsätzlich infrage stellt. Und: Es besteht keine sachliche Notwendigkeit dafür, dass Lehrpläne und Handreichungen dermaßen stark durch bestimmte Interessengruppen beeinflusst werden.

Die Präferenz für eine bestimmte Lebensform geht nicht zwangsläufig mit der Ablehnung und Abwertung anderer einher, wie häufig mit erstaunlicher Selbstgewissheit behauptet wird. Im Gegenteil: Andere Formen der Sexualität und Lebensarten können sehr wohl toleriert und anerkannt werden, auch wenn sie den eigenen nicht entsprechen. Faktisch ist das gegenwärtig in einem hohen Maß der Fall und in weiten Lebensbereichen gängige Praxis. Die Freiheitsrechte eines jedes Menschen fordern dies ein. Selbstbestimmung, Glück und Zufriedenheit dürfen nicht beschnitten werden, darin besteht ein breiter Konsens.

Zur Faktenlage: Die Mehrzahl der Kinder wächst nach wie vor in ›klassischen Familie‹ mit verheirateten Eltern auf (68 %), zwar seltener als vor 20 Jahren, aber weitgehend kompensiert durch die steigende Zahl fester Paare mit Kindern, die (zunächst) keinen Trauschein haben. Zusammen genommen sind es 77 Prozent. Hinzu kommen Alleinerziehende beiderlei Geschlechts, sehr überwiegend Mütter (Bujard & Ruckdeschel, 2018, S. 39). In sogenannten Regenbogenfamilien, bei gleichgeschlechtlichen Paaren mit Kindern, lebten 2016 lediglich 0,07 Prozent aller Kinder (Bundeszentrale für Politische Bildung, 2018, S. 1). Ein Aufwachsen aller Kinder in vollständigen Familien hat es nie gegeben, das ist ein Mythos, der von der Realität schon immer weit entfernt war. Man denke nur an die Nachkriegsjahre und die hohen Scheidungsquoten, die es bereits vor vielen Jahrzehnten gab (Bertram, 2001).

Der Reproduktionsgang ist in aller Regel an heterosexuelle Beziehungen gebunden, die von der großen Mehrheit der Bevölkerung angestrebt und ersehnt werden. Nicht, weil sie dazu gezwungen werden, sondern weil sie es aus innerem Antrieb so möchten, als reife und erwachsene Bürger, die über sich selbst entscheiden können. Künstliche Befruchtungen, die auf Dritte zurückgreifen, sind selten, sie liegen bei unter einem Prozent der Geburten. »Die Keimzelle der Gesellschaft ist nicht das Reagenzglas« (Müller, 2017, S. 26). Leihmutterschaften kommen fast gar nicht vor (Bujard & Ruckdeschel, 2018), dieser eklatante Kulturbruch, der inzwischen in einer Reihe europäischer Länder erlaubt ist. Von begrenzter Reichweite sind deshalb auch Überlegungen, die den ödipalen Prozess wie von Braun (2018) neu definieren wollen, weil biologische Abstammung und soziale Fürsorge unter dem Einfluss veränderter Lebensformen und der Reproduktionsmedizin zunehmend auseinanderdriften würden.

Die Verwandlung der Geschlechterdualität in eine Geschlechtervielfalt ist für die Mehrheit der Bevölkerung keine Option, sie beinhaltet nicht das, was für das eigene Leben bedeutsam ist und als verbindlich anerkannt wird. Die gegenwärtige Genderdiskussion wird daran grundlegend nichts ändern. Eine Öffnung zu (ehemals) Tabuisiertem ist jetzt leichter möglich, führt aber nur dann zu einer genuinen Hinwendung, wenn sie mit dem eigenen Inneren übereinstimmt, das sich nicht selbstkonstruktivistisch manipulieren lässt. Der Fortbestand der Gesellschaft wird auch zukünftig an die gängigen Reproduktionswege und gleichermaßen an familiäre Lebensformen gebunden sein, die zwar variabler geworden sind, sich aber nach wie vor kontinuierlich um das Aufwachsen der Kinder kümmern. Diese Aufgabe obliegt – wie das Grundgesetz es will – in erster Linie den Eltern und nicht dem Staat. Ein Wandel sozialer Rollen und Lebensperspektiven, die sich für beide Geschlechter stark geöffnet haben, ist davon ganz unbenommen. Das ist gesellschaftlich kaum noch kontrovers und ein ganz anderes Thema als der eingeforderte anthropologische Wandel.

Damit wird die Frage nach Mehrheiten und Minderheiten aufgerufen, also nach Fakten des Lebens, die zugleich eine Grundlage für das demokratische Zusammenleben bilden. Bestimmte Präferenzen sind nun einmal für die Lebenspraxis der meisten Menschen leitend. Andere sind es nicht, und sie werden diesen Status auch nie erreichen. Auch diese Überzeugungen und Besetzungen haben Toleranz verdient, sie dürfen nicht beschädigt werden. Das muss zur Kenntnis genommen werden (di Fabrio, 2005). Die subjektiven Befindlichkeiten, Befürchtungen oder Erfahrungen einzelner Personen oder kleiner Gruppen legitimieren nicht dazu, mehrheitlich bevorzugten Lebensformen ihre allgemeine gesellschaftliche Leitfunktion abzusprechen. Doch genau das steht zu befürchten, wenn unter dem Rubrum der Diversität Mehrheits- und Minderheitspositionen relativiert werden, häufig mit dem kaum versteckten Ziel,

Minderheitspositionen für allgemeinverbindlich zu erklären. Das Ziel ist dann nicht mehr, dass Minderheiten anerkannt werden, sondern dass sich die Mehrheit nicht mehr als Mehrheit fühlt oder »Mehrheit als solche nur noch als eine Ansammlung von Minderheiten verstanden wird« (Henry-Huthmacher, 2018b, S. 47). Das statistisch Normale soll durch das normativ Normale ersetzt werden (Grau, 2017).

Dahinter stehen Machtfragen, das ist ganz offensichtlich. Butlers Rede von der Zwangsheterosexualität als einem perfiden Repressionssystem, das es zu bekämpfen gilt, zeigt das in aller Deutlichkeit (Reiche, 1997). Viele andere Beiträge aus Gendertheorie und -Pädagogik bezeugen es ebenso: Nach neueren Erkenntnissen der Sozialisationsforschung »sei schon die Differenzierung in zwei Geschlechter ein Gewaltakt und ihre Betonung zementiere noch diese Realität«, wie Sielert (2001, S. 3) forsch behauptet.

> Denn »[d]ekonstruktives Denken hat uns gelehrt, dass es nicht reicht, diskriminierten Identitäten (Jugendlichen, Frauen behinderten, alten Menschen ...) die Veröffentlichung und Durchsetzung ihrer legitimen Interessen zu ermöglichen. Die Differenzierungsprozesse selbst bedeuten schon eine machtvolle Verweigerung ganz vielfältiger Lebensweisen« (Sielert, 2001, S. 7). Oder: »Der Ruf nach Männern im Lehrerberuf ist das historische Erbe hegemonialer Männlichkeit, obligatorischer Heterosexualität und Homophobie, die sich fortsetzt in der Sorge vor einer Feminisierung von Jungen« (Helbig, 2010, S. 98).

Es geht hier um das Erringen einer Deutungshoheit. Geschlecht und Sexualität sollen von den Rändern her oder gar nicht mehr definiert werden. Andere Sichtweisen gelten im besten Fall als konservativ verstaubt, zumeist jedoch als reaktionär, homophob oder schlimmeres. Freundlich ist das nicht, fasst vernichtend kann es sogar für diejenigen sein, die anderer Auffassung sind und dem Gender-Mainstreaming die Gefolgschaft verweigern. Eine Abgrenzung und Zurückweisung dieses Machtbegehrens ist deshalb unumgänglich. Auch wenn die Stellungnahme des französischen Philosophen Pascal Bruckner sehr scharf ausfällt, so weist sie doch in die richtige Richtung:

>»Die Gesellschaft muss Minderheiten schützen – sich aber auch vor ihnen
schützen, wenn sie sich auf erpresserische Weise auf ihren Opferstatus
berufen« (Bruckner, 2018, S. 21).

Begründet wird die gendergerechte Pädagogik mit sozialen Postu-
laten wie Gerechtigkeitsforderungen und abstrakten Geschlechterkonstruktionen, Analysen des psychologischen Hintergrundes sind
ihre Stärke nicht, das zeigt bereits ihre enge Gebundenheit an sozial-konstruktivistische Theorien. Ihr Befreiungstheorem, das die
Zweigeschlechtlichkeit überwinden soll, steht in einer erheblichen
Spannung zu psychologischen Wissensbeständen:

>»Psychologische Theorien gehen gegenwärtig mehrheitlich davon aus, dass
es für die psychische Gesundheit unumgänglich sei, eine eindeutige, mono-
geschlechtliche Identität zu entwickeln« (Quindeau, 2018, S. 20).

In der Psychoanalyse gilt die Kerngeschlechtsidentität als ein gesicherter Standard. Ausführliche und Überblicksdarstellungen finden sich bei Fast (1996), Stoller (1994), Mertens (1994), Reiche
(1997) und Dammasch (2018).
Hinzu kommt:

>»Von einer freien Selbstkonstruktion des Geschlechts kann [...] aus psycho-
analytischer Perspektive nicht die Rede sein. Kein Kind und keine Erwachsene kann frei wählen, ›männlich‹ oder ›weiblich‹ zu sein. Ähnliches gilt für
die sexuelle Orientierung, die ebenfalls nicht einer bewussten Wahl unterliegt. Unbenommen davon ist das konkrete Sexualverhalten, das beliebig
und einer bewussten Auswahl zugänglich erscheint« (Quindeau, 2018, S. 13).

Eine wichtige Frage ist deshalb, wie sich das Innenleben konsti-
tuiert. Reimut Reiche (2000) hat sich in einer richtungsweisenden
Schrift zur »Geschlechterspannung« mit intrapsychischen Prozessen beschäftigt und dabei zwei psychische Prinzipien akzentuiert,
das männliche und das weibliche. Beide sind in jeder Person vorhanden, in jedem Mann und in jeder Frau, in einem je speziellen
Mischungsverhältnis. Insofern wird hier ein sehr dynamisches Modell des inneren Erlebens entworfen, das von einer starren Polarisierung weit entfernt ist. Im Allgemeinen bestehen dabei deutliche
geschlechtsspezifische Schwerpunkte, die dazu führen, dass sich

Menschen als Männer und Frauen erleben und sich dadurch in ihrer Identität gesichert fühlen. Von einer Nivellierung der Geschlechterdifferenzen hält der Autor nichts. Seine Überlegungen gehen ausdrücklich nicht in diese Richtung. Die Vorstellung, es könne einen sinnvollen Genderbegriff ohne das Körperliche (›sex‹) geben, liegt ihm fern. Körperliches und Psychisches lassen sich eben doch nicht voneinander trennen (Reiche, 1997).

Damit steht Reiche in einer Tradition, die bereits auf Freud zurückgeht. Sie verweist darauf, dass seit langem anspruchsvolle Theorien vorliegen, die den Vorwurf nicht verdienen, sie würden zu einer Simplifizierung der inneren und äußeren Geschlechterverhältnisse beitragen. Mit der Theorie der angelegten (nicht konstruierten!) Bisexualität, der polymorph-perversen infantilen Sexualität, die ebenfalls angelegt ist, und des positiven und negativen Ödipuskomplexes ist ein differenziertes System entstanden, das einen hohen persönlichkeitstheoretischen und entwicklungspsychologischen Erklärungswert besitzt.

An Differenzen wird dabei festgehalten:

»Alle Erwartungen eines glatten Parallelismus zwischen männlicher und weiblicher Sexualentwicklung haben wir ja längst aufgegeben« (Freud, 1931, S. 519). Und an anderer Stelle steht: »Durch den Widerspruch der Feministen, die uns eine völlige Gleichstellung und Gleichschätzung der Geschlechter aufdrängen wollen, wird man sich in solchen Urteilen nicht beirren lassen, wohl aber bereitwillig zugestehen, daß auch die Mehrzahl der Männer weit hinter dem männlichen Ideal zurückbleibt und daß alle menschlichen Individuen infolge ihrer bisexuellen Anlage und der gekreuzten Vererbung männliche und weibliche Charaktere in sich vereinigen, so daß die reine Männlichkeit und Weiblichkeit theoretische Konstruktionen bleiben mit ungesichertem Inhalt« (Freud, 1925a, S. 30).

Eine ausschließliche Männlichkeit und Weiblichkeit gibt es demnach nicht, »sondern jedesmal beides, nur von dem einen so viel mehr als von dem andern« (Freud, 1933a, S. 121). Diese Aussagen sind mehr als 80 Jahre alt.

Die Vorstellung, das Geschlecht sei frei konstruierbar, verweist psychologisch auf eine frühe Entwicklungsstufe. Sie geht auf Zeiten zurück, in denen Geschlechterdifferenz noch nicht als solche erlebt wird und ein Zustand vorherrscht, in dem noch alles möglich erscheint. Es dominiert eine egozentrische Position, die davon ausgeht, dass alle anderen Menschen genauso beschaffen seien wie man selbst. Die eigene Fantasie wird für die Realität gehalten. Die Folge ist, dass das Andere und Fremde nicht gesehen werden kann. Eine ›symbolische Kastration‹ unterbleibt und die eigene Körperlichkeit wird verleugnet, ebenso wie der Neid auf das jeweils andere Geschlecht, der aus der Differenzerfahrung resultiert (Metzger, 2018).[6] Diese überaus narzisstische Konstellation ist entwicklungsbehindernd: Sie fixiert Kinder auf einen frühen Zustand der Indifferenz und lässt sie in einem unwissenden Zustand, so dass sie im wahrsten Sinne des Wortes klein bleiben. Der Begegnung mit der Wirklichkeit können die narzisstischen Allmachtsfantasien aber über kurz oder lang nicht entgehen. Der Wunsch nach Weiterentwicklung lässt sich nicht ewig ausbremsen. Auch ein noch so radikaler Konstruktivismus kann die Illusion nicht aufrechterhalten, er könne die Schöpfung steuern und psychische Realitäten außer Kraft setzen.

Mit dem Selbstkonstruktionstheorem korrespondiert eine Geringschätzung der positiven Kräfte, die mit der Erziehung und Sozialisation einhergehen. Es obliegt der älteren Generation, die jüngere in das Leben einzuführen. Sie ermöglicht den Erwerb des über die Generationen angesammelten Wissens, der gesellschaft-

---

6 »Männlichkeit wird in einigen Gendertheorien mit einem universalen Herrschaftsanspruch assoziiert. Dabei müssen auch Männer anerkennen, dass sie nicht vollkommen sind. Sie können kein Kind in sich tragen und gebären. Manche Männer entwickeln einen Neid auf die reproduktive Fähigkeit der Frau. Der Neid kann reaktiv in eine phallische Überbewertung des Männlichen und des Penis münden. Darüber hinaus muss sich jeder Vater auch der gesellschaftlichen Ordnung unterwerfen – die väterlich genannt wird, weil sie außerhalb des frühen mütterlichen Kosmos angesiedelt und keineswegs auf Herrschaft zu reduzieren ist« (Metzger, 2018, S. 140 f.).

lich üblichen Erlebens- und Verhaltensformen und eine Auseinandersetzung mit den kulturellen Errungenschaften. Das ist eine anthropologische Konstante, die sich unterschiedlich gestalten, aber nicht grundsätzlich aufheben lässt. Weitergegeben wird das, was als wertvoll und bewahrenswert gilt und auch zukünftig für notwendig und hilfreich gehalten wird.

Gewachsene Erziehungs- und Sozialisationsstrukturen bieten Halt und Sicherheit. Der Gewinn, den die Heranwachsenden daraus ziehen können, ist immens. Für Kinder ist das ein riesiges Geschenk und zugleich eines, das nicht ohne Risiken vergeben wird. Nicht für jedes Kind ist das Vorgegebene passend, selbst beim besten Willen und intensivstem Bemühen kann Erziehung scheitern und Sozialisation fehllaufen. Darin liegt eine unvermeidbare Tragik, die nicht an bestimmte Erziehungsphilosophien und -stile gebunden ist. Der bereits seit Jahrzehnten währende Wandel von überwiegend oder eher autoritären Erziehungsformen hin zu stärker partnerschaftlichen und kooperativen hat an dieser Grundproblematik nichts geändert. Freuds Traum, eine gute Erziehung könne psychische Fehlentwicklungen überflüssig machen, ist längst geplatzt.

Der Wert von Erziehung und Sozialisation, von gewachsenen Traditionen und Vorstellungen muss anerkannt werden, dazu gibt es keine Alternative. Er lässt sich nicht verneinen, weil die Menschen anders sind als einige Theoretiker es sich wünschen.

»[...] der von aller Zugehörigkeit unberührte Mensch, aller Vergangenheit ledig, befreit von aller Partikularität. der unabhängige Mensch ohne Schulden, Verpflichtungen und fortzuführendes Erbe, der Mensch als Stifter seiner Handlungen und Stifter seines Lebens – diesen Menschen gibt es nicht, er muss erst erschaffen werden« (Finkielkraut, 1999, zit. nach Flaig, 2017, 270).

Auch ohne einen ›neuen Menschen‹ haben sich in den letzten Jahrzehnten erfreuliche Veränderungen eingestellt. Homosexuelle Beziehungen können nunmehr offen gelebt werden. Sie sind sehr viel stärker als früher vor Diskriminierung geschützt, juristisch sowieso und auch in der Akzeptanz durch die Bevölkerung. Menschen mit besonderen sexuellen Ausrichtungen verfügen ebenfalls über größere Freiheitsgrade. Transsexuelle sind in ihren Rechten erheblich gestärkt worden, so dass sich der Wunsch nach Geschlechtskorrektur leichter realisieren lässt. Für die kleine Gruppe derjenigen, die zwischen den Geschlechtern stehen, kann es erleichternd sein, wenn sie sich nicht mehr binär zuordnen müssen und an dritter Stelle ein Kreuz machen können. All das ist schützenswert und dort weiterzuentwickeln, wo noch Diskriminierungen existieren, mit hoher Sensibilität und großer Entschiedenheit. Dazu bedarf es aber keiner Etablierung weiterer Geschlechter, die in der Erziehung von Kindern eine Leitfunktion einnehmen sollen gemäß dem Motto: ›Wo Geschlechterdualität war, soll Geschlechtervielfalt werden.‹

6

Inklusion. Oder: das Verschwinden des Menschen

6.1   Behinderung und Vielfalt

Zu den wichtigsten Zielen des Inklusionsbegehrens gehört es, dass Kinder, Jugendliche und Erwachsene in ihrer Einzigartigkeit anerkannt und in ihrer Individualität bestätigt werden. Vielfalt gilt als hoher Wert, als eine Bereicherung des Lebens aller, wobei dieses Desiderat in toto formuliert wird. Einschränkungen scheint es keine zu geben, zumindest werden sie nicht genannt. Damit einher geht ein verändertes Werte- und Bewertungssystem, das einengende soziale Strukturen und vorurteilsgeprägte Haltungen überwinden soll. Aus den Fesseln überkommener Ansprüche befreit, so lautet die Grundüberzeugung, werde eine freie Entfaltung der Persönlichkeit möglich. Ein Leben, in dem es keine Angst mehr davor gibt, anders als andere zu sein, wo »man ohne Angst verschieden sein kann« (Adorno, 1980, S. 131).

Auch Behinderung soll jetzt in einem neuen Licht erscheinen. Stärker als bisher müssten die Fähigkeiten und Stärken von Menschen mit Behinderung gesehen werden und nicht mehr nur ihre Schwächen. Beeinträchtigungen sollen bei der Wahrnehmung ihrer Person zurücktreten und damit auch ihr Nichtkönnen und ihr Angewiesensein. Behinderung gilt nunmehr, sozialphilosophisch begründet und stark normativ unterfüttert, als Teilelement einer Vielfalt unterschiedlicher Lebens- und Daseinsformen. »Fähigkeiten, Geschlechterrollen, ethnische Herkünfte, Nationalitäten, Erstsprachen, Rassen, soziale Klassen bzw. Milieus, Religionen und Weltanschauungen, sexuelle Orientierungen, körperliche Bedingungen und anderes mehr«, das sind die Heterogenitätsdimensionen, die der Inklusionspädagoge Hinz (2006, S. 98) neben der kulturellen Herkunft herausstellt. Diese unterschiedlichen Heterogenitätsdimensionen werden als etwas aufgefasst, das jedem Menschen innewohnt, in hoch individueller Zusammensetzung und je spezifischer Ausprägung.

Die Konsequenz daraus ist, dass – einem holistischen oder auch radikalen Inklusionsverständnis folgend – jede Art von Gruppenzuordnung unterbleiben soll. Sie gilt als ein rückwärtsgewandter Akt, ein im Kern inhumanes Unternehmen, das mit dem Anliegen der Inklusion unvereinbar sei (Hinz, 2006; Kron, 2005; Seitz, 2008; Wocken, 2012). Deshalb müsse die sogenannte Zweigruppentheorie, die zwischen ›behindert‹ und ›nicht-behindert‹ differenziert, aufgegeben werden. Behinderung tritt in der Folge »nur noch als Aspekt einer unendlichen menschlichen Vielfalt in Erscheinung und verblasst in dieser; sie löst sich sozusagen in der ›Normalität der Verschiedenheit‹ auf« (Singer, 2015, S. 61).

Bisher gängige Bewertungsmaßstäbe werden damit infrage gestellt. Sie gelten als kaum noch legitimierbare Größen, die in ihrem Einfluss zurückzudrängen sind, was sich besonders deutlich anhand der Schule zeigt. Interindividuelle Vergleiche sollen an Bedeutung verlieren und damit auch gesellschaftliche Erwartungen, die sich an das Kind richten. Stattdessen fällt der Blick auf den Wandel, der in der Person selbst stattfindet. Die persönliche Messlatte des Schülers wird zur elementaren Leitlinie, wenn auch nicht ausschließlich, so doch in einem beträchtlichen Ausmaß. Die Folgen, die für das Bildungssystem angestrebt werden, sind gravierend, und sie sind es auch für den Einzelnen.

> »Das Prinzip der grundlegenden humanen Anerkennung setzt das Konstrukt des ›schlechten Schülers‹ im Bildungswesen außer Kraft« und lässt »damit eine Quelle von Diskriminierung und gruppenbezogener Menschenfeindlichkeit versiegen« (Prengel, 2013, S. 5 bzw. S. 53).

Immer wieder heißt es: Die Inklusion achte den (behinderten) Menschen in besonderer Weise, befreie die Person von überkommenen Zwängen und sichere ihre Individualität so, wie es bisher unmöglich war. Wieso kann dann von einer Vernachlässigung des Individuums in der Inklusion gesprochen werden? Wie plausibel ist es, wenn Dederich (2013) über das »Verschwinden der Menschen« in der Inklusion berichtet und Singer (2015) die Sorge äußert, dass die Individualität in einem unbedachten Inklusionsbestreben Schaden nehmen könne?

6.2   Die ›namenlose‹ Behinderung

Die UN-Behindertenrechtskonvention (2006), auf die sich das Inklusionsanliegen beruft, soll dafür Sorge tragen, dass sich behinderte Menschen im größtmöglichen Maß persönlich entfalten und an der Gesellschaft teilhaben können. Eine der wichtigen Voraussetzungen dafür ist, dass ihnen – ebenso wie allen anderen Menschen auch – ein Recht auf Bildung eingeräumt wird. Bildung darf ihnen nicht vorenthalten werden, nur weil sie behindert sind, wie es in vielen Ländern der Welt bis heute geschieht. Verhindert werden soll weiterhin, dass Kinder, Jugendliche und Erwachsene in einen sie schädigenden Sonderstatus geraten. Der große Gewinn durch die UN-Behindertenrechtskonvention besteht ja gerade darin, dass behinderte Menschen rechtlich gleichgestellt werden, an den kulturellen Errungenschaften partizipieren und so uneingeschränkt wie möglich ihren persönlichen Platz finden können – dadurch, dass materielle und immaterielle Barrieren aus dem Weg geräumt werden. Gesellschaftlichen Diskriminierungen und Deklassierungen soll deshalb mit Entschiedenheit begegnet und beschämenden sozialen Randpositionen entgegengewirkt werden.

Das anzustrebende und gut gemeinte Ziel, Kindern mit Behinderung anerkennend zu begegnen und sie möglichst wenig in einen Sonderstatus zu bringen, lässt sich jedoch nicht so leicht erreichen, wie es auf den ersten Blick erscheinen mag. Gravierende Fehlentwicklungen sind dabei möglich.

Zunächst einmal: Niemand möchte und sollte nur unter dem Aspekt seiner Behinderung gesehen werden, das ist ein berechtigter persönlicher und nur allzu verständlicher Wunsch. Grundsätzlich und auf dieser allgemeinen Ebene dürfte darin ein breiter gesellschaftlicher Konsens bestehen. Dennoch ist er durchaus brüchig: Man denke nur an die unter Schülerinnen und Schüler verbreiteten Schimpfworte wie ›Du Spastiker‹ oder ›Der ist ja voll behindert‹. Mit Reserviertheiten kann auch ansonsten gerechnet werden, im unmittelbaren Kontakt und wenn es um ein persönliches Engagement geht. Hinzu kommen Irritationen, die aus mangelnder Erfahrung resultieren. Auf einer tieferen Ebene dürfte niemand vor einer inneren ›Behindertenfeindlichkeit‹ gefeit sein (Watermeyer, 2009).

Auf die Gefahr voreiliger Urteilsbildung und unüberlegter Festlegungen wird in der pädagogischen und vor allem sonderpädagogischen Ausbildung seit Jahrzehnten hingewiesen, die zentralen Stichworte dazu sind Etikettierung und Labeling. Mit Diagnosen im engeren und weiteren Sinn soll, das wird immer wieder betont, vorsichtig und mit Bedacht umgegangen werden. Die Sorge, jemandem durch Etikettierung Schaden zuzufügen, ist inzwischen weit verbreitet und ausgeprägt, nicht selten so stark, dass Diagnosestellungen nur zögerlich vorgenommen werden.[7]

Doch all das reicht gewichtigen Stimmen im Inklusionsdiskurs nicht aus. Ihre Vorstellungen gehen sehr viel weiter. Jeder Mensch sei irgendwie besonders: Die einen aufgrund ihrer sozialen Herkunft, andere wegen ihrer Religionszugehörigkeit, dritte durch Geschlecht und sexuelle Orientierung, vierte aufgrund von Behinderung und wiederum andere infolge diverser sonstiger Eigenschaften und Lebensumstände. Den Unterscheidungsmerkmalen sind keine Grenzen gesetzt. Alle gelten als gleich wichtig. Bei so viel Individualität sei es deshalb zwingend, dass alle einordnenden und festlegenden Klammern aufgelöst und die entsprechenden Begriffe entsorgt werden. Am Ende steht die lapidare Überzeugung: Jedes Kind benötige Förderung, darin seien sie alle gleich.

Faktisch wird dadurch eine »postmoderne ›Namenlosigkeit‹« (Brodkorb, 2014, S. 444), eine »Aufhebung sämtlicher Regeln und Normalitätsvorstellungen« angestrebt. Der Mensch mit Behinderungen ist unter diesen Bedingungen gar nicht mehr von Menschen ohne Behinderungen unterscheidbar, weil es für diese Unterscheidung schlicht keine Kriterien mehr gibt, und wenn es sie gäbe, sie dem Unterdrückungs- und Rassismusverdikt unterworfen werden müssten (Brodkorb, 2014, S. 442).

Alle Behinderungskategorien und behinderungsspezifischen Diagnosen werden infolgedessen nicht nur misstrauisch beäugt, sondern nahezu unter einen Generalverdacht gestellt. Der sonderpädagogische Förderbedarf ist dafür ein zentrales Referenzsystem. Die »›Sprache des sonderpädagogischen Förderbedarfs‹ [sei] ebenso diskriminierend [...] wie sexistische und rassistische Sprache«, wie Hinz (2009, S. 173) feststellt. Und Wocken (2012, S. 37) schreibt:

---

7 Nicht nur in den USA ist der Schaden, den eine unterbliebene Diagnosestellung nach sich zieht, ganz beträchtlich, vor allem für die Angehörigen der unteren sozialen Schichten (Kauffman, 2013; Morgan et al., 2015, Morgan & Farkas, 2015).

»Die Zeit wird kommen, wo die höchsten Gerichte die exkludierenden diagnostischen Praktiken mit Verweis auf die Behindertenrechtskonvention als menschenrechtswidrige Entwürdigung verurteilen werden«, wobei sich der Autor ausdrücklich auf die ›Zwei-Gruppen-Theorie‹ (Behinderung/Nicht-Behinderung) und andere ›kategoriale Klassifikationen‹ bezieht.

Die Konsequenz daraus lautet: Auflösung des bisherigen Systems der sonderpädagogischen Förderung durch »radikale Loslösung von der sonderpädagogischen Systematik der Förderschwerpunkte« (Seitz, 2008, S. 227). Jede Art von gruppenspezifischer Differenzierung sei pädagogisch sinnlos und sachlich »vollends unangemessen«, da sie zu »bürokratischen Grobkategorien« (Brügelmann, 2011, S. 355) führe, die mit einem pädagogischen Auftrag unvereinbar seien. Kinder würden dadurch abgestempelt, erniedrigt und beschämt. Gleiches gelte auch für untergeordnete Termini, die im Verdacht stehen, sie könnten sich als diskriminierend erweisen. Die »Schule soll [gänzlich] von Etikettierungen und Kategorisierungen absehen« (Ziemen & Langner, 2010, S. 254). Bisweilen nimmt die Ablehnung sonderpädagogischer Kategorien Züge an, die fast paranoid anmuten: So wird einem unter präventiven Gesichtspunkten durchgeführtem »sonderpädagogischen Monitoring aller Kinder« unterstellt, es trage die »gruselige[n] Züge eines Überwachungsstaates« in sich (Boger, 2018, S. 11).

Bisherige Fachbegriffe sollen dekategorisiert werden, so dass diskriminierungsfreie Beziehungen in einem aussonderungsfreien Raum entstehen. Der Blick wendet sich damit von der Person ab: »Wenn und so lange sich Sonderpädagogik auf spezifische Menschen bezieht, besteht ein grundlegendes Spannungsverhältnis zur inklusiven Pädagogik« (Hinz, 2009, S. 171). Er richtet sich auf die Außenwelt, die als wesentliche Behinderungsquelle gilt: auf materielle Barrieren, fehlende Assistenz- und Unterstützungsmaßnahmen und unangemessene Haltungen. Veränderungsnotwendigkeiten beziehen sich schulisch auf die »Problematik komplexer Unterrichtssituation[en]« (Hinz, 1998, S. 130). Ändert sich der Unterricht, dann tritt das Kind mit seiner speziellen Behinderung in den Hintergrund und seine Förderung kann sich allgemein-pädagogischer Mittel bedienen. Ganz in dem Sinne, wie Hänsel (2015) es gefordert hatte. Daneben fällt das Augenmerk auf die soziale Situation, die als äußerst wirkungsmächtig gilt:

> »Behinderung liegt nicht mehr vor, wenn im Zusammenhang mit pädagogischen Reformen der Kindergarten/die Schule so verändert wird, daß auch Kinder mit Schädigungen in ihrem normalen Umfeld nicht ausgegrenzt werden und dort die Gelegenheit erhalten, selbst bei geminderter Leistungsfähigkeit eine akzeptierte soziale Rolle zu finden« (Schöler, 2002, S. 110 f.).

Behinderung löst sich auf, wenn behindernde äußere Umstände entfallen. Mitunter wird behauptet, in einer gelingenden inklusiven Praxis könne gar nicht mehr zwischen Kindern mit und ohne Behinderung unterschieden werden – zum Beispiel bei geistigen Beeinträchtigungen. Ob eine solche Wahrnehmungsschwäche zum pädagogischen Programm erhoben werden sollte, sei dahingestellt.

Die an unterschiedlichen Stellen vorgestellten Beispiele einer dekategorisierten inklusiven Pädagogik zeichnen sich dadurch aus, dass die herkömmliche Sonderpädagogik darin kaum noch einen Platz findet (Hinz, 2008a, 2008b; Hinz & Boban, 2008). Die spezielle Lebens- und Lernsituation von Kindern mit Behinderung, ihre besonderen Probleme, Bedürfnisse und Nöte werden nur noch am Rande gestreift. In einer verdienstvollen Analyse hat Lee (2010) überprüft, inwieweit sich Hinz' Ausführungen zur inklusiven Beschulung auf unterschiedliche Behinderungsformen einlassen. Verglichen werden drei Schriften, die sich auf blind/sehbehinderte, geistig behinderte und verhaltensgestörte Kinder beziehen. Das Ergebnis: Die Texte gleichen einander fast wortwörtlich, »bis auf Behinderungsarten bzw. -begriffe und minimale Veränderungen [sind sie] nahezu identisch« (Lee, 2010, S. 112). Die Entdifferenzierung hat damit einen Höhepunkt erreicht. Es scheint überhaupt keine Rolle mehr zu spielen, welche Behinderung Kinder aufweisen. Verwunderlich ist eine solche Nivellierung allerdings nicht, wenn die oberste Pflicht darin besteht, dass auf Differenzierungen verzichtet wird und Kinder und Jugendliche mit Behinderung nicht mehr als Träger eines ›Defektes‹ in Erscheinung treten sollen.

Der gesellschaftliche und hochschulpolitische Einfluss dieser und ähnlicher Positionierungen ist erheblich. Die Auflösung oder Zusammenlegung sonderpädagogischer Fachrichtungen, die einzelne Ausbildungsstätten vornehmen, erfolgt nicht nur aus ökonomischen Zwängen, sondern auch deshalb, weil ihre Sinnhaftigkeit angezweifelt wird. Nicht zuletzt aus Etikettierungsbefürchtungen und weil sozial-konstruktivistische Theorien eine Deutungshoheit gewonnen haben. Ein Ausdruck dieser Entwicklung ist das sogenannte LES-Studium, in dem die Förderbedarfe Lernen, emotional-soziale Entwicklung und Sprache zu einer neuen Einheit zusammengeführt werden. Was den Kern dieses Faches ausmachen soll, bleibt dabei allerdings im Dunkeln. Vor allem bei diesen drei Fachrichtungen sind einzelne Bundesländer dazu übergegangen, Ressourcen systemisch zu vergeben. Neben verwaltungstechnischen Vorteilen ist ein Grund dafür, dass personenbezogene Zuordnungen und Etikettierungen unterbleiben sollen.

Das wirft die Frage auf, wie es um die Einzigartigkeit behinderter Kinder bestellt ist, wenn das, was für sie persönlich bedeutungsvoll ist, nicht mehr erkannt und bezeichnet werden darf. Wie lässt sich ihre Individualität verstehen, wenn ihre Behinderung einem Benennungs- oder Diagnoseverbot (Willmann, 2014) unterliegt. Ein Kind, das nicht hören oder sehen kann, weiß, dass es so ist. Es bemerkt, wenn es eine schwere körperliche Beeinträchtigung hat, und es wird ihm auch nicht entgehen, dass es erhebliche psychische Probleme aufweist oder besonders schwer lernt. Seine Eltern nehmen es wahr, sie wissen es und sein Umfeld ebenfalls. Darüber kann alle kulturelle Relativität von Behinderung nicht hinwegtäuschen. Ebenso wenig wie der Umstand, dass sich im Einzelfall Abgrenzungsprobleme und diagnostische Unklarheiten einstellen können.

»Kann man wirklich annehmen, dass die Behinderten nicht bemerken, wie sehr ihre Umwelt sich verbiegt, um sich möglichst nicht anmerken zu lassen, das sie über den Unterschied – der diese verkrampften Bemühungen erst evoziert – nicht hinwegsehen kann? Je nach dem kann ein Behinderter darauf auftrumpfend – ›Das ist mein Recht‹ – oder ver- und beschämt reagieren; und beides sorgt gerade nicht dafür, dass er sich ungezwungen in seiner Umgebung zu entfalten vermag« (Schmank, 2013, S. 172).

Was soll ein Kind über sich denken, wenn sich andere mit aller Kraft dagegen sträuben, seinen unabweisbaren Zustand zu benennen? Wie kann es Erfahrungen in sein Selbst integrieren, wenn das Gegenüber es nicht mehr wagt, seine Realität anzuerkennen? Muss es sich nicht zwangsläufig als störend und gefährlich erleben, wenn es sich als jemand präsentiert, der so eigentlich nicht sein darf? Wenn es spürt, dass seine Behinderung anderen Probleme bereitet und in ihnen etwas auslöst, das sie am liebsten vermeiden wollen?

Gefällige Formeln wie ›Geistigbehinderte gibt es nicht‹, ›Wir sind alle behindert‹, ›Es ist normal, verschieden zu sein‹ oder ›Behinderte Kinder sind in erster Linie nicht Behinderte, sondern Kinder‹ stellen für Drepper (1998) »Verlegenheitsformeln« dar. Wer verlegen ist, weiß, dass er sich in einer unangenehmen Situation befindet und ihm kein Ausweg zur Verfügung steht.

»[P]rogrammatisch [drücken Verlegenheitsformeln] den Versuch der Integrationssemantik aus, die Paradoxie der Ungleichheit der Gleichen zu entfalten, das Problem, das Besondere im Normalen zugleich erscheinen und verschwinden zu lassen. Es geht um die Aufhebung eines Unterschiedes, der zwei ungleiche Seiten hervorbringt und gleichzeitig nur eine mit sich identische unterschiedslose Einheit meinen darf: das Kind als unterscheidungsloser Mensch« (Drepper, 1998, S. 76).

Mit dem differenzlosen Kind soll eine Seite des Spannungsfeldes zum Schweigen gebracht werden, all das, was auf Unterschiede verweist. Eine ›Normalisierung‹ vereinnahmt das Besondere bis zu seiner Unkenntlichkeit. Letztlich wird die Existenz von Behinderung geleugnet.

Auf diese Gefahr hatte bereits Kuhlmann (2011) verwiesen, der sich ebenfalls davor sorgt, dass Behinderung unkenntlich gemacht wird.

> Wenn bereits »das Treffen einer Unterscheidung [...] mit einer moralisch verwerflichen sozialen Praxis – der Demütigung und Ausgrenzung von Personen – gleichsetzt« wird, dann wird es »praktisch unmöglich, von Behinderten als konkreten Personen mit bestimmten Eigenschaften überhaupt noch zu sprechen, ohne sich dem Verdacht auszusetzen, sie abwerten zu wollen« (Kuhlmann, 2011, S. 41; vgl. auch Meister, 2007).

Realitäten lassen sich aber nicht durch Verleugnung oder semantische Umdeutungen aus der Welt schaffen. Die Wirklichkeit kann nicht dadurch in ein neues Format gepresst werden, dass ihr die Begrifflichkeit entzogen wird oder Neuschöpfungen entstehen, die dem Konstrukt des unterscheidungslosen Menschen verpflichtet sind. Beispiele dafür gibt es reichlich: Psychisch schwer belastete Kinder werden politisch korrekt als ›verhaltensoriginell‹ deklariert, behinderte Menschen mutieren zu ›Menschen mit besonderen Bedürfnissen‹ oder einer ›besonderen Begabung‹, delinquente Jugendliche gelten als solche, die Probleme mit der Justiz haben (oder vielleicht doch die Justiz mit ihnen?).

Derartige begriffliche Einebnungen erschweren die Anerkennung des Andersseins ganz erheblich. Dem Anzuerkennenden wird der Boden entzogen, wenn sich der Blick nicht mehr auf einen Lebens- und Erfahrungsbereich richten darf, der die Person und ihre Individualität nicht unwesentlich mitprägt. Wie etwa die Art und der Umfang der Lebenseinschränkungen, inneren Verstrickungen und ungelösten Konflikte sowie die Last und das Leid, die mit Behinderung und dem Angewiesensein auf andere verbunden sein können (Glofke-Schulz, 2008). Gleiches gilt für ihre Wünsche nach besonderer Gruppenzugehörigkeit, ihrem Eigenwillen, ihre Sperrigkeit, ihre Widerständigkeit, dem Unverständlichen und Unverstehbaren, auch Anstößigen, das sie verkörpern können. Für Franz Christoph (1983), Mitbegründer der ›Krüppelbewegung‹, war ausdrücklich nicht Integration das Ziel, die er als ein Verschwinden behinderter Menschen im Rahmen einer weitgesteckten Normalität verstand. Er beharrte darauf, dass die Gesellschaft mit ihrem Anderssein und ihrer Unzulänglichkeiten konfrontiert wird – fernab einer wohlfeilen Toleranz.

Das prinzipiell Andere, das Fremde soll in den genannten Inklusionsvorstellungen gebändigt, am besten soweit nivelliert werden, dass es kaum mehr vorkommt. Getreu dem Rubrum: ›Es ist normal, verschieden zu sein.‹ Im Rahmen einer universellen, jeden Einzelnen umfassenden Normalität (die damit zu einem sinnlosen Begriff geworden ist) entfällt jedes Differenzkriterium. Niemand ist mehr wirklich besonders, alle sind auf ihre eigene Art verschieden, gleich fremd oder vertraut. Das ist ausdrücklich so gewollt: Es geht nicht mehr um die Anerkennung von Anderssein und Fremdheit, sondern darum, dass diese nicht mehr in Erscheinung treten. »Das eigentliche Ziel besteht geradezu darin, Anderssein und Fremdheit zu überwinden« (Singer, 2015, S. 70).

Dieses Fremde findet sich, so Stinkes (2013), aber unabdingbar als radikal Fremdes bei Behinderungen wieder. Als ein Fremdes, das sich nicht unter die differenzlose Einheitskategorie der Vielfalt subsumieren lässt.

> »Was der Annahme der ›Normalität der Verschiedenheit‹ zuwiderläuft, ist die Erfahrung des radikal Fremden, auch und gerade in der Begegnung mit behinderten Menschen« (Singer, 2015, S. 76).

Die Auflösung von Behinderungs- und Förderkategorien soll dafür Sorge tragen, dass sich Individualität im Rahmen von Vielfalt entfalten kann. In Wirklichkeit führt sie zu massiven Selbst- und Fremdtäuschungen. Der Einzelne kann nur noch begrenzt in seiner Besonderheit hervortreten, wichtige Teile seiner Identität und Gruppenzugehörigkeit darf er nicht entwickeln oder muss sie unter Verschluss halten. Er droht in der »Indifferenz einer alle Unterschiede verwischenden Gleichgültigkeit [zu] versinken« (Waldenfels, 1997, S. 162).

Damit wird programmatisch ein Erfahrungsraum beschnitten, den Waldenfels (1990, 2006) aus philosophischer Sicht für existenziell hält. Erst die Fremdheit ist es demnach, die entscheidende Impulse für die Weiterentwicklung setzt, indem sie auf etwas verweist, das außerhalb des eigenen Selbst und der jeweiligen sozialen Ordnung steht. Dementsprechend resümiert Stinkes:

149

»Die Aussage, ›es ist normal, verschieden zu sein‹ banalisiert [...] Verschiedenheit, weil sie weder die radikale Fremdheit noch die Verantwortlichkeit dem anderen Menschen gegenüber ernst nimmt« (Stinkes, 2012, S. 21).

6.3   Der Verlust der Leistungsdimension

Eine weiterhin beachtenswerte Größe ist die Leistungsdimension. Bei gemeinsamer Beschulung finden sich vermehrt Kinder in einer Klasse, die einen sehr unterschiedlichen Leistungsstand aufweisen. Im Extremfall, bei vollständiger Inklusion, sind es alle Schülerinnen und Schüler eines Jahrgangs, so dass sich das Leistungsspektrum noch weiter spreizt. Bei einigen Kindern mit Förderbedarf kann aufgrund ihrer intellektuellen Ausstattung erwartet werden, dass ihnen ein Anschluss an allgemeine Leistungsstände gelingt – auf unterschiedlichen Niveaus, je nach Beeinträchtigungsform und persönlicher Disposition. Zudem richtet sich die Hoffnung darauf, dass vor allem Schülerinnen und Schüler mit Lernbeeinträchtigungen häufiger auf der unteren Ebene anschlussfähig werden. Dem sind jedoch, wie die Empirie lehrt, Grenzen gesetzt.

Der gestiegenen Vielfalt soll durch einen individualisierten Unterricht begegnet werden und dadurch, dass unterschiedlichen Leistungsstärken durch differenzierte Bewertungskriterien Rechnung getragen wird. Kränkungen sind dabei unvermeidbar, weil unübersehbar wird, wie sehr sich Kinder unterscheiden und wie stark die eigenen Begrenzungen ausfallen können. Bei spezieller Beschulung ist das im Grunde nicht anders: Im internen Vergleich werden zwar leichter Erfolgserlebnisse möglich, aber bereits der Umstand einer separierten Beschulung verweist auf eine Besonderung, die sich auf den Selbstwert auswirken kann. Insbesondere dann, wenn Sonderschulen oder -klassen ein geringes gesellschaftliches Ansehen genießen.

Durch die gemeinsame Beschulung erhöht sich ein Spannungsbogen, der dem pädagogischen Geschäft sowieso immanent ist. Der unmittelbaren Ausrichtung auf das Kind steht eine Verpflichtung gegenüber, die sich aus den gesellschaftlichen Erwartungen an die Schule ergibt. Ein Lösungsversuch besteht darin, sich ganz auf die ›kindliche‹ Seite zu stellen. Annedore Prengel (2013) plädiert in einer für den Grundschulverband erstellten Expertise zur ›Inklusive[n] Bildung in der Primarstufe‹« dafür, dass intraindividuelle Leistungsvergleiche zum zentralen pädagogischen Bezugsrahmen erhoben werden. Der entscheidende Referenzpunkt müsse die Person selbst sein. Nur so könne ein repressionsfreier Raum entstehen, eine Schule ohne Angst, in der sich jeder Schüler unbeschwert zeigen und die ihm gebührende Anerkennung erfahren kann. Äußere Bewertungsmaßstäbe und gesellschaftliche Vorgaben werden deshalb mit großer Reserviertheit betrachtet. Die Pädagogik müsse sich deshalb gegen eine Standardisierung der Bildung verwahren (Prengel, 2006; Sander, 2005; Wocken, 2012).

Auf eine Anerkennung des Einzelnen, die auf seinen persönlichen Maßstäben beruht, wird auch in offiziellen Verlautbarungen verwiesen. Im Amtsblatt des Ministeriums für Schule und Weiterbildung des Landes Nordrhein-Westfalen, Sonderausgabe Inklusion, heißt es dazu beispielhaft: Jedes (behinderte) Kind soll in seinen »individuellen Leistungs- und Entwicklungsfortschritte[n]« gewürdigt und »jede erbrachte Leistung« als »individuelles Ergebnis einer Bewältigung von Anforderungen« wertgeschätzt werden (Ministerium für Schule und Weiterbildung, 2014, S. 15). Die Schule solle jeden Einzelnen »erkennen und schätzen als jemanden, der einmalig ist auf dieser Welt, unverwechselbar« (Landesinstitut für Schulentwicklung Baden-Württemberg, 2009, S. 52).

Das ist nachvollziehbar und zunächst einmal naheliegend: Die Hinwendung zum einzelnen Kind ist eine elementare pädagogische Aufgabe, die sich bei Kindern mit Behinderung noch verdichtet. Sie sollte Teil der gängigen Praxis sein und sie ist es seit eh und je. Lehrerinnen und Lehrer freuen sich über die Entwicklungsfortschritte ihrer Schüler und achten ihre Leistungssteigerungen.

Anders wäre eine pädagogische Arbeit auch kaum möglich. Das bedeutet aber nicht, dass sie sich zugleich von äußeren Maßstäben und Verpflichtungen, wie sie in Bildungsstandards enthalten sind, verabschieden müssen.

Das wird jedoch explizit gefordert. Der Expertise zur ›Inklusive[n] Bildung in der Primarstufe‹ lässt sich nach Schumann (2013, S. 2) entnehmen:

> »Ziel der Diagnostik in einem inklusiven Klassenzimmer besteht für Prengel nicht darin, ›Fehlentwicklungen‹ frühzeitig zu identifizieren. Inklusive Pädagogik misst Kinder nicht an einem Normalitätsverständnis, das vorschreibt, was Kinder zu einem bestimmten Zeitpunkt zu können haben.«

Und bei Prengel (2013, S. 50) selbst heißt es dazu unmissverständlich: Eine »Aufspaltung zwischen als besonders und normal konstruierten Kindern widerspricht dem inklusiven Kindermenschenbild, dem die Individualität jedes einzigartigen Kindes entspricht«.

Verbindliche Leitbilder und Anforderungen, an denen sich die pädagogische Arbeit bisher ausgerichtet hat, sind demnach mit einer ›Pädagogik der Vielfalt‹ unvereinbar. Sie sollen dazu führen, dass Kinder mit Behinderung schädigenden »normalistische[n] Anforderungen« ausgesetzt werden, die eine »Anerkennung der individuellen Einzigartigkeit« verhindern (von Stechow, 2005, S. 80). Massive Kränkungen seien die zwangsläufige Folge. Davor müssten Schülerinnen und Schüler mit aller Kraft geschützt werden. Die Vermeidung von Kränkungen und eine narzisstische Wachstumsförderung werden so zu einem fast alles andere überragenden Thema.

Damit wird eine Entwicklung auf die Spitze getrieben, die auf breiter Ebene angelegt ist. Ohne sie würden die vorstehenden Überlegungen wohl kaum Zustimmung finden. Seit den 1968er Jahren hat sich das Erziehungsgeschehen stark gewandelt. Es versteht sich nunmehr als partnerschaftlicher und differenzärmer, setzt auf Kooperation und Austausch und schenkt der Persönlichkeit des Kindes besondere Aufmerksamkeit. Seine subjektiven Bedürfnisse geraten dadurch in den Mittelpunkt des Interesses. Enttäuschungen und Kränkungen werden jetzt genau registriert und die Frage aufgeworfen, wie sich ihnen entgegenwirken lässt.

So verdienstvoll diese Entwicklung in vielem auch gewesen sein mag, beinhaltet sie doch eine Kehrseite mit einigen blinden Flecken, die sich in der allgemeinen Pädagogik zeigen und im aktuellen Inklusionsdiskurs besonders hervortreten. Eine sehr weitgehende Identifikation mit der kindlichen Subjektivität, die zur pädagogischen Leitlinie erhoben wird, erweist sich in verschiedener Hinsicht als problematisch. Nach Dammer (2013, S. 47) wendet die einseitige »Orientierung an der Originalität jedes Individuums einen falschen, nämlich privaten Maßstab an, den [...] eine öffentliche Institution generell nicht erfüllen kann und soll«. Damit wird auch der gesellschaftliche Auftrag der Schule verkannt, der nicht beliebig relativierbar ist. Die Schule soll der Enkulturation dienen, auf das Leben vorbereiten und es Kindern ermöglichen, in den vorgegebenen Strukturen zurechtzukommen. Von der Allokationsfunktion kann sie sich nicht suspendieren und den Traum von einer neuen ›Inklusiven Gesellschaft‹ wird sie ebenso wenig erfüllen können. Die Schule ist kein genuiner Ort der Gesellschaftsveränderung, sondern funktional in das Gesamtsystem eingebunden (ausführlich dazu: Brodkorb, 2012, 2014).

Auch für die persönliche Entwicklung ist eine Abkehr von gesellschaftlichen Erwartungen und Anforderungen fatal. Sie isoliert Kinder von der Lebenswirklichkeit und separiert sie von eigenen Interessen. Prengels (2013, S. 5) Absicht, »das Konstrukt des ›schlechten Schülers‹ im Bildungswesen außer Kraft« zu setzen, erweist sich deshalb als folgenschwerer Irrtum. Schlechte Schüler soll es nicht mehr geben. Dann muss aber auch die Kategorie des guten Schülers getilgt werden, obgleich sich die meisten Kinder wünschen, genau das zu sein. Schülerinnen und Schüler sollen sich möglichst nicht mehr untereinander vergleichen und miteinander messen. In letzter Konsequenz müssen sie gezwungen werden, ihre Konkurrenz- und Differenzierungswünsche aufzugeben – anders lässt sich das nur auf den ersten Blick harmlos erscheinende Ziel nicht verwirklichen.

Ihre Freiheitsrechte werden damit erheblich eingeschränkt, und das gilt nicht nur für die besonders Leistungsstarken (Kraus, 2009; Flaig, 2012). Kinder lassen sich ungern in ihren Wünschen beschneiden. Das Bedürfnis nach Wettbewerb wird Kindern nicht (nur) von außen aufgezwungen, es dient auch der Lust an der Auseinandersetzung, der Freude am Vergleich und der Sicherung des eigenen Standpunktes.[8] Sollte man ernsthaft annehmen, dass Kinder mit Behinderung dieses Streben nicht haben? Dass ihre Bedürfnisse grundlegend anders sind? Hier ist Vorsicht geboten. In eine solche Sonderrolle sollten sie nicht gesteckt werden. Bestimmte Ziele können zwar unerreichbar sein und innere und äußere Schonräume benötigt werden, doch das steht auf einem ganz anderen Blatt. Dadurch ändert sich nichts daran, dass die meisten dieser Kinder Wünsche haben wie alle anderen auch.

Der Ablehnung von Leistungsvergleichen liegt häufig eine unzureichende Differenzierung zwischen Konkurrenz und Rivalität zugrunde. Es wird so getan, als sei jede Art von Vergleich destruktiv und auf Abwertung und Demütigung angelegt. Dem entspricht eine archaische Rivalität, nicht aber ein Konkurrenzbedürfnis, das dem Gegenüber Respekt und Anerkennung zollt. Innere Verbundenheit und das Gefühl von Gemeinsamkeit können bei Konkurrenz aufrechterhalten und bewahrt bleiben. Das sollte zur Kenntnis genommen werden. Eine Besinnung auf elementare psychologische Erkenntnisse würde der Debatte nicht nur an dieser Stelle guttun.

Eine besondere kritische Aufmerksamkeit ist angebracht, wenn die Förderung behinderter Kinder geringgeschätzt wird. Vehement lehnen gewichtige Stimmen des Inklusionsdiskurses wie Ferri (2012)

---

8 »Anders als progressive Pädagogen verstehen schon Kinder den Sinn von Wettbewerb. Die Chefin der Hochschulrektorenkonferenz erklärte jüngst, dass es im Wettstreit der Universitäten keine Verlierer, nur Gewinner geben dürfe. Die Kids aber hören sofort auf, wenn die Reise nach Jerusalem mit genauso vielen Stühlen wie Kindern gespielt wird – no pain, no gain. Der Sportwettbewerb macht auch keinen Spaß, wenn die Besten vom Feld sind« (Joffe, 2012, S. 10).

und Schumann (2013) das RTI-Modell ab, das präventiv ausgerichtet ist und durch zielgerichtete Interventionen Beeinträchtigungen verhindern will (Voß et al., 2016). Ein solches Anliegen soll mit der Inklusion unvereinbar sein, weil ein Fördergedanke im Mittelpunkt steht, der äußeren Maßstäben verpflichtet ist. »All das steht im krassen Widerspruch zu Inklusiver Pädagogik« (Hinz, 2013, S. 9). Oder ausführlicher formuliert:

> »Der deutlichste Widerspruch zu inklusiven Vorstellungen dürfte darin bestehen, dass bei Prävention der Anschluss an die allgemeine Entwicklung angestrebt wird und Inklusion genau die Freiheit für das Gegenteil postuliert, nämlich die Legitimität individueller Lernwege und Entwicklungen« (Hinz, 2013, S. 8). Und kurz darauf: »[H]ier wird versucht, die Kinder zu üblichen und offenbar selbstverständlich vorausgesetzten Entwicklungswegen ›hinzufördern‹, sie sind und haben ›das Problem‹ [...] Hier ist massiv und aggressiv fördernde und fordernde Sonderpädagogik am Werk, das hat nichts mit Inklusion zu tun« (Hinz, 2013, S. 9).

Diese Aussagen verdienen es, festgehalten zu werden. Wer den Anschluss an die allgemeine Entwicklung sucht, verfolgt demnach ein illegitimes, inklusionsfeindliches Ziel.

Wird der Fördergedanke über die Maßen relativiert, verharren Kinder in ihrer Ausgangssituation. Wichtige Entwicklungsmöglichkeiten werden ihnen vorenthalten. Eine überzogene Orientierung an intraindividuellen Maßstäben, die Aufgabe von Förderkategorien und die Nivellierung der Differenz zwischen Behinderung und Nichtbehinderung gehen dabei eine unselige Verbindung ein. Eine kriterienlose Akzeptanz von Vielfalt, die jede Lebensform gleich wertschätzt, kommt hinzu.

> Die »unbedingte Akzeptanz benachteiligter Kinder in einer ›Pädagogik der Vielfalt‹ [steht in der] Gefahr, ungewollt zu deren ›wohlwollender Vernachlässigung‹ [...] beizutragen« (Weiß, 2013, S. 213).

Der Schaden, der dadurch entsteht, betrifft in allererster Linie die Kinder selbst.

Eine gelungene Förderung ist die Voraussetzung dafür, dass sich eine Person in ihrer Individualität entfalten kann, wie sich unschwer anhand unterschiedlicher Förderbedarfe zeigen lässt. Für Kinder mit emotional-sozialem Förderbedarf stellt es einen riesigen Fortschritt dar, wenn sie sich aus ihren inneren und äußeren Verstrickungen lösen und dadurch ein befreites, auch sozial anerkanntes Leben führen können. Schülerinnen und Schüler mit Lernbeeinträchtigungen profitieren stark von einer guten Leistungsentwicklung, die ihre persönlichen und beruflichen Perspektiven erweitert. Sprachbehinderungen lassen sich bei frühzeitiger Förderung reduzieren oder aufheben, so dass langfristig eine unnötige Last von ihnen abfällt. Ebenso geht es in den anderen Förderschwerpunkten um die Entfaltung von Potenzialen, auch wenn sich geistige und organische Beeinträchtigungen nicht grundsätzlich aufheben lassen. Manches muss als unveränderbar anerkannt werden.

Die Problemlagen dieser Kinder sind jeweils in ein komplexes Umfeld eingewoben, das seinerseits erhebliche Veränderungen erfordern kann. Aber es darf nicht übersehen werden, dass es letzten Endes konkrete Personen sind, die sich in bestimmten Problemlagen befinden. Ihre Lebensgestaltung muss im Mittelpunkt der Betrachtung stehen. Auf ihre Freiheitsgrade und Selbstbestimmungsmöglichkeiten kommt es an, auf die umfassende Entwicklung ihrer Persönlichkeit, die nicht dadurch gesichert wird, dass ein wichtiger Teil ihrer selbst in ›Namenlosigkeit‹ verschwindet.

»Wenn Inklusion alle Kinder meint und zwar in gleicher Intensität, meint sie am Ende keines mehr« (Brodkorb, 2014, S. 444).

Zur Betrachtung der Individualität von Schülern gehört, dass sie neben ihren Stärken auch in ihren Schwierigkeiten mehr als nur oberflächlich wahrgenommen werden. Jedes Bemühen um Achtung und Anerkennung muss sich damit auseinandersetzen. Ein wichtiger Teil der Realität darf nicht bagatellisiert oder gar ausgeblendet werden.

Eine gelungene Förderung ist eine der Voraussetzungen dafür, dass sich Kinder mit Behinderung als Person entfalten und anderen auf Augenhöhe begegnen können. Es bedarf »nämlich der ge-

zielten Förderung von Personen [...], um es diesen allererst zu ermöglichen, ihre Gleichheit auch praktisch zur Geltung zu bringen«. Ansonsten »wird eine Perspektive zur relativen Bedeutungslosigkeit herabgestuft, die gerade für die progressiveren Ansätze
liberaler Politik immer zentral war« (Kuhlmann, 2011, S. 42 f.).

Was daran ›normalistisch‹ sein soll, dürfte nur schwer zu erklären sein. Es sei denn, es wird unterstellt, dass das einzelne Kind
mit seinen Möglichkeiten und Grenzen gar nicht in den Blick gerät, nicht ernsthaft danach gefragt wird, welche Ziele angemessen
sind, was es bewältigen kann und was nicht, wo Überforderungen
vorliegen und Unterforderungen entstehen können.

Vor diesem Hintergrund stellt sich noch einmal die Frage, wie
es in holistischen oder radikalen Inklusionsbeiträgen um die Anerkennung des Einzelnen und eine umfassende Sicht auf seine Person bestellt ist. Dederich ist diesbezüglich skeptisch. Er beklagt
eine wirkungsmächtige Fixierung auf »Gesellschaftstheorie, politische Theorie oder philosophische Gerechtigkeitskonzeptionen«.

Mit der Konsequenz, »dass die akademische Reflexion den einzelnen Menschen weitestgehend aus dem Blick verloren hat. Mit der eindimensionalen
Konzentration auf Umwelten, Strukturen, Systeme, Institutionen und eine
(etwa durch das Recht verkörperte) normative Ordnung wird der einzelne
Mensch mit Behinderung in seiner Singularität vernachlässigt bzw. auf
einen besonderen Fall eines Allgemeinen reduziert« (Dederich, 2013,
S. 37 f.).

Das sollte zu denken geben:

»Wenn die Umsetzung einer Idee wichtiger wird als die Konsequenzen, die
die Umsetzung für die Menschen hat, dann wird eine bedenkliche Schief-
lage erzeugt, weil der einzelne Mensch in seiner Singularität, Einzigartigkeit und Vergleichbarkeit nicht mehr von Bedeutung ist, sondern auf
einen besonderen Fall eines Allgemeinen oder zu einer bloßen Störgröße
reduziert wird« (Dederich, 2013, S. 34).

7

Pädagogische Illusionen

7.1   Erziehung als Selbstentfaltung

Die Sehnsucht nach einer aus allen Zwängen befreiten Welt ist uralt. Kinder sollen ihr zufolge frei aufwachsen, ohne dass sie mit einer als repressiv erlebten Erziehung in Berührung kommen. Diese Sehnsucht wird offen propagiert oder sie tritt versteckt in Erscheinung, ist mehr oder weniger stark ausgeprägt und nimmt unterschiedliche Ausdrucksformen an. Sie findet sich in fast allen historischen Perioden.

Viel davon ist bereits bei Rousseau angelegt: In der Vorstellung, die Erziehung müsse dafür sorgen, dass das im Kind Angelegte ungestört zur Entfaltung drängen kann.

»Wenn es [in Émile] heißt, die Erziehung sei dann gut, wenn sie den Kindern ihre Unschuld erhält [...], dann meint dies die Abwesenheit des Vergleichs mit anderen und so das Leben gemäß den natürlichen Bedürfnissen, die möglichst lange möglichst rein bewahrt werden sollen« (Oelkers, 2001, S. 55).

Das Kind hält sich am besten in seiner eigenen Welt auf, unbehindert von einer Umwelt, die sich seiner Natürlichkeit entgegenstellt.

»Daher soll die Kindheit in den Kindern reifen können [...], ohne durch eine ihnen fremde oder überhaupt irgendeine Zukunft gestört zu werden. Das Paradies ist ganz Gegenwart, und das entspricht exakt der Zeitlosigkeit des Garten Edens in der Schöpfungsgeschichte« (Oelkers, 2001, 59).

Psychoanalytisch betrachtet soll hier ein Zustand fast primärer Ungetrenntheit bewahrt werden.

Auch in der Reformpädagogik ist der Gedanke leitend, das Kind müsse vor autoritären Übergriffen und Zwängen geschützt werden. Ansonsten werde es an einer freien Entfaltung gehindert und von sich selbst entfremdet. Vor einer gesellschaftlichen Zurichtung des Kindes wird gewarnt. Wiederum, wenngleich viel moderater und mit großer Spannbreite, soll ›vom Kinde her‹ gedacht und von den kindlichen Bedürfnissen ausgegangen werden, in einer persönlich nahen und besonders intensiven Lehrer-Schüler-Beziehung. Oelkers (2010) bezweifelt allerdings, ob die Reformpädagogik ihren riesigen Ansprüchen gerecht wird. Eine Abkehr von einer autoritären Unterordnung hätte es im Laufe der Zeit ohnehin gegeben, aufgrund ganz anderer Kräfte, so dass die Reformpädagogik keine emanzipatorische Monopolstellung beanspruchen kann.

Jenseits einer antiautoritären Erziehung in der Zeit nach 1968, die in Reinform ein beschränktes Unternehmen blieb, sind zahlreiche soziale Bewegungen und wissenschaftliche Beiträge entstanden, die sich einseitig auf die kindlichen Bedürfnisse und ihre persönliche Entfaltung fixieren. Sie haben pädagogische Grundhaltungen bis heute wesentlich geprägt. Im Erziehungsgeschehen

wirken sie wie ein ständiges Hintergrundrauschen, das nicht ver-
stummen will. Ihrer inneren Logik folgend, schwächen sie den Erziehungsgedanken. Mitunter verwässern sie ihn so sehr, dass er
am Ende kaum noch kenntlich ist.

Eine wichtige Einflussgröße ist die humanistische Psychologie,
auch wenn ihr Name heute nur noch selten fällt. Als paradigmatisch kann Rogers (1991) Schrift »Lernen in Freiheit« gelten, die
den Fokus von der Lehrkraft auf das Kind verlegt. Lehrerinnen
und Lehrer sollen zu wohlwollenden, spiegelnden und anerken-
nenden Begleitpersonen werden. Mehr nicht. Ihr Trachten richtet
sich darauf, dass die kindlichen Selbstentfaltungskräfte und ihre
Selbstaktualisierung nicht gestört werden. Damit kommen sie dem
durchaus nahe, was später aus anderer Perspektive unter dem
Stichwort der ›Lehrer als Coach‹ ins Feld geführt wird (Dammer,
2013).

In systemisch-konstruktivistischen Beiträgen werden die Selbst-
konstruktionskräfte des Einzelnen zum Dogma erhoben. Es ist der
unbedingte Glaube an die Subjektivität des Einzelnen, der als Leit-
idee für eine entsprechende ›Pädagogik‹ dient, zum Beispiel bei
Palmowski (2002, 2007). Bisherige Eckpfeiler der Erziehung werden
infrage gestellt: Allem, das außerhalb subjektiver Konstruktionen
steht, wird keine übergeordnete Relevanz mehr eingeräumt. Sonderpädagogische Förderkategorien erscheinen deshalb als bedeutungslos. Hier nimmt eine schon fast autistisch anmutende Innenwelt einen so überragenden Platz ein, dass der Realitätsbezug
schwindet und das Realitätsprinzip weitgehend zurückgeschraubt
wird (Ahrbeck & Willmann, 2010).

Den (pädagogischen) Zeitgeist beflügelt haben auch einige psychoanalytische Arbeiten, vornehmlich aus dem Bereich der sogenannten Selbstpsychologie. Sie beziehen sich zunächst in durchaus
verdienstvoller Weise auf den verletzlichen Selbstwert einiger Pa-
tientengruppen, der bis dahin zu wenig beachtet wurde, so dass
sich unzureichende Behandlungserfolge einstellten (Kohut, 1992).
Die Notwendigkeit, bestimmten Personen besonders anerkennend
und bewundernd zu begegnen, wurde jedoch ausgeweitet und über-

dehnt, unter weitgehender Vernachlässigung der Konfliktdimension. Wiederum wurde auf breiter Ebene ein Menschenbild transportiert, das den geschädigten Selbstwert und narzisstische Anerkennungsbedürfnisse in den Mittelpunkt der Betrachtung stellte und in viele extraklinische Felder Eingang fand.

Die Vorstellung einer persönlichen Entwicklung, die sich in einer möglichst spannungsarmen Beziehung wesentlich aus sich selbst schöpft, eint nicht nur die soeben skizzierten, in sich stark divergenten Theorien. Sie schlägt sich auch in vielen Einzelpublikationen nieder, die sich mit der kindlichen Verletzlichkeit beschäftigen und vor den Gefahren einer ›falschen‹ Pädagogik warnen. Genau genommen stehen sie dem Erziehungsgedanken an sich skeptisch gegenüber.

Als ein historischer Meilenstein der Entwicklung können die Schriften Alice Millers gelten, die über lange Zeit zu Bestsellern wurden. In »Das Drama des begabten Kindes« (1979) wird beschrieben, wie sehr sich Kinder, gerade solche mit hoher Sensibilität, nach den Bedürfnissen anderer ausrichten und sich dabei selbst vergessen können – ohne dass ihnen das bewusst werden darf. Die Folge ist ein ›falsches Selbst‹, das vom ureigenen Erleben trennt, auf eine innerlich ganz unpassende Spur führt und deshalb untergründig unglücklich macht. Die davon Betroffenen geraten in eine Situation, die sich nur schwer bewältigen lässt. Sie kann nahezu unlösbar sein, wenn die zugrunde liegenden Prozesse so subtil verlaufen, dass sie keinen inneren Widerspruch ermöglichen.

Die Schuld daran sollen die Eltern tragen. Ihnen wird eine mangelnde Sensibilität für die Innenwelt ihrer Kinder attestiert. Vordringlich seien sie mit sich selbst beschäftigt, ihren eigenen Wünschen und Sehsüchten, die sie nicht ausleben können. Ersatzweise verlegen sie ihre Bedürftigkeit in ihre Nachkommen und suchen durch sie Erlösung. Das sei nichts anderes als eine Form des Missbrauchs.

Diese Grundkonstellation durchzieht für Miller (1983) das Erziehungsgeschehen, die schmerzliche Unterordnung der Kinder unter die Bedürfnisse anderer ist das zentrale Thema. Mit einer mangelnden Sensibilität und der Missachtung kindlicher Bedürfnisse müsse jederzeit gerechnet werden. Jede pädagogische Lenkung sei gefährlich, weil sie in eine falsche, das Individuum verletzende Richtung gehen kann. Von Erziehung, die in ihrem Wesen nach gewalthaft ist, müsse Abstand genommen werden. Prägnant formuliert: »Und auch das war Teil ihrer Erkenntnisse: Erziehung sei überflüssig, sogar schädlich« (Spiegel-Gespräch Martin Miller, 2010, S. 138).

Millers Schriften haben auf breiter Ebene ein aufnahmebereites Publikum gefunden. Sie werden bis heute gelesen. Offensichtlich sprechen sie an, was viele Menschen bewegt und in ihrem Inneren berührt. Ihre Wirkung ist beträchtlich: ›Das Drama des begabten Kindes‹ »veränderte die Weltsicht einer ganzen Generation von Eltern« (Spiegel-Gespräch M. Miller, 2010, S. 138).

Mit der Sensibilisierung für die kindlichen Bedürfnisse geht die Besorgnis einher, den Kindern nicht gerecht zu werden. Wenn Erziehung unter dem Verdikt steht, sie könne und werde Schaden anrichten, sind besondere Vorsicht und ein Rückzug aus dem Erziehungsgeschehen nur konsequent. Die Vorstellung, Kinder würden sich sowieso am besten entfalten, wenn man sie nur wohlwollend gewähren lässt, kommt dem entgegen. Sie wirkt ausgesprochen erleichternd. Zugleich stärkt sie die Abwehr dagegen, sich auf die Konflikte, Fallstricke und Ungewissheiten einzulassen, die mit dem Erziehungsgeschehen untrennbar verbunden sind.

Es ist schon erstaunlich, wie sehr sich die Sehnsucht über die Jahrzehnte gehalten hat, Kinder könnten sich aus sich selbst heraus am besten entwickeln – wenn sie daran nicht gestört werden. Die entscheidende Größe, auf die immer wieder vertraut wird, ist ihr inneres Wachstumspotenzial, das besonderen Schutz verdient. Ein Gegenüber, das begrenzt und herausfordert, wird argwöhnisch betrachtet, denn es kann etwas falsch und sich selbst schuldig machen. Oder gegen das Ideal verstoßen, ständig aufnahmebereit und umfassend verständnisvoll zu sein.

Unter Lehramtsstudenten ist, um nur ein Beispiel zu erwähnen, die Sorge weit verbreitet, Kinder und Jugendliche könnten durch konventionelle schulische Erwartungen und Anforderungen überfordert, gegängelt, beschämt und herabgesetzt werden. Entsprechend stark fällt die Neigung aus, sie davor zu schützen. Besonders ausgeprägt ist dies im Grundschulbereich und in Teilen der Sonderpädagogik. Das Begleiten wird zu einem hohen Wert, Lenkung und Anforderungen geraten als ungeliebte Vokabeln in den Hintergrund.

Wichtige Beiträge zur schulischen Inklusion sind ebenfalls davon geprägt. Wie bereits ausgeführt, wird von prominenter Seite ein Lebensraum angestrebt, der ohne Etikettierung auskommt, möglichst ohne Vergleich und Bewertung. Kinder sollen sich zum Bezugspunkt nehmen, sich an sich selbst messen und sich darin genügen – ohne Irritationen von außen. Unter dieser Bedingung, in Distanz zu den Verpflichtungen der Gesellschaft, könne dann, so die weitreichende Hoffnung, die »pädagogische Welt [...] neu erfunden« werden« (Tenorth, 2011, S. 19).

Doch noch einmal zurück zu Alice Miller. Ihr Sohn Martin, ebenfalls Psychotherapeut, hat sich 2013 öffentlich in einem Buch mit der Person und dem Werk seiner Mutter auseinandergesetzt (»Das wahre ›Drama des begabten Kindes«). Er beschreibt: Das, was sie so vehement einforderte, habe sie selbst nicht einlösen können, mit zunehmendem Lebensalter isolierte sie sich immer mehr. Martin Miller hat seine Mutter in keiner Weise als empathisch erlebt. Er beklagt sich bitterlich darüber, dass er als Person nicht wahrgenommen wurde, es war »[u]nmöglich, meiner Mutter näher zu kommen« (Spiegel-Gespräch M. Miller, 2010, S. 138).

Dafür dürfte es, wie Martin Miller ausführt, biographische Gründe gegeben haben, die das Geschehene verständlicher machen. Die Belastungen der Mutter im Krieg, ihre jüdische Herkunft, Fluchterfahrungen und Traumatisierungen, die vermutlich entstanden sind. Eine persönliche Tragik ist hier unübersehbar.

Auch wenn anzuerkennen ist, dass sich Alice Miller einer wichtigen Thematik angenommen hat, stellt sich die Frage, ob eine Eltern-Kind-Beziehung eingefordert wird, die überhaupt anstrebenswert und zudem erfüllbar ist. Die permanente Aufmerksamkeit und Sensibilität, die dem kindlichen Erleben erwiesen werden soll, dürfte nicht nur die Eltern überfordern. Sie führt dazu, dass sich der Blick auf bestimmte kindliche Bedürfnisse verengt und andere übersehen werden. Denn es geht in der Entwicklung eben nicht nur um Identifikation, Spiegelung und Anerkennung, sondern auch um die objektale Auseinandersetzung mit signifikanten Anderen, die sich als ein fremdes Gegenüber ins Spiel bringen, Stellung nehmen, Grenzen ziehen, Konflikte eingehen. Das ist eine wesentliche Grundlage von Erziehung.

Dementsprechend ist Millers Anliegen für Heranwachsende nicht frei von Zumutungen. Die Begegnung mit einem ständig ihrem Innenleben zugewandten Interesse, dem Bemühen, permanent gut und verständnisvoll zu sein, dem Zwang, nur nichts zu übersehen, kann für Kinder in eine Belastung ausarten. Schwabe (2016, S. 49) hat die Folgen des Gutseins prägnant benannt:

> »›Nur gute‹ oder sich nur ›gut dünkende‹ Pädagoginnen und Pädagogen stellen für normale, erst recht für sogenannte ›schwierige‹ Kinder eine fürchterliche Zumutung dar. Neben und mit ihnen muss man sich als junger Mensch einfach als ›zu schlecht‹ fühlen.«

Die positiven Absichten haben sich dann in ihr Gegenteil verkehrt. Konflikte und Auseinandersetzungen sind aber, wenn der Erziehungsauftrag ernst genommen wird, unvermeidlich. Erwachsene geraten dadurch in eine Position, in der sie Ärger und Enttäuschung auf sich ziehen. Geliebt werden sie dafür nicht.

Erziehung kann sich nicht auf ein freundliches Begleiten beschränken. Erziehung bedeutet, dass den Kindern aktiv, von einer reifen Position aus, der Weg in das Erwachsenenleben gewiesen wird. Das setzt eine Erwachsenengeneration voraus, die eine Vorstellung davon hat, wohin die pädagogische Reise gehen soll. Eine Anrufung der Selbstentfaltungskräfte wird den Kindern nicht gerecht. Sie werden dadurch zu sehr auf sich selbst zurückgeworfen und bleiben in den Beschränkungen der Kindheit gefangen. Eine Spannungsfreiheit entsteht dadurch nicht, das ist ein Irrtum, ein fahles, allenfalls an der Oberfläche wirksames Versprechen (Ahrbeck, 2004; Savater, 1998).

7.2 Grenzauflösung als Befreiungsakt

Gegenwärtig werden auf breiter Ebene bisher sicher geglaubte Grenzen infrage gestellt. Grenzen zwischen den Geschlechtern, Grenzen zwischen den Generationen, Grenzen im menschlichen Reproduktionsgang, Grenzen zwischen Behinderung und Nichtbehinderung und solche, die sich auf Leistungskategorien beziehen. ›Behindert sind wir alle‹ oder ›Behinderung gibt es nicht‹ sind Schlagworte dazu oder auch, dass schulisch allen Begabungen und Talenten der gleiche Wert gebührt, sofern nicht sogar jedes Kind hochbegabt ist (Hüther & Hauser, 2013). Doch das ist noch harmlos im Vergleich zu dem zivilisatorischen Bruch, den die Leihmutterschaft darstellt, die Grenzen zwischen den Geschlechtern überwinden soll. Kuhlmann (2000, S. 21) spricht von einer »freiwillig eingegangenen Sklaverei«.

Diese extreme Form der Grenzverwischung ist ein Indikator dafür, dass es inzwischen um mehr als nur darum geht, dass starke Polarisierungen relativiert und Übergänge geglättet werden. Der »allgemeine Rahmen des Redens, Denkens und Handelns [soll] verschoben« und Kernbestände der bürgerlich-liberalen Ordnung aufgelöst werden (Rödder, 2014, S. 6). Das betrifft nicht nur Neuerungen im Reproduktionsgang, sondern auch viele andere Lebensbereiche, wie die folgenden zwei Beispiele zeigen. Der letzte Satz in Rauchfleischs Monographie »Transsexualität – Transidentität« lautet:

> »Auch wenn eine solche Gesellschaftsform ein utopisches Ziel ist, können Trans*menschen doch ein wichtiger Wegbereiter dorthin, ja geradezu eine Avantgarde für eine freiere Lebensgestaltung sein« (Rauchfleisch, 2016, S. 205).

Das ist eine wahrlich revolutionäre Vorstellung. Die Schraube dessen, was die Selbstkonstruktion ermöglichen soll, wird immer weitergedreht. Nach dem Geschlecht, der sexuellen Präferenz, dem Zugehörigkeitsgefühl zu einer fremden Ethnie (oder der wirklichen

Zugehörigkeit?) wird nun auch das Alter zur Disposition gestellt. Ein Schweizer Bürger möchte sich gerichtsseitig für deutlich jünger erklären lassen, um sozialen Benachteiligungen zu entgehen, zum Beispiel bei der Partnerwahl (Ernst, 2018). In gewisser Weise ist das konsequent: Wenn das Geschlecht gewechselt werden kann, warum dann nicht auch die Ethnie oder das Alter?

Begrenzungen, die das Leben mit sich bringt, werden heute schwerer als früher ausgehalten. Benachteiligung ist zu einer Leitkategorie geworden. Entweder, da sie erwiesenermaßen existiert, oder auch nur, weil sie als solche erlebt wird. Bei nachvollziehbaren Gründen besteht ein Anspruch auf Gleichstellung und Nachteilsausgleich, das ist unstrittig. Eine demokratische Gesellschaft muss dem Rechnung tragen. Anders sieht es allerdings aus, wenn es nur um eine subjektive Betroffenheit geht, die mit heftigen, oft diffusen Gefühlen der Ungerechtigkeit einhergehen kann. Häufig knüpfen sich daran Wiedergutmachungsansprüche, die in einer Forderung nach grundsätzlicher moralischer Korrektur münden, wie sich anhand der Genderdebatte zeigt. Das Ziel ist dann nicht mehr die Förderung einer bestimmten Gruppe, wie damals in der Frauenbewegung, sondern dass Geschlechterkategorien, die als Zumutung gelten, aus den Köpfen getilgt werden. Die Maßstäbe haben sich also vollkommen verschoben (Bruckner, 1996).

Wer Grenzen benennt und auch noch von ihrer Sinnhaftigkeit überzeugt ist, läuft Gefahr, als hoffnungslos rückständig zu gelten. »Alles, was an Bewahren, Erhalten, Tradition oder Weitergabe erinnert, wird für verdächtig erklärt« (Liessmann, 2017, S. 19), wenn nicht gar als verwerflich, sodass moralische Empörung legitim erscheint. Umgekehrt gilt: Wer »Veränderung proklamiert, ist vor Kritik sicher, denn niemand will im Geruch stehen, an Herkömmlichem festzuhalten« (Liessmann, 2017, S. 19).

Die Auflösung von Grenzen führt aber ihrerseits zu Irritationen und Ungewissheiten und der mehr als berechtigten Frage, ob sich die Situation dadurch wirklich verbessert und für wen sie es tun könnte. Um diese Frage zu beantworten, bedarf es klarer Kriterien und eines Abgleichs mit der Wirklichkeit. Aufgrund hehrer Worte,

reiner Proklamationen und einer Befreiungslyrik, die allein sub-
jektiv befriedigen mag, lassen sich keine gehaltvollen Aussagen
treffen. Zudem darf nicht übersehen werden, dass kein Vakuum
lange existiert. Schnell entstehen neue Grenzlinien. Sie können
weicher gezogen werden als die bisherigen oder auch schärfer gefasst sein. Nur über eines sollte man sich nicht täuschen: Die
Macht über andere, die abgeschafft werden sollte, ist nicht verschwunden, sie kehrt in veränderter, oft nur notdürftig verkleideter Form zurück.

Die eingeforderte Toleranz und Öffnung können in ein krasses
Gegenteil umschlagen. Die Grenzen des Sag- und Diskutierbaren
werden dann enger definiert und rigider bewacht als zuvor. In Zeiten der Politischen Korrektheit finden sich dafür allerorten Belege.
Die geistige Enge, die dadurch entsteht, ist ebenso bedrückend wie
beängstigend. Sie ist der Ausdruck eines neuen, besonders unnachgiebig vertretenen Machtanspruchs, der vergeblich versucht, sich
hinter harmlosen Formulierungen zu verstecken. Wie der, man
wolle nur, in aller Unschuld, zur Aufklärung beitragen und Böses
abwenden.

Die Pädagogik und Sonderpädagogik bleiben von dieser Entwicklung nicht verschont. Auch sie sind in vielen und durchaus
zentralen Bereichen von Grenzauflösungen, Nivellierungsbemü-
hungen und Politischer Korrektheit betroffen. In der Sonderpädagogik haben die Arbeiten Dagmar Hänsels zur Geschichte des
Faches einiges Aufsehen erregt. In ihnen wird eine ideelle Kontinuität vom Nationalsozialismus bis heute unterstellt. Sonderpädagogische Mythenerzählungen beherrschten das Feld, von Geschichtsfälschung ist die Rede, die verschleiern soll, dass sich
»die Sonderpädagogik [...] ihren fundamentalen Ausbau in der
Nachkriegszeit auf dem Rücken ihrer NS-Opfer erschlichen« habe
(Hänsel in Maihofer, 2016, S. 26 f.). Ein Widerspruch dagegen, Dif-
ferenzierungs- und Klärungsversuche, werden in das Licht des
moralisch Unzulässigen gestellt.

Doch die Vorwürfe reichen noch weiter: Nicht nur die beschä-
mende Vergangenheit werde verschwiegen, verleugnet oder gar

durch Lügen überdeckt, auch ihre gegenwärtige Rolle sei äußerst bedenklich. Das Urteil, das über die gegenwärtige Sonderpädagogik gesprochen wird, fällt überaus kritisch, nahezu vernichtend aus. Dem gesellschaftlichen Fortschritt stehe sie im Weg: Die Beteiligung von Sonderpädagoginnen und -pädagogen an der inklusiven Beschulung sei per se destruktiv, da sie Kinder etikettiere, beschäme und somit schädige. Und weiterhin: Einen ertragreichen Beitrag zur Förderung behinderter Kinder leiste dieses Fach sowieso nicht, weder früher noch heute, an keinem pädagogischen Ort. Darin ist sich Hänsel mit Schumann einig, die sich ebenfalls für die Auflösung der Sonderpädagogik als eigenständige universitäre Wissenschaft einsetzt. Bisherige disziplinäre Differenzierungen sollen entfallen, die Grenzen zwischen ihnen aufgehoben werden.

Als bildungspolitisches Ziel gilt eine totale Inklusion, eine vollständige institutionelle Entdifferenzierung, die keine Ausnahmen kennt, ausdrücklich ohne genuin sonderpädagogische Beteiligung. Mit ihren radikalen Vorstellungen zur aktuellen Gestaltung der Schullandschaft stehen Hänsel und Schumann nicht allein. Sie finden, unter Anrufung der Menschenrechte, durchaus Anschluss an einige gewichtige Stimmen im In- und Ausland. Die Grenzen zwischen allgemeiner und spezieller Pädagogik sollen auch in den USA eingerissen und substanzielle Beiträge der Sonderpädagogik so ausgedünnt werden, dass am Ende kaum noch etwas von ihnen übrigbleibt. Die Nivellierung der Differenzen zwischen Behinderung und Nichthinderung ist dazu ein wichtiger Baustein (Anastasio, Gregory & Kauffman, 2018; Kauffman et al., 2017). Sie soll dazu beitragen, dass eine totale Inklusion, eine ›full inclusion‹ möglich wird (Ahrbeck et al., 2018).

Diese Hoffnung erweist sich jedoch nach allen pädagogischen Erfahrungen als illusionär. Kauffman und Hallahan (1995) haben darauf in einer richtungsweisenden Arbeit bereits vor langem verwiesen (»The Illusion of Full Inclusion«), und Tenorth (2011, S. 19), einer der bedeutendsten deutschen Bildungshistoriker, fragt zu Recht danach, »woher der frische Mut stammt, unter der Fahne der Inklusion jetzt alle Probleme bewältigen zu können, die sich nach historischer Erfahrung bei allen Reformen als resistent erwiesen haben«. Die Lebenswirklichkeit ist etwas anderes als eine Wunschwelt, die umso heftiger aufrechterhalten wird, je stärker ihr die Realität widerspricht.

Grenzen anderer Art sind mit der sexuellen Liberalisierung infrage gestellt worden, auch das mit erheblichen gesellschaftlichen und pädagogischen Folgen. Die Aufklärung, die durch die 68er-Bewegung befördert wurde, hat zu einer Befreiung von alten Zwängen geführt. Starre geschlechtsspezifische Rollenbilder wurden abgeschafft, das Spektrum respektierten sexuellen Erlebens und Verhaltens erweitert und vor allem die Beziehung zu ehemaligen Randgruppen neu geordnet.

Zugleich entstand eine Permissivität, die aus heutiger Sicht nur noch Kopfschütteln auslöst. Pädophilie wurde von Interessenverbänden und einer geneigten politischen Öffentlichkeit zu einem Teil einer begrüßenswerten sexuellen Vielfalt erklärt. Sie galt als eine zumeist harmlose Praxis, die der bürgerlichen Spießigkeit entrissen und von einer reaktionären Weltanschauung befreit werden sollte. Federführend dabei waren, unterstützt von philosophischer Seite, angesehene und einflussreiche Sexualpädagogen und Sexualforscher. So hat sich Helmut Kentler dafür eingesetzt, dass Kinder und Jugendliche in schwierigen Lebenssituationen pädophilen Männern überlassen, sprich: ihnen preisgegeben wurden. Mit Erlaubnis staatlicher Stellen.

Es hat einige Zeit gedauert, bis die desaströsen Folgen dieser Neuorientierung ins Bewusstsein getreten sind und ein Umdenken eingesetzt hat, gegen nicht unerheblicher Widerstand von Vertretern der Sexualpädagogik. Für die Anerkennung des Erlittenen mussten die Betroffenen hart kämpfen. Deutlich wurde, welchen Gefährdungen Kinder ausgesetzt sind und wieviel Leid es erzeugt, wenn eine gesellschaftliche Schutzmembran zerbricht und sexuelle Grenzen zwischen den Generationen eingerissen werden. Die Kinder sind dann der Macht Erwachsener hilflos ausgeliefert, sie werden zum Opfer einer verqueren Befreiungsideologie, die elementare kulturelle Errungenschaften aufgibt. Heute sind die Grenzen gegenüber der Pädophilie wieder gefestigt, sehr viel gesicherter zumindest als früher. Die Odenwaldschule, die sich als Vorhut einer aufgeklärten Pädagogik verstand, ist inzwischen geschlossen worden, aufgrund langwährenden sexuellen Missbrauchs.

Diese Entwicklung verweist auf einen sensiblen Punkt, die Frage nämlich, wieso das pädophile Begehren nicht von Anfang an entschieden begrenzt wurde. Vieles spricht dafür, dass sich die Maßstäbe in Zeiten eines Aufbruchs insgesamt zu sehr verschoben hatten. Die Irritationen, die dadurch entstanden, haben es erschwert zwischen wirklichen Fortschritten und bedenklichen Fehlentwicklungen zu unterscheiden. Zu den positiven Veränderungen, die sich einstellten, gehört die Befreiung der Sexualität. Sie gelang in vielen Bereichen: Bisherige Grenzen wurden relativiert oder aufgelöst, ohne dass ein Schaden entstand, wenngleich neue Konflikte und Schwierigkeiten nicht ausbleiben konnten (Bruckner & Finkielkraut, 1979; Guillebaud, 1999). In anderen Bereichen, wie der Pädophilie, wurde der Bogen überzogen und kaum jemand mochte sich dem großen ›Befreiungsentwurf‹ entgegenstellen. Das wäre, so die Befürchtung, als generelle Ablehnung der großen Fortschrittsidee fehlgedeutet worden. Es hätte dazu geführt, in unverzeihlicher Weise auf der falschen Seite zu stehen. Insofern hat sich eine Zeitgeistströmung machtvoll behauptet und erfolgreich über Bedenken, die es sehr wohl auch gab, hinweggesetzt. Der Mut zum Widerspruch fehlte.

Großen Befreiungsentwürfen sollte kritisch begegnet werden, umso mehr, je stärker sie mit unbeirrbarer Selbstgewissheit und einer moralischen Überhöhung daherkommen, die kaum noch einen Widerspruch zulässt. Davor sind wir auch heute, mehr als fünfzig Jahre nach 1968, nicht gefeit.

Gegenwärtig ist das ›Gender-Mainstreaming‹ in aller Munde, ein Thema von großer gesellschaftlicher Brisanz, das zahlreiche Polarisierungen hervorruft. Unter dem Namen Gender tritt ein Entwurf auf die Bühne, der die traditionelle Zweiteilung von Mann und Frau infrage stellt, moralisch hochaufgeladen ist und von einem heftigen Aufklärungsimpetus getragen wird – zumindest in ihrer wissenschaftlich populärsten, öffentlich stark beachteten Form. Die alte Grenzziehung, die diverse Gestaltungsmöglichkeiten zulässt, soll einer radikalen Neuorientierung weichen. Damit ist in erster Linie nicht gemeint, dass sich soziale Rollen anders ausfüllen lassen und die Beziehung zu Minderheiten und seltenen Sexualpraxen neu definiert werden kann. Angestrebt wird vielmehr, die Kategorien Mann – Frau grundsätzlich aufzulösen, so dass es zu einer »Aberkennung von Geschlecht« (Aigner, 2018, S. 93) kommt bis hin zu der Vorstellung, auch die biologische Seite des Menschen sei eine rein subjektive Konstruktion. Heterosexuelle Lebensformen geraten dabei besonders unter Beschuss: Sie gelten, zugespitzt formuliert, als geronnene Erfindung und ein unaufgeklärtes Zwangsprodukt längst überholter Zeiten. Die angestrebte Grenzauflösung ist immens, Grundfeste der bisherigen Ordnung werden zur Disposition gestellt.

Wiederum soll eine Befreiung aus den Fesseln einer repressiven Gesellschaft erfolgen. Pädagogisch wirkt sie sich in gravierender Weise aus. Die sogenannte gendergerechte Pädagogik will Kinder bereits in einem frühen Lebensalter zu sexueller Toleranz und Offenheit erziehen, so dass unterschiedliche Lebensformen und sexuelle Orientierungen als gleichwertig anerkannt werden. Nichtheterosexuelle Verkehrsformen und Identitäten sollen den Kindern aktiv und explizit bejahend nahegebracht werden. Dieses Ziel ist für sich selbst genommen gar nicht umstritten, sofern es maßvoll verfolgt wird, dem Alter der Kinder entspricht und persönlich nicht als grenzüberschreitend erlebt wird. Das ist aber sehr häufig nicht der Fall. In der Praxis werden unterschiedliche Sexualpraktiken und -formen in einer Weise präsentiert, die bei vielen Eltern verständlicherweise Erschrecken erzeugt und Protest hervorruft. Sie erleben eine solche Pädagogik als übergriffig und kindungemäß.

Ein wichtiges Ziel besteht nämlich darin, dass geschlechtsspezifische Zuordnungen möglichst weitgehend entfallen sollen. Großer Wert wird deshalb darauf gelegt, dass sich kein geschlechtsdifferentes Rollenverhalten etabliert, das in irgendeiner Weise als einengend oder benachteiligend interpretiert werden kann. Der Stockholmer Kindergarten mit dem bezeichnenden Namen ›Egalia‹ nimmt dabei eine Vorläuferrolle ein. Das Spiel mit Materialien, die geschlechtsspezifisch präferiert werden, soll unterbleiben, das gleiche Kriterium gilt für die Auswahl von Märchen und Erzählungen. Gleichheit ist das überragende Prinzip.

> »Der Geschlechtsunterschied gerät [damit] in Gefahr, generell dämonisiert zu werden, als ob ›Unterschied‹ sozusagen essentiell ›Unterdrückung‹ bedeutet und jemand, der sich darauf bezieht, politisch Bedenkliches im Schilde führen müsse« (Aigner, 2018, S. 10).

Das zeigt sich auch in Lehrplänen und Handreichungen, die sich ausdrücklich dafür einsetzen, dass sich verfestigende Identitäten irritiert und erschüttert werden. Genau genommen solche, die sich auf die Heterosexualität und konventionelle Lebensformen beziehen. Aus dem Blick gerät dabei, in welche verwirrenden Situationen die junge Generation gebracht wird, die unter der Drohung steht, dass ihr mehrheitliches Erleben und Verhalten den neuen strikten Vorgaben nicht genügt. Sie ist erheblichen neuen Zwängen ausgesetzt, einer rigiden Ordnung, die eine freie Entfaltung der Person nachhaltig beschneiden kann.

Bemerkenswert ist, dass sich die gendergerechte Pädagogik auf abstrakte Geschlechterkonstruktionen und Gerechtigkeitsforderungen beruft, psychologisch aber nicht ausgewiesen wird. Anderenfalls würde schnell deutlich, auf wie wackeligen Beinen die Selbstkonstruktionsthese steht, wie stark der Widerspruch zu gesicherten psychologischen Erkenntnissen ist. Hinzu kommt, dass die Erträge herkömmlicher Erziehung und Sozialisation geringgeschätzt werden. Die historisch gewachsene Kultur gilt offensichtlich als bedrohliche Zumutung. Die Sicht auf ihre Errungenschaften ist verloren gegangen.

Bisherige Wertstrukturen werden auch deswegen infrage gestellt, weil Wertigkeiten, wie immer sie aussehen, zu Vergleichen führen, die zwangsläufig Unterschiede offenbaren. Wer Differenzen benennt, die sich nicht in eine unverbindliche Vielfalt auflösen lassen, gerät inzwischen leicht unter Beschuss. Er wolle, so die weitreichende Unterstellung, die Gleichwertigkeit von Menschen grundsätzlich anzweifeln, Ungerechtigkeiten herstellen und zu ihrer Verfestigung beitragen. Ungleichheit und Ungerechtigkeit werden dabei nahe zusammengestellt, häufig sogar gleichgesetzt.

Im Inklusionsdiskurs findet sich einiges davon wieder. Menschen mit Behinderung sollen in ihren Stärken gesehen werden, nicht aber in ihren Beeinträchtigungen, ihrer Bedürftigkeit und ihrem Angewiesensein (Ahrbeck & Rauh, 2004). Mit der Auflösung der sogenannten Zweigruppentheorie verbindet sich das Ziel, dass sich Behinderung in die Vielfalt unterschiedlichster Lebens- und Daseinsformen einreiht, dadurch unauffälliger wird und an Bedeutung verliert. In extremer Interpretation soll es Behinderung dann gar nicht mehr geben, da jeder Mensch irgendwie behindert ist und Verschiedenheit zur Normalität werden soll. »An die Stelle der Dichotomie ›normal‹ versus ›behindert‹ tritt die Anerkennung der Vielfalt« (Wocken, 2012, S. 119).

Vergleiche werden gefürchtet, da sie per se schädigend sein sollen, vor allem für diejenigen, die eine Behinderung aufweisen oder leistungsschwächer sind. Erst wenn die Kategorie des schlechten Schülers getilgt sei, könne eine grundlegende humane Anerkennung gelingen, die frei von Diskriminierung und Menschenfeindlichkeit ist. Wie sehr der Differenzierungsgedanke verurteilt wird, zeigt sich an Wockens Rede von der »sozialdarwinistische[n] Härte eines gegliederten Schulsystems« (Wocken, 2012, S. 47) oder der Bezeichnung der deutschen Schullandschaft als »›tri-apartheid‹-System« durch Merz-Atalik (Merz-Atalik, Katzenbach & Ahrbeck, 2018, S. 127) oder schlicht als »Apartheid« (Degner, 2018, S. 7).

Dermaßen heftige moralische Verurteilungen spiegeln nicht nur die inneren Haltungen der Verfasser wider, sie dienen auch dazu, andere Auffassungen in ein illegitimes Licht zu stellen. Anders gelagerte Gedanken und Überzeugungen geraten dadurch in den Bann der Politischen Korrektheit. Zum Beispiel die Annahme, dass die Gliederung des Schulsystems der Individualität von Kindern entsprechen kann und nicht jede Schulform für jeden Schüler das Richtige sein muss. Für die Möglichkeit, sich offen zu äußern, sind solche Verurteilungen eine denkbar schlechte Voraussetzung. Sie verhindern einen freien Diskurs. Das ist umso erstaunlicher, als Vielfalt und Unterschiedlichkeit das Leben bereichern sollen, wie immer wieder mit großer Emphase betont wird.

An anderer Stelle sind die Sensibilitäten wiederum sehr ausgeprägt. Da kein Kind in Vorschule oder Schule in irgendeiner Weise diskriminiert, etikettiert und an den Rand gedrängt werden soll, werden spezielle Förderkategorien äußerst skeptisch betrachtet. In der Sprache führender Inklusionsvertreter gelten sie als verdammenswerte Begriffe, als sexistisch, rassistisch oder menschenrechtswidrig. Zudem sollen sie pädagogisch sinnlos sein. Alle Kinder seien förderbedürftig, da sie etwas benötigen, das speziell auf sie zugeschnitten ist. Darin seien sie alle gleich. »In der Inklusion sind einfach alle unterschiedslos und namenlos verschieden« (Wocken, 2012, S. 119). Das klingt freundlicher als es ist. An die Stelle eines Realitätsbezuges, der Behinderung als solche anerkennt, tritt eine Namenslosigkeit, die als fortschrittlich und human proklamiert wird.

Offensichtlich ist: Auch hier werden Differenzen zwischen Menschen kaum ertragen, sie sollen mit Hilfe des Vielfaltsbegriffs eingedampft und unkenntlich gemacht werden.

> »Indem alle Schülerinnen und Schüler [...] als Besondere gelten sollen, werden Menschen mit Behinderungen [...] in Wahrheit zum Verschwinden gebracht« (Brodkorb, 2014, S. 444).

Diese Differenzverleugnung gereicht den Kindern zum Nachteil. Es kann für sie sehr beschämend sein, wenn sie bemerken, dass ihr Zustand nicht mehr benannt werden darf. Die Erleichterung, die in Aussicht gestellt wird, dürfte sich in aller Regel als illusorisch erweisen. Der Realität kann nicht dadurch entgangen werden, dass nicht mehr über sie gesprochen wird. Entlastung finden aber diejenigen, die mit Differenzen ihre Probleme haben – auf Kosten der behinderten Kinder und Jugendlichen.

Hinzu kommt: Wenn Behinderung aus moralischen Gründen unkenntlich gemacht wird, ist eine angemessene Förderung wesentlich erschwert. Insbesondere dann, wenn Leistung und gesellschaftliche Erwartungen in ein problematisches Licht gestellt werden.
Kinder, die ›normalistischen‹ Anforderungen entzogen werden sollen, fallen auf sich selbst zurück und verlieren wichtige Orientie-
rungspunkte. Woher sollen sie denn Maßstäbe für ihre Entwicklung
stammen, wenn nur sie die einzige Bezugsgröße sind? Geradezu
fahrlässig wird eine Differenzverleugnung dann, wenn feststellba-
ren Rückständen nicht mehr pädagogisch entschieden begegnet
wird, obgleich dies im Rahmen des Möglichen liegt.

Ohne Zweifel können Kinder mit Behinderung Anforderungen
ausgesetzt sein, die sie beim besten Willen nicht erfüllen können,
die überfordernd sind und psychische Notlagen hervorrufen. Diese
Gefahr besteht. Lehrerinnen und Lehrer wissen darum, seitdem es
Schule gibt. Hier ist eine besondere Sensibilität geboten, die vor
Überforderung schützt, aber auch adäquate Anforderungen stellt.
Eine notwendige Balance wird aber dann nicht gewahrt, wenn
Förderansprüche aus übermächtiger Angst vor Kränkungen redu-
ziert werden und pädagogische Ziele durch Dekategorisierung ins
Diffuse geraten.

Die hartnäckig aufrechterhaltene Behauptung, Kinder würden
in der heutigen Schule nicht ausreichend persönlich anerkannt,
überrascht vor dem Hintergrund, dass individuelle Bedürfnisse,
Befindlichkeiten und Besonderheiten generell viel stärker beachtet
und geachtet werden als in früheren Zeiten. Der Einzelne kann
freier hervortreten als je zuvor, und er darf erwarten, dass sich
andere auf ihn als Person einstellen. Die Gesellschaft ist insgesamt
permissiver geworden. Doch das scheint nicht auszureichen. Noch
immer und mit steigender Tendenz wird beklagt, wie repressiv sie
sei, überfordernd in ihren Erwartungen und Anforderungen, hart,
unerbittlich und rücksichtslos – schulstrukturell und im Umgang
mit behinderten und nichtbehinderten Kindern. Die Sensibilitäten,
die dem zugrunde liegen, sind ganz erheblich und mitunter hat es
den Anschein, als stiegen sie weiter an, je toleranter und offener

die Gesellschaft geworden ist. Entsprechend wachsen auch die illusionären Hoffnungen, dass immer weitergehende Grenzauflösungen der persönlichen Befreiung und dem pädagogischen Fortschritt dienen könnten.

8

Was Erziehung heute leisten kann und muss

Die Überschätzung kindlicher Selbstentfaltungskräfte und das Abschleifen von Grenzen unterschiedlichster Art verstellen den Blick darauf, was Erziehung leisten kann und was sie leisten muss. Wichtige anthropologische und entwicklungspsychologische Erkenntnisse werden dabei außer Acht gelassen und elementare erziehungswissenschaftliche Einsichten vernachlässigt.

Während früher unterschätzt wurde, was Kinder aus sich heraus vermögen, ist das Pendel inzwischen zu stark in die Gegenrichtung umgeschlagen. Kinder werden mit Selbständigkeitserwartungen überfrachtet und zu sehr auf sich selbst zurückgeworfen. Wichtige Entwicklungsmöglichkeiten bleiben ihnen deshalb verschlossen. Überforderung und Resignation können die Folge sein. Eine übergroße Annäherung zwischen den Generationen, die zu Grenzauflösungen führen kann, trägt ebenfalls dazu bei, dass der Erziehungsgedanke in den Hintergrund gerät. Die Legitimität von Erziehung wird dabei infrage gestellt. Die Erziehenden wissen nicht mehr, ob sie wirklich berechtigt sind, einzugreifen, zu lenken und zu begrenzen. Sie geraten deshalb leicht in eine schuldbeladene Position.

Erziehungshemmungen werden auch durch weitere Faktoren unterstützt. Ungewissheiten über die gesellschaftliche Entwicklung und die Stellung, die der Einzelne zukünftig einnehmen wird, gehören dazu. Sie spiegeln einerseits eine sich schnell verändernde äußere Realität wider, kommen aber auch einer inneren Erziehungsreserviertheit entgegen, die sich aus ganz anderen Quellen speist. Gemeinsam münden sie in der Sorge, mit der eigenen Erziehung nicht mehr auf der Höhe der Zeit zu sein. Das gilt insbesondere dann, wenn gesellschaftlich einflussreiche Kräfte diese Entwicklung noch verstärken. Die gewagten anthropologischen Neukonstruktionen, die sich in der ›gendergerechten‹ Pädagogik wiederfinden, sind ein Beispiel dafür. Sie greifen, durchaus absichtsvoll, verunsichernd in das bisherige Erziehungsgeschehen ein. Bei aller Skepsis, die sie erzeugen, fehlt zeittypisch häufig der Mut zu entschiedenem Widerspruch. Was übrig bleibt, ist das diffuse Gefühl, sich irgendwie doch mit dem arrangieren zu müssen, was eigentlich für falsch gehalten wird.

Ebenso wenig dienlich ist eine Relativierung des Leistungsprinzips, wie sie für Schulen gefordert wird, und die Missachtung kindlicher Konkurrenzwünsche, die damit einhergeht. Eine solche Grenzverwischung behindert Kinder, indem sie einen Teil ihrer Wünsche verstecken oder unterdrücken müssen. Kinder können ihre Leistungspotenziale nicht mehr frei ausschöpfen, wenn sie Angst davor haben müssen, sich schuldig zu machen, indem sie andere überflügeln. Ein weiterer Effekt der Konkurrenzvermeidung, der ein heißes Eisen berührt, wird häufig übersehen. Wenn individuell erbrachte Leistungen relativiert und unterschiedliche

Leistungsniveaus eingeebnet werden, erle.den begabte Schülerinnen und Schüler aus sozial wenig privilegierten Elternhäusern den größten Schaden. Ihnen wird ein entscheidendes Emanzipations- und Differenzierungsmittel genommen, das wohl wichtigste, das sie haben.

Der weitestgehende Traum, der sich mit einer ›anderen‹, einer ›neuen‹ Erziehung verbindet, ist der, die Schule könne Vorhut einer fundamental anderen Gesellschaft sein. Dieser Traum wird sich nicht erfüllen, egal welcher Mittel er sich bedient und was immer sein Ausgangpunkt sein mag. Etwa der Wunsch nach einer repressionsfreien Erziehung, nach der Abkehr vom Leistungsprinzip, nach einer totalen Bildungsgerechtigkeit, die die soziale Herkunft vollständig neutralisiert, oder die Sehnsucht nach einer wahrhaft inklusiven Schule als neuestem Hoffnungsträger einer befreiten Gesellschaft. Die Gesellschaft gehorcht ihren eigenen Gesetzen und die Schule ist und bleibt einer ihrer funktionellen Teile. Für die gesellschaftliche Reproduktion leistet sie unentbehrliche Dienste, von diesem Auftrag kann sie sich nicht absentieren. »Die Schule, wenn sie richtig eingerichtet ist, muss zu dieser Gesellschaft passen« (Kaube, 2019, S. 29). Dazu gehört, dass sich das Differenzierungs- und Konkurrenzprinzip nicht aufheben lässt, als konstituierende Bedingung einer offenen und freiheitlichen Gesellschaft.

Erziehung kann ihrem Wesen nach nicht repressionsfrei sein. Wer das Gegenteil annimmt, verfällt einer großen Illusion. Erziehung muss den ursprünglichen kindlichen Bedürfnissen entgegentreten und sie in eine sozial gefällige Form wandeln. Dabei stehen sich zwei Pole gegenüber: Eine zu nachgiebige und eine zu fordernde Form der Erziehung, eine zu freie und zu einengende, eine zu geringe oder zu starke Triebunterdrückung. Freud (1933b, S. 160) hat die Eckpunkte diesen Spannungsbogen mit »der Scylla des Gewährenlassens und der Charybdis des Versagens« umschrieben.

Die Gefahr einer zu starken Unterordnung, von zu viel Hemmung und Triebunterdrückung, hat Freud sehr wohl gesehen. Die

Erziehung habe »dies zu allen Zeiten reichlich besorgt«, bemerkt er lapidar, und »bisher ihre Aufgabe sehr schlecht erfüllt und den Kindern großen Schaden zugefügt« (Freud, 1933b, 160 f.). Neurotische Entwicklungen würden dadurch gefördert, wenn nicht gar hervorgerufen. Die Erziehung solle deshalb so gestaltet sein, dass sie eine freiere persönliche Entwicklung ermöglicht, durch ein geringeres Maß an Triebbegrenzung und einem anderen Umgang mit den kindlichen Bedürfnissen.

Dieser Wunsch führte, wie sich später herausstellte, zu überzogenen Erwartungen und einer Idealisierung dessen, was psychoanalytische Erkenntnisse bewirken können. »Von allen Anwendungen der Psychoanalyse hat keine so viel Interesse gefunden, so viel Hoffnungen geweckt [...] wie die auf die Theorie und Praxis der Kindererziehung«, schrieb Freud (1925b, S. 7 f.) im Geleitwort zu August Aichhorns ›Verwahrloste Jugend‹. Und einige Jahre später:

> »Nur an einem Thema kann ich nicht so leicht vorbeigehen. [...] es ist so überaus wichtig, so reich an Hoffnungen für die Zukunft, vielleicht das Wichtigste von allem, was die Analyse betreibt. Ich meine die Anwendung der Psychoanalyse auf die Pädagogik, die Erziehung der nächsten Generation« (Freud, 1933b, S. 157).

Die Psychoanalyse hat wesentlich dazu beigetragen, dass kindliche Entwicklungsprozesse erhellt wurden, mehr Verständnis und ein besserer Zugang zu den inneren Problemen und Nöten der Nachwachsenden gelang. Die Erziehung orientierte in der Folge stärker an der kindlichen Innenwelt. Sie ist weniger machtbetont, milder und freundlicher geworden. Partnerschaftlichkeit statt autoritärer Unterordnung, so lautet die allgemein anerkannte Erziehungsleitlinie der letzten Jahrzehnte. Vieles hat sich dadurch verbessert: Kinder wurden von alten Zwängen und manchen schwer erträglichen Belastungen befreit.

Die Hoffnung allerdings, die Freud hegte, Kinder würden nunmehr insgesamt konfliktfreier und weniger ›neurotisch‹ aufwachsen, hat sich nicht erfüllt. Offensichtlich sind die Möglichkeiten, die Erziehung bietet, begrenzter als gedacht. Oder anders formuliert: Die Gesetzmäßigkeiten, die zu psychischen Beeinträchtigungen und Erkrankungen führen, sind andere und weitaus komplexer, als dass die Erziehung sie abschaffen könnte. Schwer auflösbare innere Verstrickungen und äußere Konflikte währen fort, auch dann, wenn sich Erziehungsstile ändern. Sie nehmen allenfalls andere Formen an, wie Dornes (2012) akribische Analyse des empirischen Forschungsstandes belegt.

Eine wie auch immer geartete ›gute‹ Erziehung kann die Spannungen und Widersprüche des Erziehungsgeschehens nicht aus der Welt schaffen. Das wusste auch Freud, der darauf bestand, dass sich Kinder nicht aus sich selbst heraus regulieren können und einer erzieherischen Lenkung zur sozialen Anpassung und Triebbeherrschung bedürfen. Die über die Jahrhunderte entwickelten Errungenschaften der Kulturentwicklung müssen ihnen aktiv nahegebracht und implantiert werden. Deswegen verweist er immer wieder auf die ›Scylla des Gewährenlassens‹ als die zweite große Gefahr misslingender Erziehung.

Inzwischen haben sich die Zeiten gewandelt. Wurde früher aus guten Gründen für eine Trieblockerung plädiert und die Auflösung starrer Strukturen gefordert, so stellen sich die Verhältnisse heute ganz anders dar. Nicht eine Überstrukturierung ist gegenwärtig das entscheidende Thema, sondern das Fehlen verlässlicher Strukturen. Kinder leiden heute nur noch selten unter rigiden Anforderungen, zwingenden Verboten und archaischen Strafandrohungen. Sie sind nicht mehr Opfer einer triebfeindlichen Gesellschaft und überstrenger Erziehung. Eher ist das Gegenteil der Fall: Es gibt zu wenig Orientierung, zu wenig Reibung, zu viel Verunsicherung.

Heute ist das Plädoyer für eine weitere Triebbefreiung fehl am Platz. Sehr viel wichtiger ist es geworden, dass Kinder klare und verlässlich äußere Strukturen vorfinden und sie einer konturierten Erziehungshaltung begegnen, die Auseinandersetzung ermöglicht und dabei Sicherheit vermittelt. Dann fällt eine innere Strukturierung leichter (Ahrbeck, Doerr, Göppel, Krebs & Wininger, 2016).

Die Suche nach Selbstachtung und Anerkennung läuft ins Leere, wenn Kinder niemanden haben, an dem sie sich orientieren und reiben können. Selbstachtung entsteht in einem langen Prozess der Auseinandersetzung mit der inneren und äußeren Realität.

>»Selbstachtung kann nicht verliehen werden, man muß sie sich verdienen. Die gegenwärtige therapeutische und pädagogische Praxis, ganz ›Empathie‹ und ›Verständnis‹, versucht Selbstachtung ohne Risiko zu erzeugen. Selbst das stärkste Voodoo könnte kein Wunder dieser Größenordnung bewegen« (Lasch, 1995, S. 227).

Tragfähige innere Strukturen entstehen durch die Begegnung mit bedeutsamen Anderen, in emotional angereicherten Beziehungen. Das gilt für den Selbstwert, die Entwicklung des Gewissens und anderer Persönlichkeitsbereiche gleichermaßen. Immer kommt es auf den Objektbezug an. »Man wird nicht unabhängig dadurch, dass man allein gelassen wird« (Kaube, 2019, S. 323).

Ein reifes Gewissen entsteht durch die Konfrontation mit moralischen Anforderungen und geltenden Gesetzen. Es beruht, in immer wiederkehrenden Schleifen, auf einer Beschäftigung mit dem, was dem Kind zunächst fremd ist und ihm von außen entgegengebracht wird. Ein Rückzug aus der erzieherischen Verantwortung wirkt sich schädlich aus.

>»Die Abdankung der elterlichen Autorität intensiviert die Angst des Kindes vor Bestrafung, statt sie zu besänftigen, und verknüpft zugleich den Gedanken an Bestrafung fester denn je mit willkürlicher erdrückender Gewalt« (Lasch, 1986, S. 204).

Erziehung lebt von der generationalen Differenz, das ist ein Grundsatz, der zu allen Zeiten gültig ist, eine anthropologische Konstante. Auch zukünftige Entwicklungsaufgaben, die gar nicht so unüberschaubar sind, wie oft behauptet wird, lassen sich nur auf dieser Grundlage lösen.

Lernen muss vor Schwierigkeiten stellen, die nicht leicht zu bewältigen sind, es muss herausfordern. Insofern konfrontiert das Lernen Kinder mit dem, was sie noch nicht können oder wissen, und legt einen Mangel offen, der, wenn er anerkannt wird, zu einem persönlichen Fortschritt führen kann. Der Hinweis auf Fehler ist somit kein antipädagogischer Akt, sondern sein Gegenteil. Er ist notwendig und unumgänglich. Nichts hilft Kindern weniger, als wenn sie ein Lob erhalten, das sie über ihre wirkliche Situation hinwegtäuscht.

> »Wir erweisen Kindern [...] einen furchtbar schlechten Dienst, wenn wir sie mit unverdienter Anerkennung überschütten. Die Art von Bestätigung, die sie brauchen, kommt nur mit einer zunehmenden Fähigkeit, überindividuellen Kompetenzmaßstäben gerecht zu werden« (Lasch, 1986, S. 227).

Eine folgenschwere Illusion liegt also in der Annahme, Lernen könne allein spielerisch erfolgen oder dadurch, dass auf unbequeme innere und äußere Anforderungen verzichtet wird.

Zu den elementaren Aufgaben der Schule gehört es, dass unverhandelbare Inhalte vermittelt werden, Lesen, Schreiben, Rechnen. Das ist die Voraussetzung dafür, dass später eine höhere Bildung gelingen kann. Wie dringlich diese Aufgabe ist, zeigt sich daran, dass viele Schülerinnen und Schüler die Schule verlassen, ohne dass sie Mindeststandards erreicht haben – obgleich ihnen ein unterer Schulabschluss attestiert wird. Aus sich selbst heraus können Kinder nicht wissen, wie prioritär diese Bildungsziele sind und dass es sich langfristig lohnt, dem zunächst anstrengenden Lernen den Vorzug vor mühelos erreichbaren medialen Unterhaltungen zu geben. Lernen bedeutet auch Anstrengung, Üben und Wiederholen. Kostbare Zeit geht verloren, wenn Kindern dies erspart werden soll.

Kinder dürfen nicht dadurch überfordert werden, dass ihnen Entscheidungen zugemutet werden, die sie beim besten Willen nicht verantwortlich treffen können, wie etwa die Auswahl von Lerninhalten und Lernwegen. Eine kulturelle Alphabetisierung entsteht nicht aus sich selbst heraus. Sie muss zunächst gelenkt und zielgerichtet erfolgen, erst dann kann über Weiteres nachgedacht werden, wie etwa neue Stoffinhalte oder Fächer. Mit einer Geringschätzung kindlicher Fähigkeiten und einer Missachtung ihrer Persönlichkeit geht diese Einsicht nicht einher.

Die Bedeutung der pädagogischen Instruktion ist lange Zeit unterschätzt worden, teilweise begleitet von einer ausgesprochenen

Geringschätzung. In Abneigung gegen all das, was an Lenkung und Autorität erinnert, werden und wurden die Vorzüge alternativer Unterrichtsformen gelobt – als besonders kindgerecht, human und fortschrittlich. Kleingruppenarbeit, Projektunterricht, Freiarbeit, Stationenlernen gelten als entscheidende Alternativen, die nicht nur die kindliche Motivation stärken und Ehrgeiz wecken, sondern auch zu besseren Lernergebnissen führen sollen. Inzwischen geht es, wiederum mit erheblichem Reformeifer, um mehr als nur bestimmte Unterrichtsformen, sondern um das Lernen selbst. Mit Hilfe sogenannter ›Neuen Lernkulturen‹ soll es grundlegend verändert werden.

> »Die eingeforderten Vorgaben für das Selbstorganisierte Lernen (SGL), das Selbstgesteuerte Problemlösende Lernen (SPL), das Lernen durch Lehren (LDL), den Offenen Unterricht oder auch die Individualisierung von Lernprozessen beruhen letztlich auf der konstruktivistischen Lerntheorie, nach der das Lernen als aktiver und selbstgesteuerter Prozess zu verstehen sei« (Klein, 2016, S. 160 f.).

Bei allen Unterschieden, die innerhalb der ›Neuen Lernkultur‹ bestehen, beruht sie auf einer gemeinsamen Basis.

> »Allen Formen gemeinsam ist, dass das selbstgesteuerte und selbstwirksame Lernen den Pädagogen nur noch als Arrangeur von Lernangeboten und eventuell noch als Lerncoach, Mediator oder Moderator betrachtet« (Klein, 2016, S. 161).

In zahlreichen Schriften ist die ›Neue Lernkultur‹ einer kritischen Analyse unterzogen worden (Burchardt, 2016; Dammer, 2013; Felten, 2012; Klein, 2016; Türcke, 2016; Kaube, 2019). Die Autoren weisen nach, dass das konstruktivistische Lernmodell Entscheidendes unterschlägt: »Es blendet das Nicht-Ich aus, das dem lernenden Individuum einerseits Grenzen setzt, andererseits aber auch die Konstitution von Subjektivität überhaupt erst ermöglicht« (Dammer, 2013, S. 42). Die Folge davon ist keine Stärkung des Individuums, sondern eine Beschneidung seiner Entfaltungsmöglichkeiten. Fachliche Inhalte geraten in der kompetenzorientierten Pädagogik in den Hintergrund, stattdessen interessieren kommunikative Kompetenzen und die Lösung anwendungsbezogener Fragen. Der Dialog mit der Lehrkraft, an dem alle Kinder teilhaben, tritt in den Hintergrund. Die Entwicklung einer tiefergehende Reflektionsfähigkeit wird behindert. Das sollte verstanden werden: »Wer keinen Unterricht mehr erteilt, sondern ihn nur noch fördert und beaufsichtigt, gibt die primäre Lehrtätigkeit auf« (Türcke, 2016, S. 139) und damit viel von dem, was Lehrinnen und Lehrer in einer intensiven, zeitlich ausgedehnten und persönlich gehaltvollen Begegnung weitergeben können.

Vor allem Kindern, die aus wenig privilegierten Verhältnissen stammen, gereicht dies zum Nachteil.

> »Nahezu alles, was die moderne Schulpädagogik für fortschrittlich hält, benachteiligt die Kinder aus bildungsfernem Milieu. [...] Gerade das sozial benachteiligte Kind bedarf, um sich aus diesem Status zu befreien, eines geradezu altmodischen, direkt angeleiteten, aber auch geduldigen und ermutigenden Unterrichts« (Giesecke, 2003, S. 254 bzw. S. 256).

Eine Ernüchterung größeren Stils trat mit der Hattie-Studie (2014) ein, die den hohen, empirisch bereits zuvor nicht gedeckten Erwartungen widersprach. »Für die Anhänger der Neuen Lernkultur sind diese Ergebnisse mehr als eine Enttäuschung« (Klein, 2016, S. 223). Die neuen Konzepte sind hinsichtlich des Lernerfolgs weitgehend oder gar vollständig wirkungslos. Ihre Effektstärken liegen im niedrigen und niedrigsten Bereich. Der zentrale (schulische) Wirkfaktor hingegen ist die Instruktion der Lehrkraft, die sich streng an den kindlichen Lernprozessen und Lernvoraussetzungen orientiert. Lehrerinnen und Lehrer geben die Richtung vor. Sie sind es, die wissen, wie Lernprozesse zu gestalten sind, und sie sind im positiven Fall davon überzeugt, dass sie Kindern etwas Wichtiges mit auf den Weg geben können. »Auf den Lehrer kommt es an!«, so heißt es denn auch bei Felten (2010), als eine Person, die klare Zielvorstellungen hat, sie mit didaktischem Geschick und Interesse an der kindlichen Entwicklung verfolgt.

Eine Rückkehr zur alten autoritären Erziehung bedeutet dies nicht. Hattie schließt eine Methodenvielfalt nicht aus, didaktisch können und sollen unterschiedliche Wege gegangen werden, die der jeweiligen Lernsituation entsprechen, sofern das Primat der pädagogischen Instruktion grundsätzlich erhalten bleibt. Die kindliche Eigenaktivität wird dabei sehr wohl herausgefordert, ohne sie ist ein Lernen seit jeher nicht möglich. Ein passives Lernen gibt es nicht. Ebenso ist die Individualisierung für das instruktive Lernen kein Fremdwort. »Die Individualisierung von Unterricht ist [...] eine Forderung, die legitim an jede der Aufklärung und der bürgerlichen Gesellschaft verpflichtete Pädagogik zu stellen ist« (Dammer, 2013, S. 37) und auf unterschiedliche Weise eingelöst werden kann. Ein durch die Instruktion der Lehrkraft geleiteter Unterricht vermag es sehr wohl, sich auf den Einzelnen einzustellen, indem er zu einer regen Auseinandersetzung mit den Lerninhalten, zu Diskussionen und Nachfragen herausfordert. Kreativität und Innovationsbereitschaft sind dabei gewünscht und gefragt, auch wenn die gängigen karikaturhaften Überzeichnungen des traditionellen Lernens das nicht wahrhaben wollen.

Die Schule ist in den letzten Jahrzehnten von Reformen überschwemmt worden, die nur teilweise gehalten haben, was sie versprachen. Das belegen diverse schulstrukturelle Veränderungen, zuletzt die Verkürzung der Abiturzeit auf zwölf Jahre, die inzwischen vielerorts wieder rückgängig gemacht wird. Und auch die in vielen Bundesländern überstürzt eingeführte inklusive Beschulung, die vielfältige Korrekturen erzwingt und weiterhin erzwingen wird.

Zu den verwirrenden Neuerungen, deren langfristiger Bestand mehr als fraglich ist, zählt Klein die Zusammenlegung und Neustrukturierung von Unterrichtsfächern. Ein Beispiel dafür soll hier genügen.

»Schon 2004 tauchten im Lehrplan [Baden-Württembergs] teils abenteuerliche Fächerverbünde auf wie EWG (Erdkunde – Wirtschaft – Gemeinschaftskunde), MNT (Materie – Natur – Technik), MUM (Mensch und Umwelt), NWT (Naturwissenschaft und Technik), WZG (Welt – Zeit – Gesellschaft); WAG (Wirtschaft – Arbeit – Gesundheit), MNK (Mensch – Natur – Kultur) oder MSG (Musik – Sport – Gestalten), deren kreative Konstruktionen heute eigentlich niemand mehr nachvollziehen kann‹ (Klein, 2016, S. 168).

Der Autor fragt zurecht, wie es so überhaupt noch möglich sein soll, Kerninhalte einzelner Fächer wie beispielsweise Biologie oder Chemie zu vermitteln, und wie der dringend gebotenen Interdisziplinarität Rechnung getragen werden soll, die sich erst auf dem Boden soliden Fachwissens entfalten lässt.

Zahlreiche pädagogische Innovationen, zuletzt ›Schreiben nach Gehör‹, haben Kinder in die Irre geführt. Sie waren von der trügerischen Hoffnung geleitet, ein Entfachen der kindlichen Selbsttätigkeit würde von der Last unumgänglicher Anforderungen befreien. Viel Zeit ist dadurch verloren gegangen, viele Mühen sind durch unnötige Umwege fehlgeleitet worden und haben zu fatalen Ergebnissen geführt. Wiederum geht es darum, dass stattdessen klare pädagogische Vorgaben formuliert werden, eine Lenkung des Unterrichtsgeschehens erfolgt und ein Erziehungsauftrag angenommen wird.

Die Schule sollte sich auf ihre Kernaufgaben beziehen, auf das, was sie wirklich zu leisten vermag. Radikale Reformwünsche, die sich als moralisch unantastbar darstellen, haben häufig genug zu pädagogischen Irrwegen geführt. Der Vorschlag: »Man lasse die Schulen einfach mal in Ruhe« (Tenorth, 2014, S. 11), statt sie mit gewagten Reformideen zu überfluten, ist deshalb keine schlechte Idee. Schulen sollen dafür sorgen, dass sich jedes Kind – seinen Möglichkeiten gemäß – optimal entwickeln kann. Viel stärker als früher wird dabei inzwischen auf den Einzelnen eingegangen. Doch es muss auch klar sein, dass dem Grenzen gesetzt sind. Nicht jede schulische Anforderung und erst recht nicht jede Schulform ist für jedes Kind geeignet.

Kinder beginnen die Schule mit ungleichen Voraussetzungen und sie verlassen sie mit unterschiedlichen Ergebnissen. Je besser eine individuelle Förderung gelingt, desto stärker driften die Leistungen im Lauf der Schulzeit auseinander. Es sei denn, die Anforderungen werden so stark abgesenkt, dass Unterschiede kaum noch in Erscheinung treten. Differenzierung nach Leistung ist aber eine wesentliche schulische Aufgabe, die mit der freien Entfaltung der Persönlichkeit einhergeht.

Von einer Schule in einer offenen Gesellschaft kann erwartet werden, dass sie, soweit es in ihren Kräften steht, sozial benachteiligten Kindern gute Startmöglichkeiten einräumt. Der Begriff der Chancengerechtigkeit muss sich eben darauf beziehen, eine Ergebnisgleichheit kann und sollte nicht verordnet werden, das wäre alles andere als gerecht. »Eine über die Gleichheit der Chancen hinausgehende Gleichmachung der Menschen ist die höchste Ungerechtigkeit« (Karl Jaspers 1883–1969). Jeder Mensch »soll die gleichen Chancen haben, ungleich zu werden« (Bolz, 2009, S. 13). Die empörungsfördernde Unterstellung, das deutsche Schulsystem sei eines der sozial ungerechtesten, darf nicht unwidersprochen bleiben. Empirisch ist sie unzutreffend: Die soziale Selektivität unterscheidet sich nur unwesentlich vom europäischen Durchschnitt oder dem der OECD-Staaten (Ahrbeck, 2016; Anger & Orth, 2016; Bölling, 2018). Die Schule ist hierzulande sozial durchaus durchlässig, sie hat diesbezüglich in der Vergangenheit einiges geleistet (Kraus, 2009). Auch extreme Bildungsaufstiege sind in Deutschland in den letzten Jahrzehnten keine Seltenheit

Dort, wo noch Verbesserungsnotwendigkeiten existieren, sollten sie zügig umgesetzt werden. Völlig lebensfremd ist jedoch die Vorstellung, soziale Unterschiede könnten in der Schule vollständig nivelliert werden. Das findet sich in keinem Land der Welt, und es ist auch kaum vorstellbar, dass es das jemals geben wird. Es sei denn, die Kinder werden in einem ganz frühen Lebensalter von ihren Eltern separiert. Eine noch weitergehende Illusion besteht darin, »gesellschaftliche Gleichheit lasse sich durch pädagogische Gleichheit herbeiführen« (Kaube, 2011, S. 1055).

Ähnlich verhält es sich mit einem der bildungspolitisch aktuellsten Themen, der schulischen Inklusion. Es ist nur zu begrüßen, wenn es zukünftig zu mehr schulischer Gemeinsamkeit kommt. Bereits jetzt gelingt eine gemeinsame Beschulung an vielen Orten, trotz oft widriger Bedingungen. Schülerinnen und Schüler mit und ohne Behinderung können davon profitieren. Aber selbst bei guter materieller und personeller Ausstattung ist die gemeinsame Beschulung nicht für alle Kinder möglich und sinnvoll. Das lehrt die pädagogische Erfahrung, und die empirische Forschung belegt dies ebenfalls.

Dennoch erheben sich publikumswirksame Stimmen, die die UN-Behindertenrechtskonvention für eine grundlegende gesellschaftliche Veränderung nutzen, Behinderungskategorien abschaffen und eine ›totale Inklusion‹ einführen wollen. Dermaßen weltanschaulich überzogene Konzepte halten der Wirklichkeit nicht stand. Sie überfrachten die Schule hoffnungslos mit Ansprüchen, die unerfüllbar sind.

In der Schule schlagen sich allgemeine gesellschaftliche Entwicklungen nieder. Eine offenere Lebensgestaltung, die Teile des Alltagslebens formt, und die größere, oft erst mühsam errungene Toleranz gegenüber unkonventionellen Lebensformen und sexuellen Praktiken gehen erfreulicherweise auch in den Sexualkundeunterricht ein. Kinder sollen Unterschiedliches kennenlernen und akzeptierend auch mit dem umgehen, was ihnen persönlich fremd ist. Am Wichtigsten ist es jedoch, dass jedes Kind eine Möglichkeit erhält, ungestört seinen eigenen Weg zu gehen – unter Wahrung des Umstandes, dass es hier um einen sehr persönlichen Bereich geht.

Unangemessen ist es deshalb, wenn es im Namen einer vermeintlichen Aufklärung zu einem Eindringen in die Intimität des Einzelnen kommt und Kinder mit Themen überfrachtet werden, die ihrem Entwicklungsstand und ihren Interessen widersprechen. In der sogenannten gendergerechten Pädagogik geschieht das, wie gezeigt wurde, vielfach und im Übermaß. Eine Schule, die das zulässt, überschreitet ihren Legitimationsraum. Sie darf kein Ort sein, der durch die Einflüsse bestimmter Interessengruppen dominiert wird. Und sie ist schon gar nicht dazu da, dass Vorkämpfer einer neuen Anthropologie das Feld besetzen, die im Sinne des Gender-Mainstreaming eine genuine Differenz von Mann und Frau leugnen. Wiederum mit dem Impetus, dass Unterschiede zwischen

Menschen soweit wie möglich eingeebnet werden, weil sie als unerträglich gelten.

An die Schule dürfen keine Anforderungen gestellt werden, die sie beim besten Willen nicht erfüllen kann oder die außerhalb ihres gesellschaftlichen Auftrags liegen. Diese Einsicht kann nicht oft genug wiederholt werden. Sie repräsentiert keine rückwärtsgewandete Haltung, sie ist keine reaktionäre Marotte, sondern entspringt dem Realitätsprinzip:

> »Soziologisch betrachtet, ist es unwahrscheinlich, dass eine Organisation, die über wenig mehr verfügt als Unterrichtsstunden, auszugleichen vermag, was, je nach Deutung, der Kapitalismus, die Klassengesellschaft, die Medien oder die Familie angerichtet haben« (Kaube, 2011, S. 1058).

Genauer: Das ist nicht nur unwahrscheinlich, sondern unmöglich.

Schulische Veränderungen sollten mit Bedacht erfolgen, sich zeittypischen Notwendigkeiten stellen und sich des Bewahrenswerten vergewissern. Anerkannt werden muss, was Schule heute leistet. Reformen sind auf ihren potenziellen Nutzen, möglichen Schaden und zunächst unbekannte Nebenwirkungen hin zu befragen. Eine Idealisierung der gegenwärtigen Schule ist dabei ebenso unangebracht wie ihre permanente Entwertung.

Offensichtlich ist es aber schwierig, eine »Pädagogische Mitte« (Zierer, Kahlert & Burchardt, 2016) zu bewahren. Sie wird heute nicht mehr durch die Wiederkehr des Autoritären bedroht und auch nicht dadurch, dass Kinder in einer engstirnigen, normativ überfrachteten und übermäßig einengenden Welt aufwachsen. Toleranz, Offenheit, Anerkennung von Vielfalt sind längst zu den Leitkategorien der pädagogischen Arbeit geworden. Besonders bei der jüngeren Generation nehmen diese Werte einen großen Raum ein. Das Klima hat sich gewandelt: Überhaupt »ist es immer schwieriger geworden, Diskriminierungen auszumachen, deren Beseitigung geboten ist, um Menschen die von der Verfassung gebotene gleiche Freiheit zuzugestehen« (Kostner, 2019, S. 6). Und dennoch scheint diese Entwicklung nicht auszureichen.

Erfolgreiche Veränderungen, die sich über die Jahre eingestellt haben, werden häufig nur unzureichend gewürdigt. Stattdessen steigen die Ansprüche und Sensibilitäten, Diskriminierungskriterien werden immer weiter ausgedehnt, sodass bereits geringste Auslöser genügen können, damit sich jemand persönlich (oder stellvertretend für andere) verletzt und getroffen fühlt – zuweilen bis in die Nähe eines Wirklichkeitsverlusts. Mitunter scheint es so, als werde die Gesellschaft umso repressiver erlebt, je freier sie in Wirklichkeit geworden ist. Der Kampf gegen eine vermeintlich unaufgeklärte und repressive Gesellschaft wird deshalb umso intensiver und mit großem Furor geführt.

In ideologisch stark aufgeladenen, von politischer Korrektheit geprägten Zeiten werden bisherige Grenzen immer weiter infrage gestellt. Etwa zwischen den Geschlechtern im Gender Mainstreaming oder Behinderung und Nichtbehinderung im Inklusionsdiskurs. Unterschiede zwischen Menschen sollen möglichst nicht mehr namhaft gemacht werden, sie werden nur noch schwer ausgehalten. Niemand soll zurückstehen und alle möglichst gleich sein. Gleichheit gilt als höchster Ausdruck von Gerechtigkeit, Ungleichheit dementsprechend als prinzipiell ungerecht. »Man könnte [...] sagen, dass politische Korrektheit ein auf Unendlichkeit der Gleichheitsbestätigung ausgerichtetes Netzwerk ist« (Gumbrecht, 2019, S. 19). Die Folge ist, dass jeder positive Begriff von Ungleichheit einem egalitären Anspruchsdenken geopfert wird.

Brodkorb beklagt zu Recht eine »postmoderne Verdampfung von Begriffen und Kategorien, Wahrheiten und Standards« und die Lust daran, sie zu zerstören (Brodkorb, 2012, S. 32). Zugunsten eines moralisch unantastbaren, den Gesetzen der politischen Korrektheit gehorchenden Vokabulars, das niemanden kränkt, zurücksetzt oder ihm irgendetwas Unangenehmes zumutet. Differenzen zwischen Menschen sollen ohne Bedeutung bleiben. Dahinter steht die Hoffnung, dass sich der Traum von einer aus allen Zwängen befreiten Gesellschaft am Ende doch noch erfüllen kann. Der Pädagogik wird darin ein wichtiger Platz zugewiesen. Ihr Hauptdarsteller ist das sich weitgehend selbst konstruierende Kind, das freundlich begleitet in einer Schule aufwächst, die von der Last der Vergangenheit befreit ist und vor konventionellen Zumutungen schützt.

Damit wird ein illusionärer Weg eingeschlagen, der auf Nebenglei-
se führt und in eine gänzlich falsche Richtung weist.

»Unsere Kritik und unser Argwohn richtet sich gegen etwas, was schon
seit langem nicht mehr existiert; wir rennen offene Türen ein. Die neuen
Zwänge hingegen können wir nicht einmal erkennen. Vor den Werten,
Moden, Redensarten und abergläubischen Vorstellungen der Moderne sind
wir gehorsam geworden wie die kleinen Kinder. Eine geistige Trägheit
ohnegleichen hat uns ergriffen. Oder ist es naive Selbstgefälligkeit? Der
Rückzug des kritischen Verstands vor diesen neuen heiligen Kühen, die
nun den Ton angeben, ist kein gutes Zeichen« (Guillebaud, 1999, S. 416).

Literatur

Adorno, T. W. (1980): Minima moralia. Gesammelte Schriften, Band 4. Frankfurt am Main: Suhrkamp.

Ahrbeck, B. (1998): Konflikt und Vermeidung. Weinheim: Beltz.

Ahrbeck, B. (2004): Kinder brauchen Erziehung. Die vergessene pädagogische Verantwortung. Stuttgart: Kohlhammer.

Ahrbeck, B. (2016): Inklusion. Eine Kritik. Stuttgart: Kohlhammer.

Ahrbeck, B. (2017): Der Umgang mit Behinderung: Besonderheit und Vielfalt, Gleichheit und Differenz. Stuttgart: Kohlhammer.

Ahrbeck, B. & Rauh, B. (Hrsg.) (2004): Behinderung zwischen Autonomie und Angewiesensein. Psychoanalytische Zugänge. Stuttgart: Kohlhammer.

Ahrbeck, B. & Willmann, M. (2010): »Verhaltensstörungen« als Konstruktion des Beobachters? Kritische Anmerkungen zu systemisch-konstruktivistischen Perspektiven in der »Pädagogik bei Verhaltensstörungen«. In: B. Ahrbeck, A. Eggert-Schmid Noerr, U. Finger-Trescher & J. Gstach (Hrsg.): Psychoanalyse und Systemtheorie. Jahrbuch für Psychoanalytische Pädagogik (Bd. 18, 103–123). Gießen: Psychosozial.

Ahrbeck, B., Doerr, M., Göppel, R. & Gstach, J. (Hrsg.) (2013): Strukturwandel der Seele. Modernisierungsprozesse und pädagogische Antworten. Jahrbuch für Psychoanalytische Pädagogik (Bd. 21). Gießen: Psychosozial.

Ahrbeck, B., Fickler-Stang, U., Friedrich, S. & Weiland, K. (2015): Befragung der Elternvertreterinnen und Elternvertreter zur Umsetzung der Inklusion in Nordrhein-Westfalen. Forschungsbericht. Eine Studie im Auftrag der FDP-Fraktion im Land Nordrhein-Westfalen. Berlin: Humboldt-Universität zu Berlin. (http://www.fdp-fraktion-nrw.de/sites/default/files/uploads/2016/01/12/studiederhumboldtuniversitaetberlinzurumsetzungderinklusioninnordrhein-westfalen.pdf), Zugriff am 20.02.2016.

Ahrbeck, B., Fickler-Stang, U., Lehmann, R. & Weiland, K. (2019): Anfangserfahrungen mit der Entwicklung der inklusiven Schule in Berlin – eine exploratorische Studie im Rahmen von Schulversuchen (AiBe). Senatsverwaltung für Bildung, Jugend und Familie. Humboldt-Universität zu Berlin (in Vorbereitung).

Ahrbeck, B., Badar, J., Felder, M., Kauffman, J. & Schneiders, K. (2018): Full Inclusion? Totale Inklusion? Fakten und Überlegungen zur Situation in Deutschland und den USA. In: VHN 87 (Jg.), Heft 3, 218–231.

Ahrbeck, B., Doerr, M., Göppel, R., Krebs, H. & Wininger, M. (Hrsg.) (2016): Innere und äußere Grenzen. Psychische Strukturbildung als pädagogische Aufgabe. Jahrbuch für Psychoanalytische Pädagogik (Bd. 24). Gießen: Psychosozial.

Aigner, J. (2018): Das Geschlechtsspezifische in pädagogischen Beziehungen – Die Aberkennung von Geschlecht und die Grenzen des Konstruktivismus. In: B. Ahrbeck, M. Dörr & J. Gstach (Hrsg.): Der Genderdiskurs in der Psychoanalytischen Pädagogik. Eine notwendige Kontroverse. Jahrbuch für Psychoanalytische Pädagogik (Bd. 26, S. 93–111). Gießen: Psychosozial.

Altwegg, J. (2019): Die böse Weißheit. In: Frankfurter Allgemeine Zeitung vom 15.01.2019, 9.

Amendt, G. (1997a): Pädophilie. Oder: Über sexualwissenschaftliche Trivialisierungen inzestartiger Handlungen. In: Leviathan: Zeitschrift für Sexualwissenschaft 25 (Jg.), Heft 2, 159–172.

Amendt, G. (1997b): Pädophilie: Partnerschaft oder subtile Gewalt? 5 Streitfragen an Gerhard Amendt und Rüdiger Lautmann. (http://www.itp-arcados.net/wissenschaft/partnerschaftodergewalt.pdf), Zugriff am 22.09.2018.

Amendt, G. (2004): Verständigung über Pädophilie. In: Frankfurter Allgemeine Zeitung vom 14.02.2004, 8.

Anastasiou, D., Kauffman, J. M. & Di Nuovo, S. (2015): Inclusive education in Italy. Description and reflections on full inclusion. In: European Journal of Special Needs Education 30 (Jg.), Heft 4, 429–443.

Anastasiou, D., Gregory, M., & Kauffman, J. M. (2018): Commentary on Article 24 of the CRPD: The right to education. In: I. Bantekas, D. Anastasiou & M. Stein (Hrsg.): Commentary on the UN Convention on the Rights of Persons with Disabilities (S. 656–704). New York: Oxford University Press.

Anger, Ch. & Orth, A.K. (2016): Bildungsgerechtigkeit in Deutschland. Eine Analyse seit dem Jahr 2010. Sankt Augustin: Konrad Adenauer Stiftung.

Arnade, S. (2015): Ende der »Apartheid«? In: Erziehung & Wissenschaft, Zeitschrift der Bildungsgewerkschaft GEW 67 (Jg.), Heft 7–8, 2.

Arnade, S. (2018): Inklusion als Menschenrecht […] und wie sie verhindert wird. In: A. Leonhardt & M. Pospischil (Hrsg.): Internationale Ansätze zur schulischen Inklusion (S. 67–79). Bad Heilbrunn: Klinkhardt.

Arnold, R., Nolda, S. & Nuissl von Rein, E. (Hrsg.) (2001): Wörterbuch Erwachsenenpädagogik. Bad Heilbrunn: Klinkhardt.

Asmussen, S. (2012): Sonderpädagogische Diagnostik – eine Bestandaufnahme. In: Pädagogische Impulse 45 (Jg.), Heft 3, 21–25.

Basad, J. (2018): Es lebe die penetrative Energie! In: Frankfurter Allgemeine Zeitung vom 22.11.2018, 13.

Baron-Cohen, C. (2012): The Essential Difference: Men, Women and the Extreme Male Brain. London: Penguin.

Beck, U. (1986): Risikogesellschaft. Auf dem Weg in eine andere Moderne. Frankfurt am Main: Suhrkamp.

Becker, R., Kortendiek, B. & Budrich, B. (2010): Handbuch Frauen und Geschlechterforschung. Theorie, Methoden, Empirie. Wiesbaden: Verlag für Sozialwissenschaften.

Berner, H. (1990): Sonderpädagogische Geschichtsschreibung nach 1945 – Verdrängen, verschweigen, verfälschen. In: M. Rudnick (Hrsg.): Aussondern – Sterilisieren – Liquidieren: die Verfolgung Behinderter im Nationalsozialismus (S. 1998–2013). Berlin: Marhold.

Bertram, H. (2001): Wir müssen die Männer zwingen. In: Die Zeit vom 22.02.2001, 32.

Biesold, H. (1988): Klagende Hände: Betroffenheit und Spätfolgen in Bezug auf das Gesetz zur Verhütung erbkranken Nachwuchses, dargestellt am Beispiel der »Taubstummen«. Soms-Oberbiel: Jarick.

Bischof-Köhler, D. (2006): Von Natur aus anders. Die Psychologie der Geschlechtsunterschiede. Stuttgart: Kohlhammer.

Bischoff-Köhler, D. (2012): Geschlechtstypisches Verhalten von Jungen aus evolutionstheoretischer und entwicklungspsychologischer Sicht. In: M. Matzner & W. Tischner (Hrsg.): Handbuch-Jungenpädagogik (S. 50–65). Weinheim: Beltz.

Bleidick, U. (1998): Der Verband und die Bildungspolitik 1948 bis 1998. In: A. Möckel (Hrsg.): Erfolg, Niedergang, Neuanfang. 100 Jahre Verband Deutscher Sonderschulen (S. 96–163). München/Basel: Reinhardt.

Boger, M.-A. (2018). Depathologisierung – Diagnostik der emotionalen und sozialen Entwicklung im inklusiven Kontext. (https://www.inklusion-online.net/index.php/inklusion-online/article/view/462), Zugriff am 24.02.2019.

Bolz, N. (2009): Diskurs über die Ungleichheit. München: Fink.

Bölling, R. (2018): Die Mär von der sozialen Ungerechtigkeit. In FAZ-NET vom 30.05.2018. (https://www.faz.net/aktuell/feuilleton/hoch-schule/bildung-und-statistik-die-maer-von-der-sozialen-ungerechtigkeit-15613597.html), Zugriff am 8.4.2019.

Bosse, St., Dumont, H., Friedrich, K., Gronostaj, A., Henke, T., Koch, H., Kretschmann, J., Krückels, C., Jaeuthe, J., Jäntsch, C. Laag, N., Lambrecht, J., Maaz, K., Schründer-Lenzen, A., Spörer, N., Stäbler, F., Vock, M. & Westphal, A. (2015): Inklusives Lernen und Lehren im Land Brandenburg. Abschlussbericht zur Begleitforschung des Pilotprojekts »Inklusive Grundschule«. (http://www.inklusion-brandenburg.de/fileadmin/daten/inklusion_im_land

_brandenburg/pilotprojekt_inklusive_grundschule/wissenschaftliche_beglei tung/Abschlussbericht_PING.pdf), Zugriff am 09.11.2018.

Braun, C. von (2018): Blutsbande. Verwandtschaft als Kulturgeschichte. Berlin: Aufbau-Verlag.

Bröckling, U. (2007): Das unternehmerische Selbst: Soziologie einer Subjektivierungsform. Frankfurt am Main: Suhrkamp.

Brodehl, F. A. (2014): Widerstand, Anpassung, Pflichterfüllung? Zur Konfrontation der Taubstummenpädagogik mit dem Gesetz zur Verhütung erbkranken Nachwuchses vom 14. Juli 1933. Hamburg: Kovač.

Brodehl, F. A. (2017): Zwischen Widerstand und Anpassung – die Rolle der Sonderpädagogik bei der Durchführung des Gesetzes zur Verhütung erbkranken Nachwuchses. In: Zeitschrift für Heilpädagogik 68 (Jg.), Heft 11, 7–28.

Brodkorb, M. (2012): Warum Inklusion unmöglich ist. In: M. Brodkorb & K. Koch (Hrsg.): Inklusion – Ende des gegliederten Schulsystems? Dokumentation des 2. Inklusionskongresses Mecklenburg-Vorpommern (S. 13–37). Schwerin: Ministerium für Bildung, Wissenschaft und Kultur.

Brodkorb, M. (2014): Warum totale Inklusion unmöglich ist. Über schulische Paradoxien zwischen Liebe und Leistung. In: Sonderpädagogische Förderung heute 59 (Jg.), Heft 4, 422– 447.

Brodkorb, M. (2019): Wissenschaft als Charakterfrage. In: Cicero 15 (Jg.), Heft 6, 28–29.

Browning, C. (1998): Ganz normale Männer. Das Reserve-Polizeibataillon 101 und die »Endlösung« in Polen. Reinbek: Rowohlt.

Bruckner, P. (1996): Ich leide, also bin ich. Weinheim: Quadriga.

Bruckner, P. (2018): Ist die Identität bedroht – oder bedroht uns die Identität? In: Neue Zürcher Zeitung vom 12.06.2018, 21.

Bruckner, P. & Finkielkraut, A. (1979): Die neue Liebesunordnung. München: Hanser.

Brügelmann, H. (2011): Den Einzelnen gerecht werden – in der inklusiven Schule. Mit einer Öffnung des Unterrichts raus aus der Individualisierungsfalle! In: Zeitschrift für Heilpädagogik 62 (Jg.), Heft 9, 355–361.

Buchsteiner, J. (2016a): Bedrohte Meinungsfreiheit: Politisch ganz korrekt. (https://www.faz.net/aktuell/politik/ausland/europa/politische-korrektheit -bedroht-die-freie-rede-13994595.html), Zugriff am 07.03.2019.

Buchsteiner, J. (2016b): Vorsicht Shakespeare! In: Frankfurter Allgemeine Sonntagszeitung vom 03.01.2016, 3.

Bullion, C. von (2017): Apartheid im Schulsystem muss beendet werden. Süddeutsche-online vom 7. September 2017. (https://www.sueddeutsche.de/

politik/bildung-apartheid-im-schulsystem-muss-beendet-werden-1.3657775),
Zugriff am 21.5.2019.

Bujard, M. & Ruckdeschel, K. (2018): Neue Normalität von Familien. In: Die politische Meinung, 63 (Jg.), Heft 552, 37–42.

Bundesministerium für Familie, Senioren, Frauen und Jugend (Hrsg.) (1998): Zehnter Kinder- und Jugendbericht. Bonn.

Bundeszentrale für politische Bildung (2018): Regenbogenfamilien in Deutschland. (http://www.bpb.de/gesellschaft/gender/homosexualitaet/269064/regenbogenfamilien), Zugriff am 21.11.2018.

Burchardt, M. (2016): Selbstgesteuertes Lernen – Roboter im Klassenzimmer. In: K. Zierer, J. Kahlert & M. Burchardt (Hrsg.): Die pädagogische Mitte (S. 121–133). Bad Heilbrunn: Klinkhardt.

Butler, J. (1991). Das Unbehagen der Geschlechter. Frankfurt am Main: Suhrkamp.

Butler, J. (2011): Die Macht der Geschlechternormen und die Grenzen des Menschlichen. Frankfurt am Main: Suhrkamp.

Chamberlain, S. (2000): Adolf Hitler, die deutsche Mutter und ihr erstes Kind. Über zwei NS Erziehungsbücher. Gießen: Psychosozial.

Christoph, F. (1983): Krüppelschläge. Gegen die Gewalt der Menschlichkeit. Hamburg: Rowohlt.

Cohen, Y. (2004): Das mißhandelte Kind. Ein psychoanalytisches Konzept zur integrierten Behandlung von Kindern und Jugendlichen. Frankfurt am Main: Brandes & Apsel.

CRPD UN-Fachausschuss für die Rechte von Menschen mit Behinderungen (2015): Draft General Comment No. 4 Article 24. (http://www.ohchr.org/Documents/HRBodies/CRPD/GC/DraftGC_Education.doc), Zugriff am 25.04.2016.

Dammasch, F. (2013): Das Kind in der Moderne: Sozialpsychologische und psychoanalytische Gedanken. In: F. Dammasch & M., Teising (Hrsg.): Das modernisierte Kind (S. 11–30). Frankfurt am Main: Brandes & Apsel.

Dammasch, F. (2018): Entwicklungsprozesse des männlichen Kindes und Jugendlichen. In: B. Ahrbeck, M. Dörr & J. Gstach (Hrsg.) (2018): Der Genderdiskurs in der Psychoanalytischen Pädagogik. Eine notwendige Kontroverse. Jahrbuch für Psychoanalytische Pädagogik (Bd. 26, S. 112–131). Gießen: Psychosozial.

Dammer, K.-H. (2013): Mythos neue Lernkultur. In: Pädagogische Korrespondenz 26 (Jg.), Heft 48, 27–57.

Datler, W., Eggert-Schmid Noerr, A. & Winterhager Schmid, L. (2002): Editorial. In: W. Datler, A. Eggert Schmid Noerr & L. Winterhager Schmid

(Hrsg.): Das selbständige Kind. Jahrbuch für Psychoanalytische Pädagogik (Bd. 12, S. 7–8). Gießen: Psychosozial.

De Beauvoir, S. (1951): Das andere Geschlecht – Sitte und Sexus der Frau. Reinbek: Rowohlt.

Dederich, M. (2013): Inklusion und das Verschwinden der Menschen. Über Grenzen der Gerechtigkeit. In: Behinderte Menschen 36 (Jg.), Heft 1, 32–43.

Degner, Th. (2013): Rede auf der Pride Parade Berlin. (http://www.pride-para de.de/die-parade/parade-2013/redebeitraege-2013/rede-theresia-degener), Zugriff am 10.08.2018.

Degner, Th. (2018): Vorwort. In: Schumann, B. (2018b): Streitschrift Inklusion. Was Sonderpädagogik und Bildungspolitik verschweigen. Frankfurt am Main: Debus Pädagogik, 7–8.

Dehmers, J. (2011): Wie laut soll ich denn noch schreien? Die Odenwaldschule und der sexuelle Missbrauch. Frankfurt am Main: Rowohlt.

Der STERN (2010): Die Zeit ist reif. In: Der STERN 62 (Jg.), Heft 19, 36–40.

Deutscher Hochschulverband (2017): Resolution des 67. DHV-Tages in München: Zur Streit- und Debattenkultur an Universitäten. In: Forschung und Lehre 24 (Jg.), Heft 5, 404–405.

di Fabrio, U. (2005): Die Kultur der Freiheit. München: Beck

Ditton, H. (2010): Wie viel Ungleichheit durch Bildung verträgt eine Demokratie? In: Zeitschrift für Pädagogik 56 (Jg.), Heft 1, 53–68.

Döpfner, M. (2019): Viele Journalisten verhalten sich zutiefst unjournalistisch. In: Neue Zürcher Zeitung vom 12.02.2019, 34–35.

Dornes, M. (2010): Die Modernisierung der Seele. In: Psyche – Zeitschrift für Psychoanalyse 64 (Jg.), Heft 11, 995–1033.

Dornes, M. (2012): Die Modernisierung der Seele. Kind – Familie – Gesellschaft. Frankfurt am Main: Fischer.

Drepper, Th. (1998): »Unterschiede, die keine Unterschiede machen«. Inklusionsprobleme im Erziehungssystem und Reflexionsleistungen der Integrationspädagogik im Primarbereich. Soziale Systeme. In: Zeitschrift für soziologische Theorie 4 (Jg.), Heft 1, 59–84.

Dresselhaus, G. (2008): Deutsche Bildungstraditionen. Warum der Abschied vom gegliederten Schulsystem so weh tut. Ein sozial-historischer Erklärungsansatz. Berlin: LIT.

Eberhard, D. (2013): Kinder an die Macht. München: Kösel.

Ehlert, G. (2012): Gender in der sozialen Arbeit. Konzepte, Perspektiven, Basiswissen. Schwalbach: Wochenschau.

Ehrenberg, A. (2008): Das erschöpfte Selbst. Depression und Gesellschaft in der Gegenwart. Frankfurt am Main: Suhrkamp.

Ellger-Rüttgardt, S. (1998): Der Verband der Hilfsschulen Deutschlands auf dem Weg von der Weimarer Republik ins ›Dritte Reich‹. In: A. Möckel (Hrsg.): Erfolg, Niedergang, Neuanfang. 100 Jahre Verband Deutscher Sonderschulen (S. 50–95). München/Basel: Reinhardt.

Ellger-Rüttgardt, S. (1999): Die Last der Geschichte. Der Hilfsschulverband im Widerstreit von Fachvertretung und Standespolitik. In: D. Schmetz & P. Wachtel (Hrsg): Entwicklungen, Standorte, Perspektiven. Sonderpädagogischer Kongress 1998 (S. 27–34). Würzburg: Verband deutscher Sonderschulen.

Ellger-Rüttgardt, S. (2008): Geschichte der Sonderpädagogik. München: Reinhardt.

Ellger-Rüttgardt, S. (2016): Inklusion. Vision und Wirklichkeit. Stuttgart: Kohlhammer.

Ellger-Rüttgardt, S. (2017): Sonderpädagogen im Dritten Reich zwischen Überzeugung, Anpassung und Opposition. In: Zeitschrift für Heilpädagogik 68 (Jg.), Heft 11, 61–69.

Ellinger, S. & Stein, R. (2012). Effekte inklusiver Beschulung: Forschungsstand im Förderschwerpunkt emotionale und soziale Entwicklung. In: Empirische Sonderpädagogik 22 (Jg.), Heft 3, 85–109.

Erikson, E.H. (1989): Identität und Lebenszyklus. Frankfurt am Main: Suhrkamp.

Ermann, M. (1996): Verstrickung und Einsicht. Nachdenken über die Psychoanalyse in Deutschland. Tübingen: edition discord.

Ermann, M. (2009): Psychoanalyse in den Jahren nach Freud. Entwicklungen 1940–1975. Stuttgart: Kohlhammer.

Ernst, A. (2018): Auf dem Gerichtsweg jünger werden. In: Neue Zürcher Zeitung vom 13.11.2018, 2.

Fast, I. (1996): Von der Einheit zur Differenz. Psychoanalyse der Geschlechtsidentität. Frankfurt am Main: Fischer.

Felder, M. & Schneiders, K. (2016): Inklusion kontrovers: Herausforderungen für die Soziale Arbeit. Schwalbach-TS: Wochenschau-Verlag.

Felten, M. (2010): Auf die Lehrer kommt es an!: Für eine Rückkehr der Pädagogik in die Schule. Gütersloh: Gütersloher Verlagshaus.

Felten, M. (2012): Schluss mit dem Bildungsgerede! Eine Anstiftung zu pädagogischem Eigensinn. Gütersloh: Gütersloher Verlagshaus.

Ferri, B. A. (2012): Undermining inclusion? A critical reading of response to intervention (RTI). In: International Journal of Inclusive Education 16 (Jg.), Heft 8, 863–880.

Feuser, G. (1996): »Geistigbehinderte gibt es nicht«. In: Geistige Behinderung 35 (Jg.), Heft 1, 18–25.

Flaig, E. (2012): Inklusion. Zur Zerstörung des humanistischen Menschenbildes. In: M. Brodkorb & K. Koch (Hrsg.): Das Menschenbild der Inklusion. Erster Inklusionskongress M-V. Dokumentation (S. 47–56). Schwerin: Ministerium für Bildung, Wissenschaft und Kultur.

Flaig, E. (2017): Die Niederlage der politischen Vernunft. Wie wir die Errungenschaften der Aufklärung verspielen. Springer: Zu Klampen.

Fleischhauer, J. (2010): Unter Linken. Reinbek: Rowohlt.

Flitner, W. (1952): Über Macht in der Erziehung. In: W. Flitner (1989): Gesammelte Schriften (Bd. 3, S. 56–66). Paderborn: Schöningh.

Forsa Politik- und Sozialforschung GmbH (2015): Inklusion an Schulen aus Sicht der Lehrerinnen und Lehrer – Meinungen, Einstellungen und Erfahrungen. Ergebnisse einer repräsentativen Lehrerbefragung im Auftrag des Verbandes Bildung und Erziehung (VBE). (http://www.vbe-bw.de/wp-content/uploads/2015/05/Inklusion-Ergebnisse-BW.pdf), Zugriff am 14.10.2015.

Forster, I. (2010): Political Correctness/Politische Korrektheit. In: Bundeszentrale für Politische Bildung vom 15.10.2010. (http://www.bpb.de/politik/grundfragen/sprache-und-politik/42730/politische-korrektheit?p=all), Zugriff am 14.07.2019.

Freud, S. (1905/1999): Drei Abhandlungen zur Sexualtheorie In: Gesammelte Werke (Bd. V, S. 27–145). Frankfurt am Main: Fischer.

Freud, S. (1913/1999): Das Interesse an der Psychoanalyse. In: Gesammelte Werke (Bd. VIII, S. 389–420). Frankfurt am Main: Fischer.

Freud, S. (1924/1999): Der Untergang des Ödipuskomplexes. In: Gesammelte Werke (Bd. VIII, S. 395–402). Frankfurt am Main: Fischer.

Freud, S. (1925a/1999): Einige psychische Folgen des anatomischen Geschlechtsunterschieds. In: Gesammelte Werke (Bd. XIV, S. 19–30). Frankfurt am Main: Fischer.

Freud, S. (1925b): Geleitwort zur ersten Auflage. In: A. Aichhorn (1987): Verwahrloste Jugend. Die Psychoanalyse in der Fürsorgeerziehung (S. 7–8). Bern/Stuttgart/Toronto: Hans Huber.

Freud, S. (1930/1999): Das Unbehagen in der Kultur. In: Gesammelte Werke (Bd. XIV, S. 419–506). Frankfurt am Main: Fischer.

Freud, S. (1931/1999): Über die weibliche Sexualität. In: Gesammelte Werke (Bd. XIV, S. 518–557). Frankfurt am Main: Fischer.

Freud, S. (1933a/1999a): Die Weiblichkeit. Neue Folge der Vorlesungen zur Einführung in die Psychoanalyse. In: Gesammelte Werke (Bd. XV, S. 119–145). Frankfurt am Main: Fischer.

Freud, S. (1933b/1999b): Neue Vorlesungen zur Einführung in die Psychoanalyse. In: Gesammelte Werke (Bd. XV). Frankfurt am Main: Fischer.

Freud, S. (1937/1999): Die endliche und unendliche Analyse. In: Gesammelte Werke (Bd. XVI, S. 57–100). Frankfurt am Main: Fischer.

Freyberg, Th. von (2009): Tantalos und Sisyphos in der Schule. Zur strukturellen Verantwortung der Pädagogik. Frankfurt am Main: Brandes & Apsel.

Füller, C. (2011): Sündenfall. Wie die Reformschule ihre Ideale missbrauchte. Köln: Dumont.

Gaschke, S. (2003): Die Erziehungskatastrophe. Kinder brauchen starke Eltern. München: Heyne.

Gaschke, S. (2019): Randalieren statt Debattieren. In: Welt am Sonntag vom 03.03.2019, 6.

Gender-Portal Universität Duisburg-Essen (2018): Gender. (https://www.uni-due.de/genderportal/gender.shtml), Zugriff am 09.09.2018.

Giesecke, H. (2003): Warum die Schule soziale Ungleichheiten verstärkt. In: Neue Sammlung, 42 (Jg.), Heft 2, 254–256.

Glofke-Schulz, E.-M. (2008): Perspektiven der Behinderungsverarbeitung und Identitätsentwicklung im Lichte einer tiefenpsychologischen und ressourcenorientierten Sichtweise – dargestellt am Beispiel der Sehschädigung. Gießen: Psychosozial.

Gomringer (1953): avenidas. In: Spirale. International review of young art. Nr. 2.

Göppel, R. (2007): Aufwachsen heute. Veränderungen der Kindheit – Probleme des Jugendalters. Stuttgart: Kohlhammer.

Grau, A. (2016): Resultat einer Weltfluchtagenda. Eine Kritik der Political Correctness. In: Forschung und Lehre 23 (Jg.), Heft 4, 294–295.

Grau, A. (2017): Hypermoral: Die neue Lust an der Empörung. München: Claudius.

Greenberg, Z. (2017): When a Student Says, ›I'm Not a Boy or a Girl‹. In: New York Times vom 04.10.2017. (https://www.nytimes.com/2017/10/24/well/family/transgender-gender-nonbinary-students html), Zugriff am 20.11.2018.

Greiner, L. & Demling, A. (2014): »Jugendliche gucken doch eh Pornos.« Interview mit Elisabeth Tuider. In: Spiegel online vom 13.11.2014. (http://www.spiegel.de/lebenundlernen/schule/sex-aufklaerung-forscherin-tuider-ueber-streit-um-sexuelle-vielfalt-a-1001437.html), Zugriff am 16.10.2018.

Gross, P. (1994): Die Multioptionsgesellschaft. Frankfurt am Main: Suhrkamp.

Guggenbühl, A. (2012): Die Schule – ein weibliches Biotop? In: M. Matzner & W. Tischner (Hrsg.): Handbuch der Jungen-Pädagogik (S. 140–157). Weinheim: Beltz.

Guillebaud, J.-C. (1999): Tyrannei der Sexualität. München: Luchterhand.

Gumbrecht, H. U. (2019). Feinde des riskanten Denkens. In: Weltwoche vom 16.01.2019, 18–19.

Haarer, J. (1934): Die deutsche Mutter und ihr erstes Kind. München/Berlin: J. F. Lehmann.

Hagemann-White, C. (1984): Sozialisation: Weiblich – männlich? Opladen: Leske & Budrich.

Hänsel, D. (2006): Die NS-Zeit als Gewinn für Hilfsschullehrer. Bad Heilbrunn: Klinkhardt.

Hänsel, D. (2008): Karl Tornow als Wegbereiter der sonderpädagogischen Profession. Die Grundlegung des Bestehenden in der NS-Zeit. Bad Heilbrunn: Klinkhardt.

Hänsel, D. (2014): Sonderschullehrerausbildung im Nationalsozialismus. Bad Heilbrunn: Klinkhardt.

Hänsel, D. (2015): Die Sonderpädagogik hält einen Mythos am Leben. In: K. Irle (Hrsg.): Wie Inklusion in der Schule gelingen kann und warum manche Versuche scheitern (S. 55-65). Weinheim: Beltz.

Hänsel, D. (2017): Sonderpädagogik im Nationalsozialismus – verschwiegene Zusammenhänge. In: Zeitschrift für Heilpädagogik 68 (Jg.), Heft 11, 39–60.

Hastedt, H. (2012): Toleranz: Grundwissen Philosophie. Stuttgart: Reclam.

Hattie, J. (2014): Lernen sichtbar machen: Überarbeitete deutschsprachige Ausgabe von Visible Learning. Hohengehren: Schneider.

Heimlich, U. (2013). Bayerische Sonderpädagogik in der Nazi-Zeit, dargestellt am Beispiel des Münchener Hilfsschullehrers Erwin Lesch. In: Sonderpädagogik in Bayern, 56 (Jg.), Heft 3, 37–42.

Helduser, U., Marx, D., Paulitz, T. & Pühl, K. (Hrsg.) (2004): Under construction. Konstruktivistische Perspektiven in feministischer Theorie und Forschungspraxis. Frankfurt am Main: Campus.

Helbig, M. (2010): Sind Lehrerinnen für den geringeren Schulerfolg von Jungen verantwortlich? In: Kölner Zeitschrift für Soziologie 62 (Jg.), Heft 1, 93–111.

Hennemann, T., Hillenbrand, C., Franke, S., Hens, S., Grosche, M. & Pütz, K. (2012): Kinder unter erhöhten emotional-sozialen und kognitiven Risiken als Herausforderung für die Inklusion. Evaluation einer selektiven Präventionsmaßnahme in der schulischen Eingangsstufe. In: Empirische Sonderpädagogik 4 (Jg.), Heft 2, 129–146.

Henry-Huthmacher, Ch. (2018a): Gender Einblicke in die aktuelle Debatte. Konrad Adenauer Stiftung. Hauptabteilung Politik und Beratung. Informationen und Recherchen. Mai 2018.

Henry-Huthmacher, Ch. (2018b): Neujustierung der Geschlechter. In: Die politische Meinung 63 (Jg.), Heft 552, 43–50.

Hentig, H. von (1987): ›Humanisierung‹. Eine verschämte Rückkehr zur Pädagogik? Stuttgart: Klett-Cotta.

Hermanns, L. M. (Hrsg.) (1995): Spaltungen in der Geschichte der Psychoanalyse. Tübingen: edition discord.

Hillenbrand, C. (2015): Evidenzbasierung sonderpädagogischer Praxis: Widerspruch oder Gelingensbedingung. In: Zeitschrift für Heilpädagogik 66 (Jg.), Heft 7, 312–324.

Hillenbrand, C. (2017): Lehrerbildung für Sonderpädagogik: Kontinuitäten und Diskontinuitäten in historischer Perspektive. In: Zeitschrift für Heilpädagogik 68 (Jg.), Heft 11, 71–85.

Hinz, A. (1998): Pädagogik der Vielfalt – ein Ansatz auch für Schulen in Armutsgebieten? Überlegungen zu einer theoretischen Weiterentwicklung. In: A. Hildeschmidt & I. Schnell (Hrsg.): Integrationspädagogik. Auf dem Weg zu einer Schule für alle (S. 127–144). Weinheim: Beltz.

Hinz, A. (2006): Inklusion. In: G. Antor & U. Bleidick (Hrsg.): Handlexikon der Behindertenpädagogik (S. 97–99). Stuttgart: Kohlhammer.

Hinz, A. (2008a): Dekategorisierung in der Inklusion und schulischen Erziehungshilfe – wie passt das zusammen? Überlegungen zu inklusiven Perspektiven der schulischen Erziehungshilfe in sieben Thesen. In: Behindertenpädagogik 47 (Jg.), Heft 5, 98–109.

Hinz, A. (2008b): Inklusion – Ende der Blinden- und Sehbehindertenpädagogik? Überlegungen zu inklusiven Perspektiven in sieben Thesen. In: blind-sehbehindert 128 (Jg.), Heft 1, 7–15.

Hinz, A. (2009): Inklusive Pädagogik in der Schule – veränderter Orientierungsrahmen für die schulische Sonderpädagogik!? Oder doch deren Ende? In: Zeitschrift für Heilpädagogik 60 (Jg.), Heft 5, 171–179.

Hinz, A. (2013): Inklusion – von der Unkenntnis zur Unerkenntlichkeit!? – Kritische Anmerkungen zu einem Jahrzehnt Diskurs über schulische Inklusion in Deutschland. In: Zeitschrift für Inklusion-online.net 8 (Jg.), Heft 1, 1–17. (https://www.inklusion-online.net/index.php/inklusion-online/article/view/26), Zugriff am 17.07.2019.

Hinz, A. & Boban, I. (2008): Inklusion. Schlagwort oder realistische Perspektive für die Geistigbehindertenpädagogik? In: Geistige Behinderung 47 (Jg.), Heft 3, 204–214.

Hinz, A., Katzenbach, D., Rauer, W., Schuck, K. D., Wocken, H. & Wudtke, H. (1998): Die Integrative Grundschule im sozialen Brennpunkt. Ergebnisse eines Hamburger Schulversuchs. Hamburg: Hamburger Buchwerkstatt.

Hirschauer, St. (2014): Wozu Gender Studies? In: Forschung und Lehre 21 (Jg.), Heft 11, 880–882

Hüther, G. (2006): Die nutzungsabhängige Herausbildung hirnorganischer Veränderungen bei Hyperaktivität und Aufmerksamkeitsstörungen. Einfluss präventiver Maßnahmen und therapeutischer Interventionen. In: M. Leuzinger-Bohleber, Y. Brandl & G. Hüther (Hrsg.) (2006): ADHS – Frühprävention statt Medikalisierung. Theorie, Forschung, Kontroversen (S. 222–237). Göttingen: Vandenhoeck & Ruprecht.

Hüther, G. & Hauser, U. (2013): Jedes Kind ist hoch begabt: Die angeborenen Talente unserer Kinder und was wir aus ihnen machen. München: Knaus.

International Lesbian, Gay, Bisexual, Trans and Intersexual Association ILGA (2017): State Sponsored Homophobia 2017. (https://ilga.org/downloads/2017/ILGA_State_Sponsored_Homophobia_2017_WEB.pdf), Zugriff am 02.07.2019.

Irle, K. (Hrsg.) (2015): Wie Inklusion in der Schule gelingen kann und warum manche Versuche scheitern. Weinheim: Beltz.

Jantzen, W. (2017): Warum Geschichte? Was und wie lernen wir aus ihr? In: Zeitschrift für Heilpädagogik 68 (Jg.), Heft 11, 87–105.

Joffe, J. (2012): EM-Boykott? Fußballer sind keine Außenpolitiker. In: Die ZEIT vom 03.05.2012, 10.

Joffe, J. (2017): Im Wunderland der Korrektheit. In: Zeit online vom 16.2.2017. (https://www.zeit.de/2017/06/political-correctness-moral-gesellschaft-gleichstellungkorrektheit), Zugriff am 07.03.2019.

Kant, I. (1803/2011): Über Pädagogik. Charleston: Nabu Press.

Kaube, J. (2011): Soziologiekolumne. Bildung, Schule. In: Merkur 65 (Jg.), Heft 11, 1054–1058.

Kaube, J. (2014): Meinungsfreiheit, Klassiker und beleidigte Empfindung. In: Frankfurter Allgemeine Zeitung vom 19.03.2014, 4.

Kaube, J. (2019): Ist die Schule zu blöd für unsere Kinder? Berlin: Rowohlt.

Kauffman, J. M. (2013): Labeling and categorizing children and youth with emotional and behavioral disorders in the USA. In: T. Cole, H. Daniels & J. Visser (Hrsg): The Routlegde International Companion to Emotional and Behavioral Difficulties (S. 15–21). London: Routledge.

Kauffman, J. M. & Hallahan, D. P. (Hrsg.) (1995): The Illusion of Full Inclusion: A Comprehensive Critique of a Current Special Education Bandwagon. Austin: PRO-ED

Kauffman, J. M., Anastasiou, D., & Maag, J. W. (2017): Special education at the crossroad: An identity crisis and the need for a scientific reconstruction. In: Exceptionality 25 (Jg.), Heft 2, 139–155.

Kempen, B. (2019): »Freie Debattenkultur muss verteidigt werden«. Pressemitteilung des Deutschen Hochschulverbandes vom 10.4.2019. (https://www.hochschulverband.de/pressemitteilung.html?&no_cache=1&tx_ttnews[tt_news]=311&cHash=654d6bd0a6a747f0b20e53f722978ed5#_), Zugriff am 09.05.2019.

Kemper, T. & Goldan, J. (2018): Schulerfolg von Schülerinnen und Schülern mit sonderpädagogischem Förderbedarf. In: Zeitschrift für Heilpädagogik 69 (Jg.), Heft 8, 361–372.

Kentler, Helmut (2018): Helmut Kentler. (https://de.wikipedia.org/wiki/Helmut_Kentler), Zugriff am 17.09.2018.

Kentler. H. (1970): Sexualerziehung. Reinbek: Rowohlt.

Kentler, H. 1983): Einleitung. In: W. McBride & H. Fleischhauer-Hardt (Hrsg.): Zeig Mal! Ein Bilderbuch für Kinder und Eltern mit Informationen zu Aids. Wuppertal: Hammer.

Kentler, H. (1989): Leihväter – Kinder brauchen Väter. Hamburg: Rowohlt.

Kentler, H. (1999): Eltern lernen Sexualerziehung. Reinbek: Rowohlt.

Kestenberg, J. (1988): Der komplexe Charakter weiblicher Identität. Betrachtungen zum Entwicklungsverlauf. In: Psyche 42 (Jg.), Heft 4., 349–364.

Kincheloe, J. & Sünker, H. (2004): Begabungsideologie, Hegemonie der Eliten und Bildungspolitik. In: Widersprüche, Heft 93, X, 29–44.

Kissler, A., Marguier, A. & Schwennicke, Ch. (2019): Der Kampf um den Kanon. In: Cicero 9 (Jg.), Heft 6, 14–26.

Klecha, St. & Hensel, A. (2015): Irrungen oder Zeitgeist? In: F. Walter, St. Klecha & A. Hensel (Hrsg): Die Grünen und die Pädosexualität. Eine bundesdeutsche Geschichte (S. 7–22). Göttingen: Vandenhoeck & Ruprecht.

Klein, H.-P. (2016): Vom Streifenhörnchen zum Nadelstreifen. Das deutsche Bildungswesen im Kompetenztaumel. Springe: Zu Klampen.

Knoell, D. R. (1993): Die doppelte als einseitige Vergangenheitsbewältigung. Tilman Mosers analytisch-therapeutischer Beitrag zum geistigen Wiederaufbau. In: Psyche 47 (Jg.), Heft 8, 775–794.

Köcher, R. (2019): Grenzen der Freiheit. In: Frankfurter Allgemeine Zeitung vom 23.05.2019, 12.

Köhler, A. (2016): Hexenjagd auf dem Campus. In Neue Zürcher Zeitung vom 22.06.2016, 17.

Kohut, H. (1992): Narzißmus. Frankfurt am Main: Suhrkamp.

Kostner, S. (2019): Schuld und Sühne. In: Frankfurter Allgemeine Zeitung vom 06.05.2019, 6.

Kraus, J. (2009): Ist die Bildung noch zu retten? Eine Streitschrift. München: Herbig.

Kraus, J. (2017): Wie man eine Bildungsnation an die Wand fährt. München: Herbig

Kraus, J. (2018): 50 Jahre Umerziehung. Die 68er und ihre Hinterlassenschaften. Lüdenscheid: Manuscriptum.

Kron, M. (2005): »Behinderung« – notwendiger Begriff in der inklusiven Pädagogik? In: U. Geiling & A. Hinz (Hrsg.): Integrationspädagogik im Diskurs.

Auf dem Weg zu einer inklusiven Pädagogik? (S .82–86). Bad Heilbrunn: Klinkhardt.

Kuhlmann, A. (2000): Politik des Lebens. Politik des Sterbens. Berlin: Fest.

Kuhlmann, A. (2011): An den Grenzen unserer Lebensform. Texte zur Bioethik und Anthropologie. Frankfurt am Main: Campus.

Kühne, A. & Schröder, Ch. (2018): Das neue Gedicht für die Alice Salomon Hochschule. In: Tagesspiegel online vom 30.08.2018. (https://www.tagesspiegel.de/wissen/streit-um-gomringers-avenidas-text-das-neue-gedicht-fuer-die-alice-salomon-hochschule/22975802.html), Zugriff am 02.03.2019.

Kultusministerkonferenz (KMK) (2016): Leitlinien zur Sicherung der Chancengleichheit durch geschlechtersensible schulische Bildung und Erziehung, verabschiedet 06.10.2016. (https://www.kmk.org/fileadmin/Dateien/veroeffentlichungen_beschluesse/2016/2016_10_06-Geschlechtersensible-schulische_Bildung.pdf), Zugriff am 08.08.2019

Kunze, A. B. (2015): Bildungsplanreform in Baden-Württemberg – ein Beispiel für die problematischen Folgen der Umstellung auf kompetenzorientierte Lehrpläne. (https://bildung-wissen.eu/wp-content/uploads/2015/04/Kunze_Bildungsplanreform_2015.pdf), Zugriff am 30.10.2018.

Landesinstitut für Schulentwicklung Baden-Württemberg (2009): Neue Lernkultur. Lernen im Fokus der Kompetenzorientierung. Individuelles Fördern in der Schule durch Beobachten – Beschreiben – Bewerten – Begleiten. Stuttgart. (https://lehrerfortbildung-bw.de/s_sueb/allgschulen/bbbb/2_fokus/buch_bbbb.pdf), Zugriff am 08.08.2019

Lasch, Ch. (1986): Zeitalter des Narzissmus. München: dtv.

Lasch, Ch. (1995): Die blinde Elite. Macht ohne Verantwortung. Hamburg: Hoffmann & Campe.

Lautmann, R. (1994): Die Lust am Kind. München: Klein.

Lautmann, R. (2008): Nachruf auf Helmut Kentler. Humanistische Union. In: Mitteilungen Nr. 202, 26–27. (http://www.humanistische-union.de/publikationen/mitteilungen/hefte/nummer/nummer_detail/back/mitteilungen-202/article/nachruf-auf-helmut-kentler/), Zugriff am 21.09.2018.

Lee, J.-H. (2010): Inklusion. Eine kritische Auseinandersetzung mit dem Konzept von Andreas Hinz. Bamberg: Athena.

Lelgemann, R., Singer, P. & Walter-Klose, C. (Hrsg.) (2015): Inklusion im Förderschwerpunkt körperliche und motorische Entwicklung. Stuttgart: Kohlhammer.

Lempp, R. (1996): Die autistische Gesellschaft. München: Kösel.

Liessmann, K. P. (2016): »Völlig moralfreie Diktion«. Philipp Gut im Gespräch mit Konrad Paul Liessmann. In: Weltwoche vom 30.11.2016, 50–52.

Liessmann, K.P. (2017): Verkürzte Veränderung. In: Neue Zürcher Zeitung vom 09.11.2019, 19.

Liessmann, K.P. (2018): Magischer Mai. In: Neue Zürcher Zeitung vom 22.05.2017, 17.

Lohmann, H.-M. (1993): Editorial. In: Psyche 47 (Jg.), Heft 8, 727–729.

Lorber, J. (1999): Gender-Paradoxien. Opladen: Leske & Budrich.

Lotter, M.-S. (2019): Gesinnung. In: Forschung und Lehre 26 (Jg.), Heft 1, 9.

Maas, M.-C. (2012): Sei, was du willst. Egalia ist die umstrittenste Vorschule Schwedens. Ihr Ziel: Eine geschlechtsneutrale Erziehung. In: Die Zeit vom 16.08.2012, 62.

Maccoby, E.E. (2000): Psychologie der Geschlechter. Sexuelle Identität in den verschiedenen Lebensphasen. Stuttgart: Klett-Cotta.

Maihofer, G. (2016): Behinderte Aufklärung. In: TAZ vom 17.04.2016, 25–27.

Marquard, 0. (1998): Untergangserwartungen, Außerordentlichkeitsbedarf und Kontinuitätskultur. In: C. Rohde-Dachser (Hrsg.): Verknüpfungen (S. 23–36). Göttingen: Vandenhoeck & Ruprecht.

McCarthy,Th. (2015): Rassismus, Imperialismus und die Idee menschlicher Entwicklung. Frankfurt am Main: Suhrkamp.

McLeskey, J. & Waldron, N. L. (2011): Full inclusion programs for elementary students with learning disabilities: Can they meet student needs in an era of high stakes accountability? In: Council for Exceptional children Convention. (https://education.ufl.edu/disability-policy-practice/files/2012/05/McLeskey-Waldron-2011-Full-Inclusion-LD-1.pdf). Zugriff am 20.07.2016.

Mead, G. H. (1987): Gesammelte Aufsätze Bd.I/II. Frankfurt am Main: Suhrkamp.

Meckel, C. (1980): Suchbild. Über meinen Vater. Frankfurt am Main: Fischer.

Meister, U. (2007): Heterogenität – ein weiter Begriff für vielfältige Ansichten? In: D. Katzenbach (Hrsg): Vielfalt braucht Struktur. Heterogenität als Herausforderung für Unterrichts- und Schulentwicklung (S. 15–32). Frankfurt a, Main: Goethe-Universität.

Mertens, W. (1994): Die Entwicklung der Psychosexualität und der Geschlechtsidentität (Bd. 1, 2). Stuttgart: Kohlhammer.

Merz-Atalik, K., Katzenbach, D., & Ahrbeck, B. (2018): Kontroverse Perspektiven zur Theoriebildung schulischer Inklusion zwischen Kerstin Merz-Atalik, Dieter Katzenbach und Bernd Ahrbeck. In: K. Müller & St. Gingelmaier (Hrsg.): Kontroverse Inklusion. Ansprüche, Umsetzungen und Widersprüche in der Schulpädagogik (S. 127–140). Weinheim: Beltz.

Metzger, G. (2018): Neue Familienformen und Reproduktionsmedizin – Ein psychoanalytischer Zugang. In: Ahrbeck, B., Dörr, M., Gstach & J. (Hrsg.) (2018): Der Genderdiskurs in der Psychoanalytischen Pädagogik. Eine notwendige Kontroverse. Jahrbuch für Psychoanalytische Pädagogik (Bd. 26, S. 132–148). Gießen: Psychosozial.

Miller, A. (1979/2012): Das Drama des begabten Kindes und die Suche nach dem wahren Selbst. Frankfurt am Main: Suhrkamp.

Miller, A. (1983): Am Anfang war Erziehung. Frankfurt am Main: Suhrkamp.

Miller, M. (2013): Das wahre ›Drama des begabten Kindes‹: Die Tragödie Alice Millers. Wie verdrängte Kriegstraumata in der Familie wirken. Freiburg im Breisgau: Kreuz.

Ministerium für Arbeit und Sozialordnung, Familien und Senioren Baden-Württemberg (2010/2013): Gleichstellung beginnt im Kindergarten. Eine Arbeitshilfe zur Umsetzung von Gender Mainstreaming in Kindertageseinrichtungen. Stuttgart. (https://sozialministerium.baden-wuerttemberg.de/fileadmin/redaktion/m-sm/intern/downloads/Downloads_Gleichstellung/Gleichstellung_beginnt_im_Kindergarten_2013.pdf), Zugriff am 08.08.2019

Ministerium für Schule und Weiterbildung des Landes Nordrhein-Westfalen (2014): Schule NRW. In: Amtsblatt des Ministeriums für Schule und Weiterbildung: Sonderausgabe Inklusion. Düsseldorf. (https://broschueren.nordrheinwestfalendirekt.de/broschuerenservice/msb/sonderausgabe-von-schule-nrw-zum-thema-inklusion/1708), Zugriff am 08.08.2019

Mitscherlich, A. (1960): Von der Absicht dieser Chronik. Eine Einleitung. In: A. Mitscherlich & F. Mielke (Hrsg.): Medizin ohne Menschlichkeit. Dokumente des Nürnberger Ärzteprozesses (S. 7–19). Frankfurt am Main: Fischer.

Mitscherlich, A. (1980): Ein Leben für die Psychoanalyse. Anmerkungen zu meiner Zeit. Frankfurt am Main: Suhrkamp.

Mitscherlich, A. & Mielke, F. (1947): Das Diktat der Menschenverachtung. Eine Dokumentation (vom Prozess gegen 23 SS Ärzte und deutsche Wissenschaftler). Heidelberg: Lambert & Schneider.

Mitscherlich, A. & Mielke, F. (Hrsg.) (1960): Medizin ohne Menschlichkeit. Dokumente des Nürnberger Ärzteprozesses. Frankfurt am Main: Fischer.

Mitscherlich, A. & Mitscherlich, M. (1967/2007): Die Unfähigkeit zu trauern. Grundlagen kollektiven Verhaltens. München: Piper.

Möckel, A. (1991): Behinderte Kinder im Nationalsozialismus. Lehrer für das Verhältnis von Pädagogik und Sonderpädagogik. In: Ch. Berg & S. Ellger-Rüttgardt (Hrsg.): »Du bist nichts, Dein Volk ist alles« (S. 74–87). Weinheim: Deutscher Studienverlag.

Möckel, A. (Hrsg.): (1998): Erfolg, Niedergang, Neuanfang. 100 Jahre Verband Deutscher Sonderschulen. München: Reinhardt.

Möckel, A. (2001): Geschichte der besonderen Grund- und Hauptschule. Heidelberg: Winter.

Möckel, A. (2007): Geschichte der Heilpädagogik oder Macht und Ohnmacht der Erziehung. Stuttgart: Klett-Cotta.

Möckel, A. (2017): Die Gleichschaltung des Verbands der Hilfsschulen Deutschlands 1933 und der Verrat an den behinderten Kindern und an der Heilpädagogik in der NS-Zeit. In: Zeitschrift für Heilpädagogik 68 (Jg.), Heft 11, 29–38.

Morgan, P. L. & Farkas, G. (2015): Is Special Education Racist? In: The New York Times vom 24.06.2015. (http://www.nytimes.com/2015/06/24/opinion /is-special-education-racist.html?_r=0), Zugriff am 23.03.2016.

Morgan, P. L., Farkas, G., Hillemeier, M. M., Mattison, R., Maczuga, St., Li, H., Cook, M. (2015): Minorities are disproportionateley underrepresented in Special Education: Longitudinal Evidence Across five disabilty conditions. In: Educational Researcher 44 (Jg.), Heft 5, 278–292.

Moser, T. (1985): Romane als Krankengeschichte. Frankfurt am Main: Suhrkamp.

Moser, T. (1992): Die Unfähigkeit zu trauern: Hält die Diagnose einer Überprüfung stand? In: Psyche 46 (Jg.), Heft 5, 389–405.

Moser, T. (2013): Lektüren eines Psychoanalytikers: Romane als Krankengeschichten. Gießen: Psychosozial.

Muñoz, V. (2007): Das Recht auf Bildung in Deutschland. Die Umsetzung der internationalen Verpflichtungen. In: M. Heimbach-Steins, G. Kruip & A. B. Kunze (Hrsg.): Das Menschenrecht auf Bildung und seine Umsetzung in Deutschland (S. 69–96). Bielefeld: Bertelsmann.

Müller, R. (2015): Diskriminierung. In: Frankfurter Allgemeine Zeitung vom 30.04.2015, 1.

Müller, R. (2017): Ehe für keinen. In: Frankfurter Allgemeine Zeitung vom 28.06.2017, 1

Münch, I. von (2017): Meinungsfreiheit gegen Political Correctness. Berlin: Duncker & Humblot.

Niederberger, D. (2015): Tyrannei der Wohlmeinenden In: Die Weltwoche vom 5.2.2015, 46–47.

Oehmke, P. (2016): Das PC-Monster. In: Der Spiegel, Heft 49, 132–138.

Oelkers, J. (2001): Einführung in die Theorie der Erziehung. Weinheim: Beltz.

Oelkers, J. (2010): Es gibt kein Monopol auf gute Ideen. (https://www.zeit.de/ 2010/42/C-Reformpaedagogik-Streit), Zugriff am 21.04.2019.

Oelkers, J. (2011): Eros und Herrschaft. Die dunklen Seiten der Reformpädagogik. Weinheim: Beltz.

Oelkers, J. (2016): Pädagogik, Elite, Missbrauch. Die »Karriere« des Gerold Becker. Weinheim: Beltz.

Palmowski, W. (2002): Verhalten und Verhaltensstörung. In: R. Werning, R. Balgo, W. Palmowski & M. Sassenroth (Hrsg.): Sonderpädagogik. Lernen, Verhalten, Bewegung und Wahrnehmung (S. 224–283). München/Wien: Oldenbourg.

Palmowski, W. (2007). Nichts ohne Kontext. Systemische Pädagogik bei »Verhaltensauffälligkeiten«. Dortmund: verlag modernes lernen.

Perspektivwechsel (2013): Wenn Rassismus aus Worten spricht. Fragen, Kontroversen, Perspektiven. In: Materialeine Nr. 185. Zentralwohlfahrtsstelle der Juden in Deutschland e. V. (https://www.dtppp.com/wp-content/up loads/2015/12/broschuere-wenn-rassismus-aus-worten-spricht.pdf), Zugriff am 14.02.2019.

Pfeiffer, R. (2015): Wie ein Sexualforscher beweisen wollte, dass Kinder von Päderasten profitieren. In: Frankfurter Allgemeine Sonntagszeitung vom 04.10.2015, 4.

Pfister, R. (2007): Regierung. Der neue Mensch. In: Spiegel Online vom 23.11. 2016. (http://www.spiegel.de/spiegel/a-457053.html), Zugriff am 09.05.2019.

Pinker, S. (2002): The Blank State. The Modern Denial of Human Nature. New York: Penguin.

Prengel, A. (2006): Pädagogik der Vielfalt: Verschiedenheit und Gleichberechtigung in Interkultureller, Feministischer und Integrativer Pädagogik. Wiesbaden: Verlag für Sozialwissenschaften.

Prengel, A. (2013): Inklusive Bildung in der Primarstufe. Eine wissenschaftliche Expertise des Grundschulverbandes. Frankfurt a. M.: Grundschulverband.

Quindeau, I. (2018): Von normativen Identitätsvorstellung zur Ambiguitätstoleranz. In: B. Ahrbeck, M. Dörr & J. Gstach (Hrsg.) (2018): Der Genderdiskurs in der Psychoanalytischen Pädagogik. Eine notwendige Kontroverse. Jahrbuch für Psychoanalytische Pädagogik (Bd. 26, S. 12–25). Gießen: Psychosozial.

Rauchfleisch, U. (2016): Transsexualität – Transidentität. Göttingen: Vandenhoeck & Ruprecht.

Rehfus, W. (1997): Bildungsnot. Hat die Pädagogik versagt? Stuttgart: Klett-Cotta.

Reiche, R. (1997): Gender ohne Sex. Geschichte, Funktion und Funktionswandel des Begriffs ›Gender‹. In: Psyche 51 (Jg.), Heft 9/10, 926–957.

Reiche, R. (2000): Geschlechterspannung. Eine psychoanalytische Untersuchung. Gießen: Psychosozial.

Reiss, K., Sälzer, Ch., Schiepe-Tiska, A., Klieme, E. & Köller, O (2016): PISA 2015. Eine Studie zwischen Kontinuität und Innovation. Zentrum für internationale Bildungsvergleichsstudien Berlin. 12. Dezember 2016. (http://

www.ipn.uni-kiel.de/de/das-ipn/veranstaltungen/01_Reiss.pdf), Zugriff am 10.04.2019.

Richter, H.-E. (1986): Die Chance des Gewissens. Gießen: Psychosozial.

Rinas, J. (2018): Pflegekinder bei Pädophilen: Leibniz-Uni will Skandal aufklären. In: Hannoversche Allgemeine vom 20.1.2018. (https://www.haz.de/Hannover/Aus-der-Stadt/Uebersicht/Hannover-Leibniz-Uni-will-Fall-Kentler-umfassend-aufklaeren), Zugriff am 26.05.2019.

Rödder, A. (2014): Wohin führt die Kultur der Inklusion? In: Frankfurter Allgemeine Zeitung vom 07.07.2014, 6.

Rogers, C. (1991): Lernen in Freiheit. Zur Bildungsreform in Schule und Universität. München: Kösel.

Rohde-Dachser, Ch. (2019): Wie sich die Geschlechterbeziehung in den letzten 100 Jahren verändert hat und warum es so schwierig ist, darüber innerhalb der Psychoanalyse ins Gespräch zu kommen. In: Psyche 72 (Jg.), Heft 7, 521–548.

Ruigrok, A., Salimi-Khorshidi, G., Lai, M.-C., Baron-Cohen, S., Lombardo, M.V., Tait, R.J., Suckling, J. (2014): A meta-analysis of sex differences in human brain structurel. In: Neuroscience & Biobehavioral Reviews 39 (Jg.), 34–50.

Sander, A. (2005): Bildungsstandards und Bildungsbarrieren: Thesen aus Perspektive einer inklusiven Pädagogik. In: U. Geiling & A. Hinz (Hrsg.): Integrationspädagogik im Diskurs. Auf dem Weg zu einer inklusiven Pädagogik? (S. 110–113). Bad Heilbrunn: Klinkhardt.

Savater, F. (1998): Darum Erziehung. Was wir Kindern geben können. Frankfurt am Main: Campus.

Schaffer, J. (2004): Sichtbarkeit = politische Macht? Über die visuelle Verknappung von Handlungsfähigkeit. In: U. Helduser, D. Marx, T. Paulitz & K. Pühl (Hrsg.) (2004): Under construction. Konstruktivistische Perspektiven in feministischer Theorie und Forschungspraxis (S. 208–222). Frankfurt am Main: Campus.

Scheu, R. (2018): Condoleezza Rice: ›Ich liebe Hegel‹. In: Neue Zürcher Zeitung-online vom 26.02.2018. https://www.nzz.ch/feuilleton/wenn-dus-nicht-schaffst-versuchs-wieder-ld.1359674, Zugriff am 14.7.2019

Schirach, F. von (2014): Die Würde ist antastbar. München: Piper.

Schimank, U. (2013): Umkämpfte Inklusion – eine soziologische Perspektive auf Behinderte im Bildungssystem. In: Ministère de l'Éducation nationale et de la Formation professionelle. Service de l'Éducation différenciée (EDIFF) (Hrsg.): Integration – Inklusion. Festschrift zum 40jährigen Bestehen der Éducation différenciée (EDIFF) (S. 167–179). Luxemburg: Ministère de l'Éducation.

Schmelcher, A. (2014a): Unter dem Deckmantel der Vielfalt. In: Frankfurter Allgemeine Sonntagszeitung vom 12.10.2014, 3.

Schmelcher, A. (2014b): WaldSchlösschen. In: Frankfurter Allgemeine Sonntagszeitung vom 23.11.2014, 4.

Schmelcher, A. (2016): Blind für Unterschiede. In: Frankfurter Allgemeine Sonntagszeitung vom 24.01.2016, 4.

Schmid, B. (2018): Freie Liebe ist für Feige. Lob der Eifersucht. Springe: Zu Klampen.

Schmidt, G. (Hrsg.) (2000): Kinder der sexuellen Revolution. Gießen: Psychosozial.

Schmoll, H. (2014): Das gute Recht der Eltern. In: Frankfurter Allgemeine Zeitung vom 11.11.2014, 1.

Schöler, J. (2002): Nichtaussonderung von »Kindern und Jugendlichen mit besonderen pädagogischen Bedürfnissen«. Auf der Suche nach neuen Begriffen. In: H. Eberwein (Hrsg.): Handbuch Integrationspädagogik. Kinder mit und ohne Behinderung lernen gemeinsam (S. 108-115). Weinheim: Beltz.

Schröder, R. (2018): Genus ist nicht sexus. In: Die Welt vom 17.12.2018, 2.

Schulte Markwort, M., Plaß, A. & Barkmann, C. (2002): Internet und familiäre Beziehungen. In: W. Hantel Quitmann & P. Kastner (Hrsg.): Die Globalisierung der Intimität (S. 179–191). Gießen: Psychosozial.

Schumann, B. (2009). Inklusion: eine Verpflichtung zum Systemwechsel – deutsche Schulverhältnisse auf dem Prüfstand des Völkerrechts. Zeitschrift für Inklusion-online.net, Heft 1. (http://www.inklusion-online.net/index.php/inklusion-online/article/view/171/171), Zugriff am 13.04.2016.

Schumann, B. (2013): Inklusive Bildung braucht inklusive Diagnostik. (http://bildungsklick.de/a/88459/inklusive-bildung-braucht-inklusive-diagnostik/), Zugriff am 04.01.2014.

Schumann, B. (2016a): An der Wahrheit interessiert? (https://bildungsklick.de/hochschule-und-forschung/meldung/an-wahrheit-interessiert/), Zugriff am 24.11.2018.

Schumann, B. (2016b): Deutschland legt sich quer. Bund und Länder widersprechen der Auslegung von inklusiver Bildung durch den UN-Fachausschuss. (http://bildungsklick.de/a/95274/deutschland-legt-sich-quer/), Zugriff am 09.05.2019.

Schumann, B. (2018a): Sonderpädagogik behindert Inklusion. Pro. In: Pädagogik 70 (Jg.), Heft 5, 48.

Schumann, B. (2018b): Streitschrift Inklusion. Was Sonderpädagogik und Bildungspolitik verschweigen. Frankfurt am Main: Debus Pädagogik.

Schwabe, M. (2016): Auf dem ›Bösen‹ kann man nicht lange genug ›herumkauen‹! Gedanken zum Text von Günter Bittner. In: B. Ahrbeck, M. Dörr, R.

Göppel, H. Krebs & M. Wininger (Hrsg.): Innere und äußere Grenzen. Psychische Strukturbildung als pädagogische Aufgabe. Jahrbuch für Psychoanalytische Pädagogik (Bd. 24, S. 35–56). Gießen: Psychosozial.

Schwarzer, A. (2013): Die Grünen und die Pädophilie. (https://www.alice-schwarzer.de/artikel/die-gruenen-und-die-paedophilie-311659), Zugriff am 19.10.2018.

Seitz, S. (2008): Leitlinien didaktischen Handelns. In: Zeitschrift für Heilpädagogik 59 (Jg.), Heft 6, 226–233.

Sennett, R. (1998): Der flexible Mensch. Die Kultur des neuen Kapitalismus. München: btb.

Sielert, H. (2001): Gender Mainstreaming im Kontext einer Sexualpädagogik der Vielfalt. In: BzGA Forum 4. (https://www.forum.sexualaufklaerung.de/index.php?docid=667), Zugriff am 21.11.2018.

Signer, D. (2017): Postkoloniales Schwarz-Weiß-Denken. In: Neue Zürcher Zeitung vom 16.11.2017, 15.

Singer, Ph. (2015): Theoretischer Anspruch und praktische Wirklichkeit des inklusiven Ansatzes im pädagogischen Diskurs. Zu Konsequenzen der normativen Einseitigkeit und des Umgangs mit Fremdheit. In: R. Lelgemann, Ph. Singer & Ch. Walter-Klose(Hrsg.): Inklusion im Förderschwerpunkt körperliche und motorische Entwicklung (S. 41-48). Stuttgart: Kohlhammer.

Soboczynski, A. (2013): Pädophiler Antifaschismus. In: Die Zeit vom 10.10.2013, 49–50.

Solms, M. (2006): Sigmund Freud heute. Eine neurowissenschaftliche Perspektive auf die Psychoanalyse. In: Psyche 60 (Jg.), Heft 9/10, 829–859.

Sozialpädagogisches Fortbildungsinstitut Berlin-Brandenburg und Bildungsinitiative Queerformat (Hrsg.) (2018): Murat spielt Prinzessin, Alex hat zwei Mütter und Sophie heißt jetzt Ben. Sexuelle und geschlechtliche Vielfalt als Themen frühkindlicher Inklusionspädagogik. Handreichung für pädagogische Fachkräfte der Kindertagesbetreuung. Berlin. (https://www.queer-format.de/murat-spielt-prinzessin-alex-hat-zwei-muetter-und-sophie-heisst-jetzt-ben/), Zugriff am 04.08.2019.

Spät, P. (2014): Der verschwiegene Rassismus der Philosophen. In: Telepolis. (https://www.heise.de/tp/features/Der-verschwiegene-Rassismus-der-Philosophen-3363965.html), Zugriff am 14.02.2019.

Speck, O. (2010): Schulische Inklusion aus heilpädagogischer Sicht. Rhetorik und Realität. München: Reinhardt.

Spiegel-Gespräch (2010): »Mein Vater, ja, diesbezüglich«. Gespräch mit Martin Miller. In: Der Spiegel vom 3.5.2010, 138–142.

Spiewak, M. (2018): Zwischen Kopf und Körper. In: Die Zeit vom 22.11.2018, 33.

Staas, C. (2017): Political Correctness. Vom Medienphantom zum rechten Totschlagargument. Dier sonderbare Geschichte der Political Correctness. In: Zeit online vom 01.02.2019. (https://www.zeit.de/2017/04/politicial-correctness-populismus-afd-zensur), Zugriff am 07.03.2019.

Stallknecht, M. (2018): Nach dem Streit um ›avenidas‹: Eugen Gomringer in Bayreuth. In: Neue Zürcher Zeitung online vom 08.08.2018. (https://www.nzz.ch/feuilleton/eugen-gomringer-in-bayreuth-ld.1409287), Zugriff am 02.03.2019.

Stanat, P., Schipolowski, St., Rjoski, C., Weirich, S. & Haag, N. (Hrsg.) (2017): IQB Bildungstrend 2016. Kompetenzen in den Fächern Deutsch und Mathematik am Ende der 4. Jahrgangsstufe im zweiten Ländervergleich. Münster/New York: Waxmann.

Stechow, E. von (2005): Sonderpädagogischer Förderbedarf und sonderpädagogische Wissensbestände in der Integrationspädagogik. In: U. Geilung & A. Hinz (Hrsg.): Integrationspädagogik im Diskurs. Auf dem Weg zu einer inklusiven Pädagogik? (S. 78–86). Bad Heilbrunn: Klinkhardt.

Stein, R. & Müller, T. (Hrsg.) (2015): Inklusion im Förderschwerpunkt emotionale und soziale Entwicklung. Stuttgart: Kohlhammer.

Stinkes, U. (2012): »Es ist normal, verschieden zu sein«. In: Lehren & Lernen 38 (Jg.), Heft 12, 17–21.

Stinkes, U. (2013): »Was wir sind, sind wir niemals ganz und gar ...« – Sichtweisen der Beziehung zum anderen Menschen. In: Sonderpädagogische Förderung heute 58 (Jg.), Heft 2, 121–135.

Stüvel, H. (2008): Zwitter – Mann und Frau zugleich. In: Welt-online vom 20.06.2008. (https://www.welt.de/gesundheit/article2126690/Zwitter-Mann-und-Frau-zugleich.html), Zugriff am 22.11.2018.

Stoller, R. (1994): Sex and Gender: The Development of Masculinity and Feminity (Vol. 1). Karnac: London.

Tenorth, H.-E. (2011): Inklusion im Spannungsfeld von Universalisierung und Individualisierung – Bemerkungen zu einem pädagogischen Dilemma. (www.schulentwicklung.bayern.de/.../Tenorth-Inklusion-Wuerzburg-2011.pdf), Zugriff am 30.12.2011.

Tenorth, H.-E. (2013): Inklusion – Prämissen und Problemzonen eines kontroversen Themas. In: J. Baumert, V. Masuhr, J. Möller, T. Riecke-Baulecke, H.-E. Tenorth, & R. Werning (Hrsg.): Inklusion. Forschungsergebnisse und Perspektiven. Schulmanagement Handbuch 146 (S. 6–14). München: Oldenbourg.

Tenorth, H.-E. (2014): Man lasse die Schulen einfach mal in Ruhe. Erziehung als Vernunftwissenschaft. In: Frankfurter Allgemeine Zeitung vom 13.10.2014, 11.

Thomas, G. (2016): Gleich, gleicher, und was kommt dann? In: Frankfurter Allgemeine Zeitung vom 06.01.2016, 9.

Thomas, G. (2017): Englische Schulformen: Geschlechterwahl. In: Frankfurter Allgemeine Zeitung online vom 17.05.2017. (https://www.faz.net/aktuell/feuilleton/debatten/geschlechtsneutrale-uniformen-in-englands-schulen-15018633.html), Zugriff am 27.06.2019.

Tuider, E., Müller, M., Timmermanns, S., Bruns-Bachmann, P. & Koppermann, S. (2012): Sexualpädagogik der Vielfalt. Weinheim: Beltz.

Türcke, Ch. (2002): Erregte Gesellschaft. Philosophie der Sensation. München: Beck.

Türcke, Ch. (2012): Hyperaktiv! Kritik der Aufmerksamkeitsdefizitkultur. München: Beck.

Türcke, Ch. (2016): Lehrerdämmerung. Was die neue Lernkultur in den Schulen anrichtet. München: Beck.

United Nations (2006): Convention on the Rights of Persons with Disabilities. In: Bundesvereinigung Lebenshilfe: Arbeitsübersetzung. Veröffentlichung 28.03.2007. (www.lebenshilfe.de/wDeutsch/aus_fachlicher_sicht/artikel/un-konvention.php.), Zugriff am 01.12.2009.

Villa, P.-I. (2012): Judith Butler: Eine Einführung. Frankfurt am Main: Campus.

Voigt, M. (2014): Aufklärung oder Anleitung zum Sex? In: Frankfurter Allgemeine Zeitung vom 23.10.2014, 6.

Voigt, M. (2015): Sind Grundschulen homophobe Orte? In: Frankfurter Allgemeine Zeitung vom 03.12.2015, 7.

Voß, S., Marten, K., Diehl, K., Mahlau, K., Sikora, S., Blumenthal, Y. & Hartke, B. (2016): Evaluationsergebnisse des Projekts »Rügener Inklusionsmodell (RIM) – Präventive und Integrative Schule auf Rügen (PISaR)« nach vier Schuljahren zum Messzeitpunkt Juli 2014. In: Zeitschrift für Heilpädagogik 67 (Jg.), Heft 3, 133–149.

Waldenfels, B. (1990): Der Stachel des Fremden. Frankfurt am Main: Suhrkamp.

Waldenfels, B. (1997): Topograhie des Fremden. Studien zur Phänomenologie des Fremden 1. Frankfurt am Main: Suhrkamp.

Waldenfels, B. (2006): Grundmotive einer Phänomenologie des Fremden. Frankfurt am Main: Suhrkamp.

Walter, F. (2015): Die Grünen und die Last des Libertären – Ausblick. In: F. Walter, St. Klecha & A. Hensel (Hrsg): Die Grünen und die Pädosexualität. Eine bundesdeutsche Geschichte (S. 252–270). Göttingen: Vandenhoeck & Ruprecht.

Walter, F., Klecha, St., Hensel, A. (Hrsg) (2015): Die Grünen und die Pädosexualität. Eine bundesdeutsche Geschichte. Göttingen: Vandenhoeck & Ruprecht.

Watermeyer, B. P. (2009): Conceptualising psycho-emotional aspects of disablist discrimination and impairment: Towards a psychoanalytically informed disability studies. Doctoral Dissertation. Stellenbosch: Stellenbosch University.

Weber, Ch. (2014): Was sie noch nie über Sex wissen wollten. In: Süddeutsche Zeitung vom 24.04.2014, 9.

Weiß, H. (2013): Inklusion in frühpädagogischen Einrichtungen – Spannungsfelder und Widersprüche. In: Frühe Bildung 2 (Jg.), Heft 4, 212–215.

Wellendorf, F. (2007): Zur Geschichte der DPG nach dem zweiten Weltkrieg. In: Psyche 4 (Jg.), Heft 4, 404–411.

Werning, R. (2014): Stichwort: Schulische Inklusion. In: Zeitschrift für Erziehungswissenschaft 17 (Jg.), Heft 4, 601–623.

Wikipedia Transsexualität. (https://de.wikipedia.org/wiki/Transsexualit%C3%A4t), Zugriff am 22.11.2018.

Wikipedia Intersexualität. (https://de.wikipedia.org/wiki/Intersexualit%C3%A4t), Zugriff am 22.11.2018.

Willmann, M. (2014): »Verhaltensoriginalität« als pädagogischer Leitbegriff? In: Sonderpädagogische Förderung heute 59 (Jg.), Heft 3, 260–271.

Winterhager Schmid, L. (2000): »Groß« und »klein« – Zur Bedeutung der Erfahrung mit Generationendifferenz im Prozess des Heranwachsens. In: L. Winterhager Schmid (Hrsg.): Erfahrung mit Generationsdifferenz (S. 15–37). Weinheim: Beltz.

Winterhager Schmid, L. (2002): Die Beschleunigung der Kindheit. In: W. Datler, A. Eggert-Schmid Noerr & L. Winterhager Schmid (Hrsg.): Das selbständige Kind. Jahrbuch für Psychoanalytische Pädagogik (Bd. 12, S. 15–31). Gießen: Psychosozial.

Wirtz, C. (2019): Über Meerjungmänner und Gebärende. In: Neue Zürcher Zeitung vom 01.06.2019, 24.

Wocken, H. (2012): Das Haus der inklusiven Schule. Baustellen – Baupläne – Bausteine. Hamburg: Feldhaus.

Zastrow, V. (2016): Gender – politische Geschlechtswandlung. Waltrop: Manuscriptum.

Ziemen, K. & Langner, A. (2010): Inklusion – Integration. In: O. Musenberg & J. Riegert (Hrsg.): Bildung und geistige Behinderung. Bildungstheoretische Reflexionen und aktuelle Fragestellungen (S. 247–259). Oberhausen: Athena.

Zienert-Eilts, K. J. (2017): Destruktive Gruppenprozesse: Entwicklungslinien in der Geschichte der psychoanalytischen Bewegung und Erkenntnisse für gegenwärtige gesellschaftliche Konflikte. Gießen: Psychosozial.

Zierer, K., Kahlert, J. & Burchardt, M. (Hrsg.) (2016): Die pädagogische Mitte: Plädoyers für Vernunft und Augenmaß in der Bildung. Bad Heilbrunn: Klinkhardt.